近鉄・南海の経営史研究

―兼業をめぐって―

廣田 誠・山田 雄久・加藤 諭・嶋 理人・谷内 正往　共著

五絃舎

まえがき
−本書の目的と概要−

　本書は近鉄・南海の企業としての歴史を明らかにしようとするものである。近鉄は日本最大の路線網をもつ会社である。南海は戦前の国有化をまぬがれ，日本最古の私鉄として現在にいたる会社である。両社については，それぞれの社史のみならず武知京三氏の一連の研究がある。すなわち，同『都市近郊鉄道の史的展開』（日本経済評論社，1986年），同『日本の地方鉄道網形成史―鉄道建設と地域社会』（柏書房，1990年），同『近代日本と地域交通―伊勢電と大軌系（近鉄）資本の動向−』（臨川書店，1994年）などである。また，宇田正・浅香勝輔・武知京三編著『民鉄経営の歴史と文化（西日本編）』（古今書院，1995年）は関西私鉄の歴史を総合的に明らかにしようとした研究で，この他にも両社に関係する多くの研究がある。

　したがって，もう研究の余地はないようにもみえる。そこで本書では，近鉄・南海の歴史を「兼業」の視点から検討してみようと考えた。歴史をひもとけば，鉄道会社は本業の輸送事業にくわえてさまざまな兼業を行っている。ここに兼業とは，鉄道会社が行う本業の鉄道輸送以外の事業をいう。例えば，電灯・電力事業（戦前）やバス，タクシー，土地住宅，野球場，遊園地，百貨店，劇場などである。兼業は「副業」「付帯事業」とも呼ばれることもあるし，現代的ないい方をすれば「多角化」という場合もある。いずれにせよ，本業とは別物とみなされる事業のことをいう。その目的は沿線の乗降客を増やすこと（沿線培養）にある。

　昭和初期の不況時に，私鉄各社は本業の不振を兼業で挽回しようとした。前出・武知氏によると「戦前昭和の不況期に私鉄の経営多角化は一段と進められたが，その方向は，(1) 系列化を含めたバス事業への進出，(2) 百貨店への進出，

（3）不動産部門への進出などに集約されよう。第3の不動産部門は，第一次大戦後の土地ブームが終焉していたこともあって，以前に比べて好収益とはいえなかった。ただ電鉄各社の収益性が低下傾向を示した当時，特に兼業部門をもつ『関西型』私鉄は鉄道部門の不振を兼業部門でカバーできたのである。阪神急行電鉄（のち京阪神急行電鉄）がその典型であり，逆に兼業部門を余り持たないのが「関東型」私鉄で，東武鉄道がこれを代表しよう。もっとも，関西型の特徴である副業経営の重要性は，戦時中失われていった。特に 1942（昭和17）年の電力事業統合によって収益性の高い配電部門を喪失したのが大きい」という（前掲『日本の地方鉄道網形成史』96 頁）。本書では，戦前を中心としつつ関西型私鉄の兼業の歴史の一端を明らかにしたいと考える。

　一般に，日本型私鉄経営の特徴は，本業の鉄道輸送に加えて，そこに関連する事業（兼業）を多角的に展開していく阪急・小林一三が切り開いた鉄道経営の手法（いわゆる阪急商法）にある。たとえ，本業の利益が少なくとも，兼業によって収支を補おうと努めてきた。しかし，現代の社会経済の成熟化，人口減少により，こうした鉄道経営の手法が行き詰まりを迎えている。だから，兼業の歴史をあらためて振り返ることで，なにがしかの示唆をえたいと考えるのである。さらに，本書が近鉄・南海を対象にしているのは，これまでの「阪急一色」の兼業史研究とは異なる（新たな歴史史料をもとにした）知見を得たいからでもある。

鉄道会社の兼業研究

　これまでの鉄道史研究においては，本業の輸送事業にスポットが当てられてきた。もちろん，電力事業や百貨店事業についても一定の関心が注がれてきたのだが，戦前に関していえば，その数量的規模が小さいことや影響力測定の困難さを考えるとどうしても本業の「わき役」と言わざるを得なかった。

　ただし，松本和明「東京近郊私鉄の経営戦略と企業成長の研究－戦間期を中心にして」（明治大学『経営論集』第 45 巻 2・3・4 合併号，1998 年 3 月）は戦前関東の私鉄の兼業についての総合的な分析を行った[1]。しかし，その後まとまった研究

1）　他に，山崎佑次・棒澤芳雄・為国孝敏「戦前私鉄における兼業の役割に関する実証的研究－東京

は続かず，関西の私鉄の兼業についての総合的研究は菅見の限り見られない[2]。

　戦後は，理論・政策の立場から，石井晴夫「鉄道業における経営多角化の発展－公益事業経営の一考察－」（『運輸と経済』第44巻第2号，財団法人運輸調査局，1984年2月）が法規制の側面から兼業にアプローチしており，斎藤峻彦『私鉄産業－日本型鉄道経営の展開－』（晃洋書房，1993年），正司健一『都市公共交通政策』（千倉書房，2001年，第II部4～6章），水谷文俊「私鉄経営とビジネスシステム」（『一橋ビジネスレビュー』第56巻第1号，2008年）など貴重な研究も存在する。

　最近では，宋娟貞「日本の私鉄企業の多角的事業展開と効率性に関する実証分析」（『交通学研究』第60号，2017年3月）もある。他に兼業を鉄道事業の多角化と考えて数量分析をしているものもあるが，いずれも現状分析がメインになっており歴史研究ではない[3]。

　和久田康雄『日本の私鉄』（岩波新書，1981年）は日本の私鉄を包括的にかつ歴史的に紹介した古典であるが，新書のため個別事例については詳しく触れていない[4]。和久田康雄「駅のホテルと百貨店」（小池滋・青木栄一・和久田康雄

　　地域を対象として」（『土木史研究』第15号，1995年6月）がある。
2)　個別には，三木理史「南海観光圏の形成－開発と輸送からのアプローチ－」，小川功「我国における観光・遊園施設の発達と私鉄多角経営の端緒－私鉄資本による遊園地創設を中心に－」『鉄道史学』第13号，1994年12月，野田正穂「郊外住宅地の開発と私鉄の役割」『鉄道史学』第15号，1997年1月，戦後については，宮本又郎「在阪大手5私鉄経営史への視点－戦後を中心に－」（『鉄道史学』第28号，2011年3月），などがある。歴史地理の分野からは，中島大輔「私鉄による戦前期開発地域の変容－奈良市菖蒲池南園住宅地の事例－」（『立命館地理学』第13号，2001年），松田敦志「戦前期における郊外住宅地開発と私鉄の戦略－大阪電気軌道を事例として－」（『人文地理』第55巻第5号，2003年）などがある。
3)　他に，石井晴夫『交通産業の多角化戦略』（交通新聞社，1995年），広岡治哉「私鉄企業経営多角化の一断面--大手12社有価証券報告書分析」（『運輸と経済』第23巻第3号，1963年3月），正司健一「京阪神都市圏私鉄の多角化経営」（『運輸と経済』第52巻第7号，1992年7月），同「大手私鉄の多角化戦略に関する若干の考察：その現状と評価」（『國民經濟雑誌』第177巻第2号，1998年2月），森谷秀樹「私鉄大手15社の企業集団とその損益構造：連結・単独および事業セグメント別の動向」『経済文化研究所紀要』（第9号，敬愛大学・千葉敬愛短期大学，2002年3月），鎌田裕美「私鉄の兼業に関する一考察」（『交通学研究』第48号，2004年3月），松崎朱芳「日本の大手私鉄事業者における経営多角化に関する一考察」（『青山社会科学紀要』第41巻第1号，青山学院大学大学院，2012年9月）などがある。いずれも鉄道事業の制度や産業としてのあり方を問う現状分析が中心で，歴史に関心を持ちつつも個別企業の事例まで掘り下げて検討したものはない。
4)　近年の動向については，佐藤信之『鉄道会社の経営－ローカル線からエキナカまで－』中公新書，2013年を参照。

編『世界の駅・日本の駅』悠書館，2010年）はホテルと百貨店の兼業について歴史的に分析したものであるが，経営数値等には触れていない。他に，井田泰人編著『鉄道と商業』（晃洋書房、2019年）もあるが，兼業を全面的にとりあげたものではない。

　欧米の鉄道企業経営は，日本とは異なった道筋をたどったために，兼業の研究が進展しているとは言いがたい[5]。こうした研究状況の中で，本書ではあらためて兼業の歴史研究の意義を問うてみたいのである。

本書の概要

　さて，本書の概要は以下の通りである。

　第1章「大阪鉄道の再建人－佐竹三吾」では，元鉄道官僚・貴族院議員（鉄道政務次官）の佐竹三吾にスポットをあてて，出身地の岐阜県大垣市に鉄道官僚が多いこと，大阪市電気鉄道部に部長（のち初代電気局長）として就任し，労働問題や大阪電燈の買収に尽力したこと，昭和の鉄道疑獄事件に巻き込まれて浪人生活を送り，その後大阪鉄道（現，近鉄南大阪線）の再建（特に借金返済）に尽力し，「沿線培養」のために学校を設立したことなどを紹介している。

　鉄道経営者といえば，小林一三（阪急）や堤清二（西武），五島慶太（東急），早川徳次（東京地下鉄道）などの研究が有名だが，元官僚が兼業を推進して，ひとかどの経営者に成長する姿はこれまでにないものといえる。

　第2章「近代大阪における私鉄経営の多角化と沿線開発―帝塚山学院創設と近鉄の学園都市建設を中心として―」では，私鉄事業のうち住宅開発と学園経営との関係に着目し，戦前南海電鉄の沿線部に誕生した帝塚山学院の教育が地域発展に結びついた経緯が紹介される。同校は大阪で最初期に設置された私立小学校であり，西洋の教育理念を参考にしつつ中等教育（高等女学校，中等学

---

5)　さしあたり，George W. Hilton & John F. Due "The Electric Interurban Railways in America" Stanford university press 1960．Sam B. Warner, Jr " Streetcar Suburbs "Harvard University, Press and The M.I.T Press 1962．東京市政調査会編・訳『メトロポリスの都市交通－世界四大都市の比較研究』日本評論社，1999年，青木栄一『鉄道の地理学：鉄道の成り立ちがわかる事典』WAVE出版，2008年，小池滋・青木栄一・和久田康雄『鉄道の世界史』悠書館，2010年，を参照のこと。

校）も開始するのである。

　一方で，同学院は男子学生の中等教育のために「帝塚山学園」を設立して奈良に校舎を建設する。この時は（南海ではなく）近鉄が学園誘致に協力し，戦後は学園都市としてニュータウン建設が進められる。そこで，後半においては近鉄の沿線開発と「帝塚山学園」が目指した近代的教育の理念について明らかにされる。

　第3章「南海鉄道の兼営電灯電力供給業」では，戦前の電鉄業の兼業研究で手薄だった電灯電力供給業をとり上げ，特に南海鉄道の動向を詳しく検討している。同社の特徴としては，電力収入が多く電灯収入が少ないことであった。また同社は相次ぐ合併で，その事業は大阪府南部一帯から和歌山県の一部にまで及ぶ広大な地域を供給区域とし，他の関西私鉄と比べても大規模なものであった。ただしその大半は農村であり，他の電鉄のように郊外の発展を取り込むことが充分に出来なかった。そのため，同社は電灯よりも泉南を中心とした繊維産業などの電力に頼る割合が高かった。

　南海は供給業以外に目立った兼業をもたなかったため，会社全体の収入では，電力のほか百貨店や娯楽事業，不動産業などの多角化を進めた阪急に追い越されてしまった。さらに運輸と電気供給の二本柱という構造が類似していた阪神と比べても，供給業の伸びの差から，これも総収入で追いつかれるに至った。実のところ，戦時期の電力統制に入る前に，すでに南海の地位は揺らぎつつあったのである。

　第4章「戦前期高島屋における南海鉄道・阪神電気鉄道との協業とターミナル・デパート経営構想」は，高島屋の視点から関西私鉄と百貨店との関係について考察している。関西五大私鉄（南海，阪神，京阪，阪急，近鉄）の中で自社傘下のターミナル・デパートを経営していないのは南海だけである。なぜなのか。本章では高島屋史料館所蔵の『取締役会決議録』など一次史料を用いて，南海店の設置経緯とその後の展開，および（阪神）梅田店構想とその経緯の双方が実証的に分析される。結論を先取りすると，高島屋は店舗規模拡大のために大阪の商業エリアの北（キタ）と南（ミナミ）を抑える戦略をとろうとした。

そのために，長堀店よりも南海なんば店を重視し，さらに南海なんば店よりも阪神梅田店を重視した。ターミナル駅ビルの賃借交渉では三越など他社をたくみに出し抜くのだが，その背後には井上準之助など政財界とのつながりがあったことが実証される。

　第5章「私鉄の流通事業参入－南海電鉄を中心として」では，前章をうけて南海電気鉄道の戦前・戦後の小売事業が検討される。戦前の同社は本業の輸送事業（貨物・旅客）が好調だったので小売業などの兼業をする必要性が低かった。たとえば，難波駅南海ビルの建設時には高島屋が希望してテナントとして入居した。しかし，戦後になると貨物輸送の順次廃止による駅周辺遊休地の効率的活用を求めて，同社は不動産事業や小売事業に進出したが他社と比べて「出遅れ」感が大きかった。そこで，なんばCITYなどの商業施設を開業するものの，営業ノウハウがないために西武グループの協力を得たり，なんばパークス開業時も高島屋の協力を仰いだりしたのである。「南海百貨店」があるのかないのか調べたところ，戦前に商号だけ登記されていることが判明したが，その実態を明らかにすることはできなかった。

　第6章「南海・近鉄とプロ野球」では，関西五大私鉄のうち阪神，阪急，南海，近鉄がプロ野球チームを保有した経験をもち（京阪は保有せず），しかも近鉄を除く3社は戦前からチームを保有していることを前提に，南海，近鉄の動向が明らかにされる。両チームは他よりは遅れてプロ野球に参入し，2リーグ分裂後はパ・リーグに属して球団運営をした。南海の場合，本業は長い歴史を誇る名門企業であるが，戦前のプロ野球は後発の参入だったために貧弱な陣容しかそろえられず，しかも本格的な本拠地球場をもたなかった。しかし戦後は積極的なチーム補強にまい進した。なんばターミナルの隣に本拠地となる大阪球場を建設し，さらにナイトゲームも可能にした。

　一方，近鉄は戦前から大阪鉄道（現，南大阪線）が藤井寺球場という本格的球場を保有していたものの，プロ野球チームはもたなかった。プロ野球との関係は，戦時統合で南海と合併した時に生まれた。戦後は主体的に（当初は近鉄パールスとして）プロ野球に参入したが，結果的に藤井寺球場のナイトゲーム

が（地元の反対で）できないなど有効活用されず，発足当初は南海の大阪球場に，その後は沿線外の森之宮の日生球場に依存するかたちで球団運営をせざるをえなかった。両チームの戦後は明暗を分けたものの，1960 年代以降は本体の電鉄会社の経営に影響を受けて，南海は 1980 年代末に，近鉄は 2004 年に球団経営から撤退することになる。

　以上，本書の概要を紹介してきたわけだが，第 2，4 章は未発表で，ほかは既発表の論考を加筆修正して収録している。初出一覧は以下の通りである。コラムはいずれも未発表である。

【初出一覧】

第 1 章　谷内正往「大阪市電気局，初代局長佐竹三吾」『都市と公共交通』第 44 号，大阪公共交通研究所，2020 年 6 月。

第 2 章　山田雄久（未発表）

第 3 章　嶋 理人「南海鉄道の兼営電灯電力業－戦前期南海の最大の兼業」『熊本学園大学経済論集』第 26 巻第 1-4 号，2020 年 3 月。

第 4 章　加藤 諭（未発表）

第 5 章　谷内正往「大阪になぜ「南海百貨店」がないのか」『大阪商業大学商業史博物館紀要』第 19 号，2018 年 12 月。

第 6 章　廣田 誠「私鉄企業とプロ野球の関係－南海と近鉄の場合」『経済学論究』第 73 巻第 2 号，2019 年 9 月」。

（コラム）

（1）「近鉄『中興の祖』佐伯勇」（谷内）

（2）「近畿日本ツーリストの設立」（山田）

（3）「南海鉄道のラジオ売出商略」（嶋）

（4）「阪神電鉄の電灯事業における顧客対応」（谷内）

（5）「戦後南海の経営者・川勝傳」（谷内）

（6）「『阪神と西武』の奇しき因縁」（廣田）

　なお，執筆にあたっては「近鉄・南海」を対象として，兼業に関わるテーマを各自が選択した。それぞれの問題意識や関心を優先して，特に全体の細かな調整は行わなかった。

　こうした試みが成功したかどうかは，読者の反応・評価を待つよりほかはない。足りない部分もあると思うが，忌憚のないご意見・ご批判をいただければ幸いです。まずは研究者のみならず，多くの人に関心をもってもらえることを希望する次第です。

　最後になりましたが，本書は執筆者の一人 谷内が，他の執筆者の先生にお声掛けして，武知京三先生（近畿大学名誉教授）の喜寿をお祝いするために編まれました。年月が経過してしまいましたが，あらためて，武知先生の学恩に感謝致します。

　なお，本書の表紙カバー写真は，近鉄グループホールディングス株式会社（広報部）および南海電気鉄道株式会社（広報部）の両社様よりご提供いただきました。ここに厚く御礼申し上げます。

2020 年 12 月

執筆者を代表して

谷内 正往

目　　次

近鉄・南海の経営史研究

―兼業をめぐって―

第1章　大阪鉄道の再建人―佐竹三吾

谷内 正往

はじめに

　大阪市電気局の初代局長であった佐竹三吾をご存じだろうか。彼は，鉄道官僚として活躍する一方，大正末期には，洋行中電報にて大阪市の池上四郎市長にこわれて大阪市に奉職する（大阪市電鉄部長から初代電気局長）。その後，政府関係者として海外渡航したり，貴族院議員として活動したり，エリートコースを進んでいくかに見えた。しかるに，昭和初期の鉄道疑獄事件に巻きこまれて浪人生活を余儀なくされる。佐竹にとって人生最大の危機であった。

　そんな時，大阪鉄道（現，近鉄南大阪線）再建のため，同郷（岐阜県大垣市）の種田虎雄から声がかかる。大鉄を再建してくれないか，と。種田も元鉄道官僚で，大阪電気軌道（現，近鉄奈良線，大阪線）の経営者で同社は大阪鉄道の大口債権者でもあった。佐竹はこの申し出を受け入れて，巨額の債務を抱えた大阪鉄道（以後，大鉄と略す）の再建（更生）にまい進するのであった。佐竹は東京から単身でやってきて，大鉄沿線の古市駅近くに家を借りて毎日電車で本社のある阿倍野（天王寺）まで通い，債務整理と経営再建（および大鉄百貨店創立など）をなしとげるのであった。その後，戦時統合により関西急行電鉄（元，大阪電気軌道ほか）と合併する。佐竹は経営者として残留し，戦後は退任し，阪急バスなど阪急系列の経営者を歴任するのである[1]。

---

1)　昭和初期の歴代大阪電気局所長としては，地下鉄行進曲の平塚米次郎，木津谷栄三郎，岸本熊太郎，橋本敬之などが有名である。平塚の場合，年棒が総理大臣なみで税金は今と違って少なかったので，「地

　佐竹の経歴をたどることで，元国家官僚が地方の交通事業に関わりをもち，さらには民間鉄道会社へ移籍して経営者としての腕を磨いていく姿の一端がわかるように思う。鉄道史研究における「鉄道経営者論」はまだまだフロンティアであり，その意味においても意義があると考える[2]。

　以下，佐竹の故郷である岐阜県大垣市の鉄道人脈から始めて，大阪市初代電気局長時代，大鉄再建時代など史料をもとにたどってみたい。

1.　佐竹三吾の略歴と岐阜県大垣市の鉄道人脈

1−1　佐竹三吾の略歴

　まず佐竹がどんな人物か，その略歴を見ておきたい[3]。佐竹三吾は，1880（明治13）年岐阜県安八郡大垣町（現，大垣市）生まれ，1905年東京帝大独法科を卒業し（同期に北一輝などがいる），直ちに農商務省に入り，翌1906年法制局参事官，1908〜1911年まで満鉄留学生としてドイツに留学し鉄道行政を研究した。翌年帰朝して，直ちに鉄道院に入って鉄道院参事（1912年），鉄道省監督局長（1918年）を務めた。この時佐竹は39歳，異例の出世であった[4]という。前年の1917年には法学士の学位を授与された（大学院卒業論文「再保険論」，大学講師としても活躍）。

　1920年（上司との折り合い悪く）鉄道院を辞して，同年9月外務省嘱託として再度渡欧，スペインのバルセロナ市に万国交通会議の専門委員として参加した[5]。1922年には大阪市の池上市長の要請を受けて大阪市電鉄部長（のち電気局長）に就任する。ここで大阪財界との関係が生まれる。しかし，それも

　　下鉄のことは清水部長にまかせきりで，南や北の料亭でよく遊び，なじみの芸者も沢山いた。粋人局長，歌人局長ともてはやされ‥‥地下鉄行進曲や地下鉄小唄を作り地下鉄のPRにも一役買」った（岩村潔『大阪の地下鉄−発展を支えた遺風と建設技術開発』株式会社日刊建設産業新聞社大阪支社，1981年，223−224頁）。

2)　老川慶喜「鉄道」経営史学会編『経営史学の50年』日本経済評論社，2015年，261−262頁。

3)　『鉄道史人物辞典』（日本経済評論社，2013年，208−209頁），佐竹三吾監修『大鉄全史』（近畿日本鉄道，1952年，157頁）および『大鉄百貨店史』（同店，1944年）等による。

4)　佐竹三吾「親友中川君と共に」『中川正左先生伝』日本交通学会，1957年，258頁。

5)　佐竹によると，上司にあたる鉄道政務次官石丸重美と折り合いが悪く，元田鉄道大臣，原内閣総理大

つかの間，1924 年には法制局長官に任ぜられて大阪を去ることになる。ここから中央政界への進出が始まる。すなわち，同年長官辞任と同時に貴族院議員に勅任され，1926 年には鉄道政務次官となり将来を嘱望されることとなるのである。図 1-1 は新聞に掲載された佐竹熱弁のようすである。

図 1-1　佐竹三吾の熱弁

出所：『東京朝日新聞』1925 年 2 月 19 日付，夕刊第 1 面。

　ところが，1927 年には政争に巻き込まれて政務次官を辞任し，1932 年には貴族院議員も拝辞した。なぜなら，1930（昭和 5）年 12 月 20 日，越後鉄道疑獄事件他 2 件に関係し収賄容疑で懲役 8 ヶ月（執行猶予 2 年）の判決を受けたからである [6]。大審院（現，最高裁）まで争うも 1932 年有罪の判決はくつがえらなかった。佐竹にとってこの時期が最もつらい時期であったと思われる。

　1932 年大審院の判決が出たあと，種田虎雄（大阪電気軌道社長）から債務超過で倒産寸前の大阪鉄道株式会社社長への就任要請がきた [7]。佐竹はこれを受諾する。どんな気持ちだっただろう。鉄道官僚，法学博士，大阪市電気局初代局長など交通行政のスペシャリストであり貴族院議員としても一家言もつ実力者が大阪の一地方私鉄の社長として負債整理をするのである。

臣もどうすることもできなかった。その代わり元田鉄道大臣に外務省の嘱託の身分で国際連盟交通専門委員となり総会に出席する便宜を図ってもらったという（同前，259 -260 頁）。次官就任当初の石丸は建設畑が長く，一般鉄道行政には疎かったので，運輸局長中川正左，監督局長佐竹三吾，経理局長長井亨，文書課長岡田意一，福富正男らの意見を聞いていたが，業務に精通すると独断専行，人事に関しても二年間で勅任官を 10 数名罷首したという。佐竹，永井が罷首され，岡田は神戸鉄道局へ左遷された（福富正男述「石丸王国前後」清水啓次郎編『交通今昔物語』交友社，1933 年，167 -169 頁）。

6)　1929 年 11 月 20 日，越後鉄道買収に関して佐竹，東京地方裁判所検事局に任意出頭（『東京朝日新聞』1929 年 11 月 21 日付，夕刊第 1 面）。以後，起訴されて有罪判決が下る。

7)　なぜ佐竹が大鉄再建に抜擢されたのかは不明であるが，渡哲郎氏は，大鉄と競合する「大軌社長の種田虎雄が佐竹を直接大鉄Ⅱに送り込み，その再建にあたらせたのである。大軌によって大鉄Ⅱに送り込まれた破産管財人。これが佐竹社長の正体だった」という（渡哲郎「1930 年代の大阪鉄道Ⅱ」『阪南論集』（人文・自然科学編）第 36 巻第 3 号，2001 年 1 月，110 頁）。ここに「大鉄Ⅱ」とは本章の対象とする大鉄（現，近鉄南大阪線）であり，「大鉄Ⅰ」は明治期創業の大鉄（現，ＪＲ関西本線）を指す。

6

　結局，佐竹は数年で同社の再建にめどをつけて，大鉄百貨店など関連会社も設立した。また，沿線開発のために，学校誘致にも尽力した。その後，同社は戦時統合をへて近畿日本鉄道南大阪線となる。

　戦後，佐竹は阪急バス，阪急タクシーなど阪急系列の会社社長のほか，いくつかの会社社長を歴任するのである。1976年5月24日大阪府豊中市にて96歳で死去した[8]。

1－2　岐阜県大垣市の鉄道人脈

　表1-1は岐阜県大垣市の鉄道関係者一覧である。『文教のまち大垣』は「同郷の者を引き寄せ，引き上げていく」縁故の事例として鉄道関係者を取り上げている[9]。

　同時代の雑誌[10]によると，江戸時代の岐阜大垣藩は禄高10万石に過ぎないが，名古屋藩を除くと中部では屈指の大藩であり，藩主の戸田氏が好学者であり，藩校致道館を建てて藩の子弟を教育した。幕末には小原鉄心などの俊傑が出て経世奨学に努めたところ各方面に多くの人材を輩出したという。そのうち一番多いのが医学博士と工学博士であった。例えば，鉄道界では野村龍太郎（工学博士）が有名で，一技術者から鉄道院技監となり，さらに副総裁に進み，満鉄総裁にまでなった。「野村氏が鉄道の大ものとなるや郷党の青年は，われも〜と鉄道を志し一時，鉄道部内は局長，課長の高等官から判任，雇いの現業員に至るまで西濃出身者が羽振りをきかしてゐた。今，大軌の専務を稼ぐ種田虎雄君，それから斎藤真微[11]君，元山口建設事務所所長であった清水三蔵君，技術畑の黒柳謙吉，塩川啓吉の両君など，ともに野村氏の世話になつた西濃出身の大粒どころであり，また，かく言う佐竹三吾君も，年少弱冠にして野村氏から満鉄理事に推轍されたいはゆる野村党の俊秀であったのである」[12]。

8)　『読売新聞』1976年5月25日付。葬儀の喪主は長男（国民金融公庫総裁）。
9)　『文教のまち大垣（改訂増補）』大垣市文教教会，2008年，192頁。
10)　「大鉄更生の恩人 佐竹三吾君」『新興実業』第6巻第12号，1935年6月，42-43頁。
11)　岐阜県出身。1926年鉄道監督局長，1928年大阪電気軌道支配人，1935年宇治山田市（現，伊勢市）市長（『鉄道先人録』日本停車場株式会社出版事業部，1972年，168頁）。
12)　同前，43頁。

表 1-1　大垣出身の鉄道関係者たち

氏名	所属	備考
河瀬清蔵	鉄道中属	文政 5 年生まれ
松本荘一郎	鉄道庁長官	嘉永元年生まれ，工学博士
野村龍太郎	南満州鉄道社長	安政 6 年生まれ，工学博士
吉川三次郎	鉄道技師	万延元年生まれ，アプト式を導入
佐藤古三郎	鉄道省参事	文久元年生まれ
加納万次郎	鉄道庁技師	文久元年生まれ
立川勇次郎	京浜急行（前身）社長	文久 2 年生まれ，イビデン創業
古沢謙吉	帝国鉄道庁参事	慶応 3 年生まれ
塩川敬吉	日本鉄道株式会社技師	慶応 3 年生まれ
脇水鉄五郎	鉄道省	慶応 3 年生まれ，理学博士
中西錬次郎	鉄道庁技師	明治元年生まれ
那波光雄	鉄道庁技師	明治 2 年生まれ，工学博士，土木学会会長
谷　直諒	南満州鉄道技師	明治 8 年生まれ
田中耕三	鉄道院札幌鉄道局長	明治 10 年生まれ
安藤又三郎	南満州鉄道理事	明治 10 年生まれ，大垣市長
佐竹三吾	鉄道政務次官	明治 13 年生まれ，大阪市電気局長，貴族院議員，大阪鉄道社長
後藤悌次	鉄道省経理局長	明治 15 年生まれ，華北交通副総裁
長屋　脩	鉄道局技師	明治 17 年生まれ
種田虎雄	鉄道省運輸局長	明治 17 年生まれ，大阪電気軌道社長，のち近畿日本鉄道社長
戸田直温	鉄道局，華北運輸公司社長	明治 18 年生まれ，鋭之助の長男
西松亥吉	京都駅長	明治 20 年鉄道界に入る
黒柳謙吉	鉄道局技師	明治 22 年生まれ，房吉の長男
箕浦戒二	鉄道庁	

出所：『文教のまち大垣』（改定増補版）大垣市文教協会，2006 年，192 頁に加筆。

　こうしてみると，大阪市から鉄道官僚が数多く輩出した事実はよくわかるが，なぜそうなったのかは地域の特性や教育，人的関係など多方面の理由がありよくわからない[13]。今後の課題としたい。

　ところで官僚時代の佐竹は自分のことを「余は鈍牛なり，強鞭を加へて一歩々に進むを知るのみ」と牛歩主義を唱えている[14]。学生時代からスポーツ万能で，

---

13)「大垣は学者王国（新人物風土記・岐阜県の巻五）」『読売新聞』1954 年 6 月 23 日付，夕刊第 1 面。
14)「佐竹三吾氏(鉄道院官房文書課長参事)」(鉄道と人物 6)『鉄道時報』第 864 号，1916 年 4 月 8 日，281 頁。

8

社会人になってからは本務の合間に中央大学，法政大学の講師を引き受け，専門書も執筆している[15]。一体どのような人物であったのか，節を変えて見ていこう。

2. 大阪市時代

2−1 大阪市時代の仕事

　佐竹三吾は 1922 年 1 月[16] から 1924 年 1 月までの 2 年間大阪市に奉職することになる。佐竹の回顧によると次のような状況であった[17]。

　　「私は恰度大正十年の十二月太平洋の真中で池上市長より局長就任の暗号様の電報を受け，東京で土木局長の堀内君より就任方をはっきり懇請されて就任したのです。翌年の三月の末と思つておりますが，ストライキではないが，待遇問題による労働運動が起り，二十人程が自動車になんか乗り，宣伝ビラをまいたりしたのです。電車の収入状態もよいから，待遇改善を何とかせねばと思つたのですが，宣伝的の行動は統制上断固たる処置をせねばならなぬと考へ，梅田と云ふ運輸部長に処分さし，その従業員はやめさせました。が然し改善もせねばと云ふので運輸委員会と云ふものを各事務所に造り，私も夜，大抵之に出席して意見を聞き，質問を重ね研究した結果，今の共済組合を造り，次で宿舎問題，電気局病院の調査と云ふ風に進んで行つた。当時電気局は非常に収入状態がよく，確か百万円位の積立金もありましたので，勤務状態の改善待遇の改善もボツ〳〵出来たのでありました。」

　ここから，佐竹は労働者の待遇問題（労働運動対策）のために市長の池上四

---

15) 同前。
16) 新聞報道によると「前鉄道省監督局長佐竹三吾博士を大阪市の電鉄部長に招聘せんとする交渉は旧□来略成立して居たが愈最後の回答を求むべく池上市長は其他の要件をも兼ねて七日上京（大阪電話）」とある（『東京朝日新聞』1922 年 1 月 10 日付，第 3 面。）
17) 「回顧座談会」『大大阪』第 19 巻第 10 号，1943 年 10 月，23 −24 頁。

郎から就任要請をうけたことがわかる（実は大阪市以外に南海鉄道からも声がかかっていた[18]）。武知京三氏によると，「大阪市は労働組合結成の動きに対抗するため，1922年4月1日電鉄運輸委員会を設置した。これは，鉄道省監督局長から大阪市電気鉄道部長にスカウトされた佐竹三吾の発案によるものだが，当時各事業所に設けられた工場委員会の市電版で，職種に応じて監督，車掌運転手，転轍手信号人の3つの運輸委員会がつくられた」という[19]。

　さらに，「その構成は各出張所（車庫）の『い』から『ち』までの組を選出母体とし，60人に1人の割合で選出された委員からなり，議長には出張所長が就任した。さらに，従業員全般の利害に関する諮問機関として各委員会から互選された委員による連絡運輸委員会が設けられた。これは，西部交通労働同盟をつぶそうと意図するもので，現業員労務対策として労資協調路線にたつものであ」った[20]。

　当時佐竹は，公然と組合結成運動をはじめていた扶助倶楽部が（組合結成の）了解を求めたとき，「労働組合以外に従業員を幸福にさせる自信があるから今しばらく待ってくれ」と答えた[21]。その「自信」がこの運輸委員会であった。

　一方で佐竹の仕事は労働問題だけではなかった[22]。大阪市による大阪電燈買収問題もあった。1922年1月から大阪市による大阪電燈株式会社（以下，大電と略す）買収の交渉が始まっていた。その経緯は次のようなものであった。

　大電は1887（明治20）年設立，2年後に送電をはじめて以来次第に事業を拡大して，日清・日露戦争をへて大阪市との契約（1906年，15年後に大阪市による大電買収の条項あり）により，大阪市から種々の便宜を受けて独占的地位をつくりあげつつあった。しかし，第1次世界大戦後の恐慌で大きな打撃をうけ，

18）「未来の電気局長佐竹三吾君」平栗要三編纂『財界楽屋新人と旧人』日本評論社，1924年，252頁。他に新聞報道では「東京市電気局長」のポストも噂されていた（『読売新聞』1920年8月27日付，第5面）。
19）武知京三『近代日本交通労働史研究』日本経済評論社，1992年，76頁。
20）同前。電鉄部長に就任した佐竹が先行的に市電全線を視察するとの情報があり，職員は皆戦々恐々としていた。1918年9月に前電鉄部長の死去があり，電鉄部長は一時関一（せきはじめ）が臨時部長を務めていたが，久しぶりの専任部長だったために皆が緊張したものと見える（鎌田伊太郎『曾根崎から大阪市電』関西書院，1968年，143頁）。
21）大阪交通労働組合編『大交史』労働旬報社，1968年，116頁。
22）同前，104頁。

はじめて無配当の状態におちいった。そして引きつづく経済的不況のなかで大電は，なかなか立ちなおることが出来ず経営不振が続いた。そんな時，ちょうど良いタイミングで大電と交わした契約（大電買収条項）の満了期が迫っていた。そこで大阪市が大電を買収する運びとなったわけである。結果として，大電買収は，大阪市による大電資本の救済の意味合いが強いものとなった。しかし，交渉は容易にまとまらず訴訟沙汰の動きも含めて以後1年半にわたって紛糾が続いたのである。

　当時，大阪市電鉄部長となった佐竹はこの問題の急先鋒であり『サンデー毎日』は次のように記している[23]。

　「（佐竹）氏は大電問題を訴訟提起に導き，買収の日時を遷延せしめることは却つて大電の手に乗るものとし，寧ろ大電の主張する報償契約無効論を逆用し，市から契約解除の通告を発して大電側をアツと言はせると共に，市では別に電燈事業を経営する方針を樹てるのも大電買収解決の一方法だとの意見を抱懐している。」

　かなり策士的な発言で佐竹の評価は悪い。「この恵まれた頭脳の持主も，一面には学者に通有性の端緒が潜んでいる。人を容れる雅量の乏しいことゝ，言い出したら後へは引かぬ負けず嫌いが祟り，氏としては寧ろ役不足の電鉄部長に躊躇（きょくせき）せねばならぬことになった感がある」[24]と手厳しい。一方，佐竹の回顧によると実際は淡々としたものだった[25]。

　「私が買収後経営の直接責任者となるべき関係上，会社の財産評価，将来の収支見積，買収市債評価計画，其他電力供給問題等に就て，数十通の案を作つて会議の資料に供したのであるが，交渉が殆ど七八ヶ月続き度々暗礁に

乗り上げた関係上，種々の計画表を何度作り直したか判りません。然もこの仕事を当時の電鉄部に於て僅に二三人の人を相手として秘密に作つたその苦心は恐らく局外者には全く想像も付かないことと思います。遣り直し，書き直しの草稿は山を為しました。」

直接の担当者として，佐竹は交渉のための買収価額の算定に腐心している。本来，交渉そのものは市長らの役目である[26]。むしろ役人としての佐竹の真骨頂は次の行動にあった。

「電燈買収案が愈々会社との間に調印を終り，市会の議を経て内務，大蔵両省の認可を申請するところまで進み来たが，何しろ七千万円余の市債を発行する案であるから内務，大蔵両省の審査は容易に進展しない」。
　普通なら半年たっても片付かないところを，佐竹は自身の知識と人脈を駆使した。「結局最後に大正十二年八月三十日に逓信大臣の判がすんで，その書類を文書課長から大阪の逓信局に送られることになった」。

さらに，そこから佐竹らは監督官庁の認可をひどく急いだので，「逓信省の役人の代理をつとめ，その書類を貰つて三十日の夜行で東京を出発し三十一日の朝大阪に着きましたが，その日は役所が休みでありましたので，予め東京で逓信省から大阪逓信局長に電報を打つて貰つて，三十一日の朝態々休み中に役所に出勤して貰つて，こちらから持つて行つた書類を下付して貰ひ，茲に愈々買収案が正式に内務，大蔵，逓信各大臣から認可されたことになりました。その日は即ち大正十二年八月三十一日でありますので，私がこれを何時迄も忘れ

---

26) 大電買収問題について多くが交渉決裂を予想した時「彼（佐竹―引用者）は一人妥協の成立を確信して密かに動き出した。そして親分の床次から政友会，政友会から水野，水野から井上といつた具合に大頭の頭を引つぱつて置いて，一方は市理事者中の癇癪持ち，又の名坊つちゃんの有田が訴訟の一途に盲進しようとするのを引きとめる。かと思ふと永田調停翁を通じて大電重役を突つく，重たさうなあの身體でくる〳〵飛び廻つたものだ。そして曲がりなりにも買収談をこねあげた」（「未来の電気局長佐竹三吾君」平栗要三編纂『財界楽屋新人と旧人』日本評論社，1924年，252頁）。

ることが出来ないのは，九月一日は即ち関東大震災の日であつて，若し不幸に
して認可の手続が八月中に済まなかつたならば，即ち数日遅れたならば，その
書類は震災で焼けてこれを再び作製するとしても震災後の大混乱の際であります
すから，恐らく東京では何人も耳を貸して呉れなかつたことと思います。」

つまり，買収案の認可を政府（内務，大蔵，逓信の各省）からとるために，官僚
上がりの佐竹が四方八方手を尽くして，最後には自ら役所の手伝いまでして認可
を急いだのである。並みの役人ではとても出来ない仕事である。その意味におい
て，これは役所の「うらおもて」を知り抜いた佐竹ならではの成果だといえる。

認可のおりた翌日が関東大震災（1923 年 9 月 1 日）であったことを考えると，
これが単なる幸運であったというよりも，むしろ佐竹の仕事の早さ（仕事への
姿勢）が運を引きよせたとみるのが妥当であろう[27]。

大阪市の大電買収（1923 年 10 月）にともない，大阪市電気鉄道部は大阪市
電気局と改められ（佐竹は初代電気局長），大電と市電の労働者は両方この管轄
下におかれることになり，新事業開始，職制改革，人事などに動揺が生じた。

すなわち，同年 5 月に市電労働者の「共済会」「土筆会」という親睦団体は
発展的解消を遂げ，新たに大阪市電共済組合が発足した。そのため，諮問機関
としての運輸委員会の本来の役割は共済組合に譲り，その形骸化が進んだ[28]。
佐竹の提案した「運輸委員会」は意外と短命に終わったのである。しかも，大
電職員と旧大阪市職員との間に大きな賃金格差があったので，市電労働者の不
満に火をつけることになった[29]。

ところで，上述「土筆会」の会誌が大阪市立中央図書館に残されている。紙
面は最初に市電の営業成績が掲載され，他の電気鉄道会社・事業所の営業成績
も一覧で出ている。さらに職員の移動・昇進などの記事，会員の投稿などが見
られる。同誌第 40 号（1918 年 10 月）に「乗務訓（いろは）」が掲載されてい

27）佐竹は後年，市電開通 20 周年の『大阪市営電気軌道沿革誌』において，当時の大阪市電気局長佐竹三
　　吾が路面電車の市営を自画自賛，この 20 年間に市経済に与えた影響は 4823 万円，すなわち 1 年平均で
　　240 万円ほどに及んだと述べた（武知，前掲書，59 頁）
28）武知，前掲書，59 頁。
29）同前。

るので一部紹介する[30]。

い，石の上にも三年とかや　食せず乗れよ長時間

ろ，ろくな洋服着ないかとても　心に錦を飾れば同じ

は，はいと答えて何事にても　監督さんにはそむきやるな

に，西も東もわきまへなしを　おしへてもらつた恩が有る

ほ，ほめてやる可し何事にても　千に一つの徳が有る

へ，『ヘツドライト』に気をつけなさい　尻に火がつきや蛍の様な

と，友の良いのを乗組なさい　黒に交れば黒くなる

ち，知恵か性根を一つをもてば　人から顔にどれをぬられば

り，りこうぶるのは大方あほう　子供らしいがうまれつき

ぬ，ぬすみかくしやうそいつわりを　云ふが不正の行為なりけり

る，るろーしてから電車に乗つて　天下取つたと安心するな

を，男女の区別はあれど　乗ればお客じや丁寧にせよ

わ，悪い心もたず実あれば　天下に恐れる者はなし

か，監督さんでも何人にても　無理をば云わば憎うなる

よ，良し悪しのと小言を云ふな　電車のおかげで着る着物

た，たべる御飯は命の種じや　乗る亦電車は金の種

　最初の「い」で「石の上にも三年」「食せず乗れよ長時間」と忍耐を説いて，「は」「に」で従順，奉公を強調している。全体として職員として公序良俗に努め，「よ」「た」では仕事が収入の糧であることを強く訴えている。日々の仕事に対する教訓を集めており，仕事のようすが想像できて興味深い。

　こうしてみると，「土筆会」のような親睦団体が元々あったので，それらが共済組合として再編成されていく中で，佐竹の新種の運輸委員会がその役割を失っていくのはごく自然の流れであったと思われる。

　さて，大阪市における佐竹の仕事は約2年で終わり，1924年法制局長官

30)『土筆』第40号，土筆会，1918年10月，14頁。

14

に任ぜられて大阪を去る[31]。同年長官辞任と同時に貴族院議員に勅任され，1926 年には鉄道政務次官となる[32]。まさにジェットコースターの上昇局面へと進むのであるが，数年後に鉄道疑獄事件に巻き込まれてしまう。越後鉄道に関わる贈収賄事件である[33]。

3. 大阪鉄道（現，近鉄南大阪線）再建

3-1 佐竹の浪人生活

　佐竹の浪人生活は，実は 1929 年暮れ，越後鉄道国有化にまつわる汚職のうわさが広まった頃から始まる。そして裁判で有罪の判決を受け，控訴し大審院の決定の出る直前，1932 年 6 月 28 日貴族院議員を辞めた。

　当時のインタビュー[34]に答えて「それ（議員辞職－引用者，以下同じ）は突然かもしれませんが，辞めたいといふ気持ちは今始まった訳では無いので，鉄道学校の校長もやめる，大学の講師もやめる，すべての公職から退いた昨年（1931 年）のあの頃から全く一介の人間になりたいと願つてゐた気持が今実現されたんです」。「この頃は政治にも興味はない，唯読書，最近は鉄道問題について色々感じたことを書き綴つてゐます。これが僕の唯一の仕事ですが，他に特に興味を持つて移植民問題の研究に手をつけました‥‥」。

　約 3 年の浪人生活は，佐竹にとって長く，重いものだったと推察される。ちょ

31) 佐竹の回顧によると「12 年（1924 年）というのは虎の門事件というのがありまして，山本権兵衛さんが内閣をやっておられて，そして虎の門で陛下の行幸をさえぎったということで責任を負って辞められ，その後，清浦さんが総理大臣になって私に法制局長官になれということで，池上さんと関さんに相談すると，それは名誉な地位だから引き受けたらどうかというということで，1 月のたしか中ごろに辞めたのです」という（「歴代局長思い出を語る」『市電から地下鉄へ－市営交通 70 年のあゆみ』大阪市交通局，1973 年，29 頁）。
32) この時期の鉄道省は，岐阜県人の佐竹が鉄道省の中心勢力で，その傘下に参与官の古屋慶隆や運輸局長の種田虎雄ら同郷人がいて「三羽烏」と呼ばれた。種田にいたっては「種田氏の運輸局か，運輸局の種田氏か」といわれるほど羽振りが良かった（「井上閣で固める鉄道省」『読売新聞』1926 年 7 月 12 日付，夕刊第 6 面）。佐竹の政務次官としての熱弁は「佐竹君専門を傾け鉄道政策を痛撃す」（『東京朝日新聞』1925 年 2 月 19 日付，夕刊第 1 面）に詳しい。
33) 当時「五鉄道疑獄事件（東大阪電軌鉄道，北海道鉄道，伊勢電気鉄道，博多湾鉄道汽船，越後鉄道）」と呼ばれた（『読売新聞』1929 年 11 月 27 日付，第 2 面）。
34) 『東京朝日新聞』1932 年 6 月 30 日付，第 2 面。

うど大審院の判決の頃，次に紹介する大阪鉄道もその経営不振が極に達しており，新たな経営者を求めていた。

3－2　大阪鉄道の沿革[35]と経営危機

大阪鉄道は，その前身の河陽鉄道が 1896（明治 29）年 3 月に創立し，2 年後の 1898 年 3 月柏原・古市間，4 月古市・富田林間を蒸気列車で開業した。ほどなく経営不振となり，翌年 5 月河南鉄道がこれを継承した。その後，逐次路線を延長し，1902 年 12 月柏原・長野間を全通した。

1919（大正 8）年河南鉄道は社名を大阪鉄道と変更し，1922 年 4 月道明寺・布忍間，1923 年 4 月布忍・大阪天王寺（翌年 6 月大阪阿部野橋に変更）間を開業して大阪進出を果たした。同時に道明寺・大阪天王寺間に電車運転を開始し，次いで 1923 年 10 月道明寺・長野間，1924 年 6 月柏原・道明寺間もそれぞれ電化した。

1929（昭和 4）年 3 月には，大和延長線古市・久米寺（後，橿原神宮前）間を開業し同時に吉野へ乗入を開始した。図 1-2 はその頃の大鉄路線図である。道明寺から阿部野（天王寺）までの都心向けは採算がとれていたようだが，古市から橿原神宮までの観光路線が最初から経営の足を大きく引っ張っていた。

兼営事業には，藤井寺球場，玉手遊園地，汐ノ宮温泉，バス，土地住宅経営，食堂等があった。利益のあがる電灯事業は行政の許可が下りなかったので断念した。

この時期に活躍した経営者に越井醇三がいる。越井は 1866（慶應 2）年 3 月生まれ，大阪府南河内郡三の郷森田新兵衛の三男として，1884（明治 17）年頃富田林町越井庄次郎の養子となった。養父は醤油醸造業を営んでいたが，本職は漢学者であって，一種の見識を持った「異色ある人物」であった。そのため，醇三が入籍した頃から家業は傾いており，これを盛り返すべく醇三は「種々苦心経営」した。1888 年頃越井営業所として木材事業を始めた。1903 年頃台湾総督府の命を受けて電柱に丹礬（硫酸銅，染色・メッキ等に用いる）を注入することに成功して巨利を博した。この方法により，全国にわたって電柱の売買を行い，この事業における我が国の覇者になったという。1927（昭和 2）年までに，河内

35）この項，ことわりのない限り，谷内正往『戦前大阪の鉄道駅小売事業』五絃舎，2017 年，49 –51 頁による。

図1-2　大鉄路線図

出所：『沿線御案内』大鉄電車，1933年4月頃，筆者所蔵。

紡織株式会社社長，富田林銀行頭取，越井合名会社代表社員をつとめている[36]。

もともと大鉄が柏原－古市－富田林間を走る局地鉄道（地方鉄道）であったこと

_____

36) 越井は「実に商人たるよりは寧ろ人間として出来つた人物」であり，その「個人的信用と，その人格的重望とはよく同社（大阪鉄道－引用者，以下同じ）をして業界に重からしむるに盤石の如き働きをなして居ることは勿論である」と評された。越井は「鉄道の如き交通事業は出来るだけ大規模に経営すべ

を思えば，富田林市出身の越井が経営の中心にいたこともうなずける。

　越井の功績は，田舎電車の大鉄を大阪市内（阿倍野橋・天王寺）まで延伸して都市間鉄道にしたこと，さらに奈良の吉野まで路線を伸ばして観光電車としても業績を上げようと努力したことにある。ただし，吉野までの路線は大きな失敗となる。

　すなわち，1929 年 3 月大和拡張線の開業から同社の苦難の道が始まる。なぜなら拡張費の多くを社債と手形に負っており，その利払いが利益金を凌駕してしまったからである。時は昭和恐慌のど真ん中である。この窮状が，1930 年春頃より一部の債権者の知るところとなり，短期借入金の返還督促が急になり，社内の紛争も激しくなってきた[37]。前述越井醇三が退任して，後に森平蔵，清水栄次郎らが経営を引き継いだものの，事態を好転させることはできなかった。

　大鉄の危機について，雑誌『大阪経済評論』は「第一に高い金利の金を借りて建設したこと，第二に沿線には之れといふ大きな都市がなく全くの田舎電車であること，第三に建設費が高すぎたことなどを挙げ得るが，結局は経営の中心に有能なる人物を配さなかつた事が失敗の原因である」[38]とバッサリ切り捨てている。

　また，別の雑誌では，そもそも大鉄が「地勢的に恵まれてゐない。大阪市との連絡も遅かつた。沿線は二十哩に及ぶにも拘らず，町らしい町さへ無い。其の上，今一つ苦しい事には，南海電鉄と大阪電軌の圧迫を絶へず受けねばならない。南には南海線，北には大軌線があつて，当社（大鉄）の進出を遮つてゐる」と記す[39]。

　表 1-2 は 1931 年頃の東西電鉄会社（キロ当たり）乗車賃銀比較であるが，それによるとキロ当たりの運賃（賃銀）が 2 銭を超えているのが，東京では東武と京浜の 2 社で，大阪では阪急，大鉄，参宮の 3 社であった。中でも，大鉄，

きものであり，勿論会社自体の利害よりも社会公共の利益を中心に万事を決しなければならぬ」ということを持論としていた（谷内正往『戦前大阪の鉄道駅小売事業』五絃舎，2018 年，51 頁）。

37）この時期の報道に，「大鉄騒動」（『大阪朝日新聞』1930 年 12 月 7 日付），「大鉄騒動と大鉄会の乱舞」（『実業之大阪』第 7 巻第 1 号，1931 年 1 月），「大鉄紛争解決と其後の観察」（『株主協会時報』第 9 巻第 1 号，1931 年 1 月 5 日）などがある。

38）「大鉄の更正困難」『大阪経済評論』第 15 巻第 9 号，1932 年 9 月，31 -32 頁。

39）「大阪鉄道の前途」『ダイヤモンド』第 16 巻第 8 号，1928 年 3 月 21 日，37 頁。

表 1-2 大阪，東京電鉄会社の（キロ当たり）乗車賃銀比較

大阪	乗車賃銀	東京	乗車賃銀
南海	1銭7厘3毛	東武	2銭
阪神	1銭4厘1毛	小田急	1銭4厘
大軌	1銭6厘	京成	1銭6厘
京阪本線	1銭4厘8毛	京王	1銭5厘
阪急	2銭8毛	京浜	2銭3厘
大鉄	2銭5厘	王子	1銭2厘5毛
阪和	1銭5厘6毛	玉川	1銭7厘6毛
阪堺	1銭8厘	目黒蒲田	1銭6厘
参宮	2銭5厘	武蔵野	1銭8厘7毛

出所：『大阪経済評論』第14巻第8号，1931年8月，22頁より作成。

参宮が2銭5厘でもっとも高く，割高運賃が集客の足かせになっていたものと見られる。

さて，大鉄の危機が次の通り報じられた[40]。「大阪鉄道では森平蔵社長，清水専務，支配人後藤幸太郎氏が辞意を発表したのに対し，大阪電気軌道会社及び大鉄の大債権者たる三井銀行は後任社長の決定するまで正式辞表提出の延期を求める一方適任者の選考を続けてゐる，大鉄の整理については最近三井，住友，鴻池三銀行の手によつて資金融通の諒解成立し九月に到来する社債利子支払ひについても援助するを条件として三井及び大軌の協議により同方面から社長，専務の推薦を見る模様である」。

つまりは，大鉄の大口債権者である大阪電気軌道および三井，住友，鴻池の各銀行が，協力して後任社長が決まるまで社債の利払いを援助するとしている。問題は再建のための経営者をどうするかである。

この時白羽の矢が立てられたのが佐竹三吾であった。新聞（1932年9月末）には佐竹談として次のように掲載されている[41]。

佐竹談「かなり前から大鉄側の勧誘がありましたがいろ〳〵と当方にも事情があり決しかねてゐたのですが，その後大鉄の内容も知り整理も決して不可

---

40)『東京朝日新聞』1932年7月22日付，第4面。
41)「大鉄社長 佐竹氏受諾 事務は石田氏」『大阪毎日新聞』1932年9月29日付，第4面。

能なことでなく，また融資側方面からも極力御声援下さるとのことでしたので御引受する決心をしたのです。整理方法もさらに十分研究し，身を投げ出してもぶつかつて行く積りです」。

ここから佐竹はすでに大鉄再建に取り組む所存であることがわかる。大鉄についていろいろ調べ再建（整理）が可能と判断した。特に融資側（三井銀行など）の声援があるので決心したという。佐竹の大鉄入りを別の雑誌（1932 年 10 月 15 日）は次のように評価している [42]。

　　例の鉄道疑獄事件に引掛かつた佐竹三吾氏は大阪鉄道会社に就任するに内定した。同時に専務にも鉄道省出の石田寿吉郎（義太郎か―引用者）氏が新任するが，何れも種田大阪軌道専務の推薦であるらしい。‥行詰つてゐる大鉄を更生せしむるためには，問題の人も敢へて問ふ所にあらずと，手段を選ばぬこの挙となつたのであらうか，それだけに佐竹氏も期待に背かぬだけの手腕を発揮しなくてはなるまい。それにしても，鉄道省出身の当地電鉄入りは，また〰別に二新人を加へて，鉄道省出身者から成る大阪鉄浪会は，ます〰勢力を増大する結果となる訳だ。

佐竹を「問題の人」として，さらに佐竹の大鉄社長就任を大鉄更生のために「手段を選ばぬこの挙」と厳しく評価し，それでも「期待に背かぬだけの手腕を発揮すべき」としている。また，佐竹と石田が鉄道省出身であることから，大阪に（鉄道省出身の）「大阪鉄浪会」の勢力がますます増大すると見ている。

　大鉄社長に就任した佐竹は，「重要 5 項目」を掲げた [43]。第 1 に負債の整理である。負債を本業 9 割，兼業 1 割の割合で返済する。第 2 に事務の刷新，第 3 にサーヴィスの改善（増便・スピードアップ），第 4 に運賃の低減をあげた。運賃値下げは就任翌年の 1933 年 4 月 1 日に開始し平均 24% 下げた。おかげ

---

42) 在大阪ＫＳ生「関西財界トピック」『中外財界』第 7 巻第 10 号，1932 年 10 月 15 日，26 頁。
43) 谷内正往『戦前大阪の鉄道とデパート』東方出版，2014 年，第 4 章「大鉄百貨店」。

図1-3 昼食をとる佐竹三吾

出所：「佐竹三吾氏，更生の姿　赤字に泣く大鉄に整理のメス揮う」『大阪毎日新聞』
1933年1月31日付，第1面。

で利用者が増えた。第5に沿線の開発を進めた。借金（負債）の返済については，
「7年計画」を立てた。結果は，その最終年である1939年下期に一応完了した。
あとから振り返ってみれば1932年が経営の底であった[44]。

　トントン拍子に進んだように見えるが，さにあらず。新聞報道によると当初
は次のような状態であった[45]。

　　ランチ・タイムをやゝすぎた 卅 日の午さがり──**大阪鉄道阿倍野駅構内**
（傍線太字－引用者，以下同じ）の同社直営食堂へ静かに肥駆を運んで関東煮の
鍋の前にどかり－やがて飴色の大根一片に舌つゞみ打ちつゝ昼食をはじめた
紳士があつた，丁重な女給仕らの応対，もの柔かな紳士の動作──影を追う
と彼氏こそ誰あらう──昭和の私鉄大疑獄事件に連座して世を捨てた，もと
の鉄道次官貴族院議員，**佐竹三吾氏**その人がいま関西財界に更生の姿なのだ。
　　彼氏は**現在一千八百万円の大赤字会社，資本金二千六十万円，創立明治
卅 二年，大阪鉄道株式会社**の社長として，同社の大整理に黙々として回
生のメスを揮ひつゝある人なのだ。

　佐竹に課せられた経営問題は大鉄の借金1,800万円の返済延期である。つ

─────────

44)『大鉄全史』260頁。
45)「佐竹三吾氏　更生の姿　赤字に泣く大鉄に整理のメス揮ふ」『大阪毎日新聞』1933年1月31日付，
　　第11面。および「破船の救難に－腕まくりの佐竹三吾氏」『大阪毎日新聞』1933年8月9日付，第7面。

まりは，経営が上向くまで債権者に利子率を下げてその返済も待ってもらうことである。大鉄の借金は借入金（長期・短期）と社債で構成されており，そのうち長期借入金については三井，住友，鴻池の各銀行の了解がとれていたが，問題は社債であった。特に藤本ビルブローカーが最後まで利子を含めて債権回収することにこだわった[46]。

　そこで，佐竹は会社の再建計画を立てて，債権者に支払い猶予を乞うたのである。同じ新聞のインタビューで佐竹は次のように答えている[47]。

　‥‥月給五百円，府下南河内郡古市町軽里のその住ひは同社大株主堺市の資産家，里見源次郎氏の別荘の一部を間借りしてゐるもの，家族は東京に残しての一人暮らし，自宅に客があれば**大鉄直営のマーケット**から牛肉を買つて提げて帰りもする，朝七時ごろ自宅を出て十九キロの距離を自分の会社の電車にゆられて車掌のサーヴィス振り，沿道の状況，客の増減に注意を払ひつゝ出勤，日曜も祭日も忘れて日も夜も整理，整理‥‥時には遠く山口，広島方面にまで飛び廻つて債権者に折衝しつゝあるのだ。

　──大鉄の整理はどの程度に捗（はかど）りましたか

　──整理案の骨子はとつくに出来上がつた，いまは債権者の一人々々について諒解を求めてゐます

　──整理案の内容は？

　──これは債権者全部の諒解を得られてゐないのでまだ申し上げられませんが，少くとも会社はこれによつて更生し得ると自信してゐます

　──現在の地位，待遇に不満を感ぜられませんか

　──決して決して，不満などありません，いまはたゞもうこの会社とともに更生しようといふ気持ちばかりです

---

46) この点について，経済雑誌『ダイヤモンド』紙上で，同誌と藤本ビルブローカーの間で論争があった。「大阪鉄道は整理案によって更生確実」『ダイヤモンド』（第 21 巻第 17 号，1933 年 6 月 1 日），藤本ビルブローカー証券会社三輪小十郎「大阪鉄道に関する記事に就きダイヤモンド誌の所説を評す」『ダイヤモンド』（第 21 巻第 22 号，1933 年 7 月 21 日）。

47) 前掲「佐竹三吾氏　更生の姿　赤字に泣く大鉄に整理のメス揮ふ」。

——社交場裏にお出かけですか

——会社の用事で出なければならぬ場合でないかぎり花やかなところへは遠慮
してゐます，会社のこの状態では株主や債権者方に申訳ないと思ふからです

　やがて簡単な食事は終つた，関東煮の鍋をはなれてキヤシヤーで佐竹氏が
支払った

　債務返済や経営の好転など経営数値の詳細は『大鉄全史』（近畿日本鉄道，
1952 年）に詳しいのだが，ここでは人間佐竹の経営者としての姿を見たい。
インタビューでは佐竹が単身赴任で大阪に来て，各地に散らばっている債権者
のもとへ日参している姿がよく描かれている。待遇に不満はないかと問われて
「不満などありません，いまはたゞもうこの会社とともに更生しようといふ気
持ちばかりです」という言葉に佐竹の生きざまと大鉄の未来が集約されている
ように見えるのだ。

　後年，佐竹は次のように記している [48]。「‥昭和七年十月，私は阿倍野橋を
起点とする大阪鉄道，通称『大鉄』に社長として招かれ，同社の整理再建に従
事することになりました。同社は経営の行き詰りのため債権者から和議の申請，
破産の申し立てなどがあり，従業員の給料も滞りがちで瀕死の状態でありまし
た。当時，佐藤さんは阪急の重役で，小林さんは社長であったと思います。私
は役人畑に育ち，会社の経営には素人でありましたから，小林さんと佐藤さん
をたずね，電鉄の再建策についていろいろ教えを受けました。ターミナルにお
ける百貨店と映画館の経営，沿線に学校の開設または誘致，住宅の建設，遊園
地の計画などいずれも再建に効果あることを教えられ，早速この企画を取り入
れて作ったものが阿倍野橋の大鉄百貨店（現，近鉄百貨店あべのハルカス－引用者，
以下同じ），大鉄映画館（現，きんえい），また河内天美の大鉄工学校（現，阪南大学），
矢田の大鉄女子商業学校（現，城南学園），藤井寺の天王子女子学園分校の設立
など，いずれも佐藤さんと小林さんに教えられた企画の実現でありまして，大
鉄の再建と大鉄沿線の開発に大いに役立ちました」「ただ沿線住宅の建設と遊

48）佐藤博夫翁追想録編集委員会編『佐藤博夫翁の追想』同会，1967 年，75–76 頁。

図1-4　大鉄百貨店 7F 食堂と大鉄ニュース会館（記念はがき）

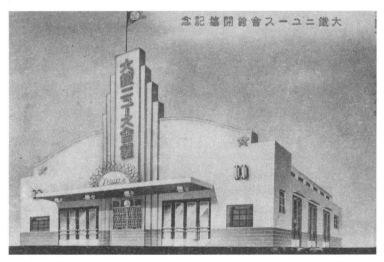

出所：筆者所蔵，年代不詳。

園地の開設は，大鉄が整理会社で資金が乏しかったのと，欧州大戦たけなわで電鉄の統合が行われ，大鉄が大軌（関西急行鉄道）に合併され，私が辞任したため，ついに実現の機会を得ませんでした」。

　ここから，大鉄が再建するために，兼業の推進（経営多角化）を積極的に進

24

めてきたことがわかる（図1-4は大鉄百貨店の7階食堂，大鉄ニュース会館の「記念はがき」である）。しかもその手法の多くを阪急から学び実行していたのである。戦後，佐竹が阪急電鉄取締役，阪急バス社長を歴任したのは，この時期に阪急経営者との関わりがあったからなのであろう。

3-3 佐竹の女子商業学校設立 [49]

佐竹は大鉄の再建と並行して，兼業を推進するために，女子商業学校設立にも乗り出している。当時大鉄沿線に誘致したり，自ら設立に関わったりした学校は次の通りである（カッコ内は下車駅）。

帝国女子薬学専門学校(高見の里)／城南女子商業学校(矢田)／大鉄工学校(河内天美)，大鉄工業学校（河内天美）／大阪無線電機学校（矢田）／藤井寺高等女学校（藤井寺）

藤井寺技芸女学校（藤井寺）／相愛第二高等女学校（藤井寺）／天王寺高等女学校郊外学舎（藤井寺）

天王寺商業学校郊外学舎（藤井寺）／大阪市青年学校郊外学舎（藤井寺）

通学生の大鉄利用者は「1日5千人を下らない [50]」と言われており，平日の乗客数増加に寄与したものと見え，沿線培養に一役買っている。このうち，佐竹が学校設立に関与したのは，城南女子商業学校（当初は専修学校），大鉄工学校である。城南の場合は，兼業の大鉄百貨店の経営に合わせて，女子従業員が多数必要となったため，当時の進学熱の高まりもあって設立されたものである。同じ時期に，阪急（曽根実業女子商業学校）と大阪電気軌道（大軌商業学校）も女子商業学校を設立している。いずれも大鉄と同じ理由である，当時の百貨店は呉服系と電鉄系に区分され，三越，大丸，髙島屋，そごう，松坂屋などの呉服

---

49) この節，特にことわりない限り，谷内正往『戦前大阪の鉄道とデパート』(東方出版，2014年，第9章)による。
50) 『大鉄全史』247頁。

系百貨店には女子従業員が集まりやすかった。一方阪急，大軌，大鉄，京阪といった電鉄系百貨店にはなかなか女子従業員が集まらず，苦労したようである。

大鉄百貨店の女子従業員確保のために設立された城南女子商業専修学校について紹介しておきたい。図1–5は同校の募集広告である（雑誌『実力之世界』[51] 掲載）。

図1–5　城南女子商業専修学校の生徒募集広告

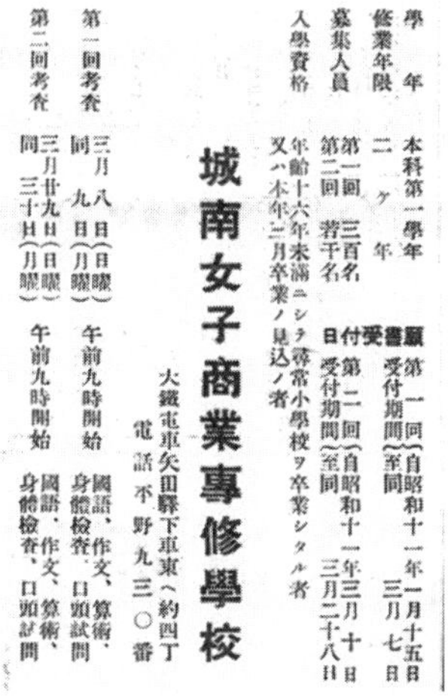
學年　本科第一學年
修業年限　二ヶ年
募集人員　第一回　三百名　第二回　若干名
入學資格　年齢十六年未滿ニシテ尋常小學校ヲ卒業シタル者又ハ本年三月卒業ノ見込ノ者
願書受付日　第一回受付期間（自昭和十一年一月十五日 至同 三月七日）　第二回受付期間（自昭和十一年三月十日 至同 三月二十八日）
城南女子商業專修學校
大鐵電車矢田驛下車東へ約四丁
電話 不野 九三〇番
第一回考査　三月八日（日曜）同 九日（月曜）　午前九時開始　國語、作文、算術、身體檢査、口頭試問
第二回考査　三月廿九日（日曜）同 三十日（月曜）　午前九時開始　國語、作文、算術、身體檢査、口頭試問

出所：『実力之世界』第221号，1936年1月20日付，4頁。筆者所蔵。

「現代の傾向として職業に対する夫人の自覚と覚醒程めまぶるしき進展を来したものはないだらう。‥‥今後の女子教育は単に家政育児をのみ目的とするものでは既に時代の要求には適応しない。之に加ふるに職業的教育を施し，他日会社に出でて即座に間に合ふ様な女子を養成することこそ将来さるゝ一大眼目であり，餘りにしみ込んだ画一教育の情弊と欠点とを救ふべきものであらう。

こゝに大鉄社長法学士佐竹三吾氏はこの点を省み深く感ずるところあり，我国女子教育にいさゝか貢献するところあらんとして多大の犠牲を払ひ，幸にも市内某有力實業家の奉仕的援助を得て，昭和十（1935 –引用者）年三月城南女子商業専修学校を設立開校し，自ら校主となり，校長には元大阪高等商業教授及天王寺商業学校長等二十数ヶ年間大阪府実業教育界に偉大なる足

51)『實力之世界』は4ページのタブロイド判で，月1回20日発行となっている。発行編集兼印刷人高橋五一，会社名は實力之世界社，所在地は大阪府南河内郡富田林町毛入谷一八六で，大阪事務所（大阪市北区澤上江町九丁目四八）もある。定価は1年分6円，広告料5銭，活字一行1円とある。記事は，1面の「城南女子商業学校」のほか，「大阪の新名所電科学博物館」，「地方工業化の指導に軍需品の下請実施」がある。2面は「大阪三品取引所」「壽製作所」「野村銀行庶務課長太田順作氏」など企業・人物の紹介記事，3面も「大丸百貨店」「松下電器製作所ナショナル松下幸之助氏」「三越の発展」ほかの紹介記事，4面は「賀正」広告で，石田義三郎，山口吉郎兵衛，小沢喜之助，小松茂三郎らの個人名，汐ノ宮温泉興業株式会社，南河内郡東西南北の教育会，大阪商船株式会社，東洋綿花株式会社，富田林町会議員一同，大鉄誠友会，城南女子商業専修学校，大鉄電車等が掲載されている。

跡を印せられた下河内十二蔵先生が就任せられた。

　下河内先生は天王寺商業学校長として在職中より既に大阪市の如き経済大都市に於ける女子商業教育機関の必要性を痛感せられ，その設立を常に主張せられし程の人士なれば，適材適所たること今更蝶々するにも及ぶまいが，其他大学高専出の有資格専任教師十四名，多士済々の観を呈し，名校長のもとに大調和の旗印をかざし，一丸となつて眞剣なる努力を続けてゐる。されば校風は日々に溌剌として清新，生徒の成績はぐん〳〵上昇してゐる近況である。」

　ここから，女子の職業教育をより実践的なものにすべく，佐竹が城南女子商業専修学校を設立したことがわかる。校長には，実業教育に実績のある下河内十二蔵が就任した。つづいて開校から一年後が次のように説明されている。

　「昨年開校に際し定員二百五十名を遙かに凌駕する志願数を示したのも，彼我相通じて観じ来れば決して故なきに非ざることを首肯し得るであらう。然も同校の所在地は大鉄沿線矢田駅（阿部野橋駅より約六分）より徒歩約五分，環境は静寂にして空気は清浄，広々とした青田の波の起伏のはてに，金剛，葛城，生駒，信貴の群山を一眸（いちぼう）の内に収むる修学保健兼備の理想境一三〇〇坪の広大なる地域を占め，二階建校舎，本館及び講堂，総建坪六〇〇坪の堂々たる校舎は一昨年の大風水害直後に着手せられて府当局の厳密なる監督と指令のもとに建築せられたものなれば，優雅なる内にも耐震耐火を考慮に入れて堅牢を第一となし，殊に各棟に設置されたる避雷針の如き学校当局の細心の注意を示して居るものである。

　尚同校は前述の趣旨に鑑み特に修業年限を二ヶ年となしたれば，實習上には特殊の設備を完成し，珠算，商算，速記，商事要項及商業實務等に特に力を用ひ，短期教育完成の實を挙ぐるは勿論なるも，女子本来の転職たる一家主婦としての教養及家事裁縫一般の教授をも行ふて居る，更に特色中の特色としては同校は大鉄と密接なる関係にある為に，新卒業生は全部，近く建築

開業さるべき大鉄デパート（大鉄百貨店）に採用決定し且又その補充等は順次卒業生を以て優先的に採用さるべき深き諒解がなされて居るのみならず，大丸，高島屋，松坂屋等の各デパートとの間にも相当の連絡を持つてゐる事は何としても同校の一大特典であらねばならぬ，されば同校卒業生に限り，恐るべき就職難より絶対に救はれるといつても過言ではないであらう」。

やや長い引用になったが，募集定員 250 名を超えて入学希望があったようで，駅から近いこと，1,300 坪の敷地に建坪 600 坪の校舎が建設されているという。特徴的なのは修業年限が 2 年と短いことである（通常は 5 年）。「珠算，商算，速記，商事要項及商業實務等」の実務的な科目を短期で身につけることを目指している。また，佐竹が大鉄社長をしている関係で，卒業生は（開業が近い）大鉄百貨店への採用が予定されている。あるいは，大丸，高島屋，松坂屋などの呉服系百貨店とも連絡があり，「恐るべき就職難」に対応できるという。

このように，女子の職業教育を目的として城南女子商業専修学校を設立したわけであるが，卒業生を大鉄百貨店に入店させる試みは思い通りにはいかなかった。『城南学園 50 年史』によると，1937（昭和 12）年 3 月の卒業生 180 人のうち，大鉄百貨店には 88 人しか入店していない。残りは，松坂屋百貨店 11 人，高島屋 10 人，田村駒 10 人，伊藤万 5 人，そごう 3 人，大丸 3 人，共同信託 2 人，中島商店 2 人，阪急百貨店 1 人，などとなっており，必ずしも皆が皆，大鉄百貨店に入店していたのではなかった[52]。

とはいえ，佐竹の学校設立は，大鉄沿線の乗降客を増やすことには貢献した。さらに，卒業生の百貨店採用は兼業の大鉄百貨店との相乗効果を狙ったもので，経営的には一定の意義をもつものであった。佐竹が法学者でもあったことを思

---

52) 50 年史編纂委員編『城南学園 50 年史』城南学園発行，1985 年，9 頁。なお同校は，1944 年に財団法人城南学園を設立し，戦後の学制改革により，1946 年 4 月城南高等学校に転換され，あわせて中学校の設置認可も受けた（1968 年 2 月に城南学園高校・城南学園中学に改称し，現在に至る）。1949 年幼稚園，1950 年小学校を設立し，翌年には学校法人城南学園に改組した。1965 年に大阪城南女子短期大学を設立し，2006 年には大阪総合保育大学を開学し，その 2 年後には同大学院も開学している（学校法人城南学園「学園のあゆみ」http://www.jonan.ac.jp/gakuen/ayumi/index.html，2011 年 8 月 15 日アクセス）。

うと，学校設立の理念・人選がしっかりしており，それが現在の城南学園にも引き継がれているように思うのである。

おわりに

これまで，元鉄道官僚・貴族院議員（鉄道政務次官）の佐竹三吾にスポットをあてて，出身地の岐阜県大垣市に鉄道官僚が多いこと，大阪市電気鉄道部に部長（のち初代電気局長）として就任し，労働問題や大阪電燈の買収に尽力したこと，昭和の鉄道疑獄事件に巻き込まれて浪人生活を送り，その後大阪鉄道（現，近鉄南大阪線）の再建（特に借金返済）に尽力し，「沿線培養」のために学校を設立したことなどを紹介した。元官僚がそれなりに大きな会社の社長としてひとかどの経営者になっていく姿をみるとき，その人本人の成長はもとより，その行動が社会に与える影響の大きさを改めて考えるのである。

ところで，戦後の佐竹はどうだったのか，地元新聞の紹介記事（1953 年 1月）[53] を見ておきたい。

「からだ全体がつきたてのモチのようにポッチャリしたうえ腹のふくらみがチョッキからはみ出るほど肥えていらっしゃる。ややガニマタでヴォリュームの響きをたてながらノッソリ，ノッソリと歩かれるが，姿はカスミかクモかのように消えて容易につかめない。お手のものの車でかけ回わるので，とてもついてゆけない。豊中市の自宅で会えず，石橋の阪急本社でのがし，梅田駅前の事務所でヤット捕える。" 随分お忙しいですね "" 何しろ選挙（参院）が近いものだからじっとしておれない。これから上京し，引き続き四国，九州方面を回ります " 佐竹氏，参院立候補[54] の鮮やかな初名乗りである。雀百までの例にもれず，中学時代に植えつけられた " 政界進出 " の夢が未だに忘れられないらしい。◇ " 中学四年のときアメリカ帰りの藤原校長から盛んにデモクラシー教

53）「阪急バス・阪急タクシー社長　佐竹三吾氏（郷土人アラベスク）」『岐阜タイムス』1953 年 1 月 19 日付，第 3 面。

54）落選した（「有名人の落選者（全国区）佐竹三吾（自新，阪急バス社長）『読売新聞』1954 年 4 月 26 日付，夕刊第 1 面」。

育を受けたもんです。古ムシロにおおわれて伸び切れなかった君たちの芽を，自由の肥料で伸ばしてやろーといった名調子にみんな心酔したもんです。おかげで医者になるはずが，こんなコースを歩んでしまいました‥‥"」

　ここから，佐竹の官界・政界進出は中学時代のデモクラシー教育にあり，当初は医者を目指していたことがわかる。参議院議員に立候補もしている[55]。阪急バス・タクシーの社長としては「組合の賃上げ要求に三晩もねばって組合側を屈服させたり，どんなに小さなことでも頼まれたことはやり遂げる（在阪某氏談）などエピソードはいろいろ」あるという。阪急バス社内誌によると，戦後軍隊から大阪市の古いバスを一台 5 円で払い下げられた[56] というが，そこにも佐竹が関係していたのかもしれない。

　ところで，佐竹は大阪市交通局の回顧座談会に初代電気局長として何度か顔を出しており，本章でもその一部を紹介してきた。戦後の回顧座談会（1973 年頃）で，市営交通事業について，佐竹は「機械化と付帯事業（兼業）」の必要性を説いて，次の通りのべた[57]。

　「郊外電車でも今 1 割の配当をしとるでしょう。実際は 1 割配当はできない。経営内容をみると，有価証券を売ったり，土地を売ったり，付帯事業の収入でやっている。だから先ほどの機械化ということと，もう一つは他の事業。（大阪市交通局が—引用者）これだけ大きな組織を持っておるのだから，組織を利用して，市民も利益にとなる方法で，経営者のほうも利益になると

55）阪急を離れてからは，昭和精機の会長をつとめていた。75 歳の佐竹は「気は若いし，身体は頑健そのもの若い時は朝飯前に一時間の散歩をかかさなかったが，いまでも 30 分軽く 1 里ぐらい歩く。最近若い奥さんをもらった。友人連流石に驚いてその方面を心配したら，老しやくしやくとして『ナニ，それには秘ケツがある。要するに○しんで○せずさ』で，皆ダーとなった」（「大阪人物記（第 17 回岐阜県の巻）」『大阪人』第 8 巻第 6 号，1954 年 6 月，224 頁）。

56）「終戦当時軍隊から大阪市バスの古いのを一台五円（正しく五円です）で払下げてくれましたが，その後主計軍曹（旧軍隊の会計係）が来まして自分の計算違いであるからもう少しくれとの事にいくらかと聞きますと『一円五十銭戴きます』」。（「昔を語る会その三」『阪急バス（社内誌）』第 3 号，阪急バス株式会社，1959 年，14 頁）。ほかに，当時の阪急バスには，アヒル艦隊（正式名アンヒビアン，米軍の敵前上陸用，水陸両用戦車）が 16 台あり，1 台につきドラム缶 4 本のガソリンが配給された，おかげで，阪急バスのガソリン車が運行できた（アヒルが卵を生むと言われた）。阪急バスの躍進に貢献した（同前，15 頁）。

57）「歴代局長思い出を語る」『市電から地下鉄へ—市営交通 70 年のあゆみ』大阪市交通局，1973 年，35 頁。

いうことを研究したらどうかと思います。」

　つまり，これからの事業は機械化により人件費を削減し，一方で付帯事業（兼業）をしたらどうか，しかも「市民も利益となる方で，経営者のほうも利益となる」ようにと提案しているのである。大鉄再建をなしとげ，その後も経営者として精進してきた経験から出た至言といえる。

（主要参考文献）
・佐竹三吾監修『大鉄全史』近畿日本鉄道，1952 年。
・佐竹三吾「大阪市に於ける交通戦時体制」『大大阪』第 17 巻第 2 号，1941 年 2 月。
・同　「阿倍野橋の再認識」『大大阪』第 13 号第 5 号，1937 年 4 月。
・同　「永田翁・井上知事，池上市長の賜物」『大大阪』第 9 巻第 10 号，1933 年 10 月。
・「佐竹三吾氏（鉄道と人物 6）」『鉄道時報』第 864 号，1916 年 4 月 8 日付。
・「大鉄更生の恩人 佐竹三吾君」『新興実業』第 6 巻第 12 号，1935 年 6 月。
・「阪急バス・阪急タクシー社長　佐竹三吾氏（郷土人アラベスク）」『岐阜タイムス』
　　1953 年 1 月 19 日付，第 3 面。
・「歴代局長思い出を語る」『市電から地下鉄へ－市営交通 70 年のあゆみ』大阪市交通
　　局，1973 年。
・「声望高き－城南女子商専を瞥く」『實力之世界』第 221 号，1936（昭和 11）年 1
　　月 20 日付。
・大阪交通労働組合編『大交史』労働旬報社，1968 年。
・武知京三『都市近郊鉄道の史的展開』日本経済評論社，1986 年。
・同　『近代日本交通労働史研究』日本経済評論社，1992 年。
・同　「私鉄経営者論の課題－大軌経営陣の素描－」『鉄道史学』第 5 号，1987 年 10 月。
・渡哲郎「1930 年代の大阪鉄道Ⅱ」『阪南論集』（人文・自然科学編）第 36 巻第 3 号，
　　2001 年 1 月。
・同　「越井醇三の夢と種田虎雄の野心」新なにわ塾叢書企画委員会ほか編著『熱き男
　　たちの鉄道物語』ブレーンセンター，2012 年。
・小川功「大都市鉄道への経営転換と資金調達－阪神急行電鉄，大阪鉄道の対比を中
　　心として」『鉄道史学』第 8 号，1990 年 9 月。
・谷内正往『戦前大阪の鉄道とデパート』東方出版，2014 年。
・同　『戦前大阪の鉄道駅小売事業』五絃舎，2017 年。
・同　『戦後大阪の鉄道とターミナル小売事業』五絃舎，2020 年。

(コラム 1)　近鉄「中興の祖」佐伯勇

谷内 正往

　佐伯勇は愛媛県出身で，昭和恐慌時代に東大を卒業したものの就職先に苦労する（劇場通いで 1 年浪人？）。それでも近畿日本鉄道（近鉄）の前身会社である大阪電気軌道に（兄の紹介で）やっと入社できた。

　ところが，入社してみると会社規模も給料も少ないのでがっかりした。そのとき，(関東大震災で焼失した帝劇の復興公演初日の）森律子の口上「この家に生まれ落ちた私たち」に大変な感動を受けたことを思い出した。そして「ともかく大軌に入社したということは，新しい屋根の下に生まれたということだ。これは縁であり，一つの運命だ。‥この会社と運命をともにしよう」と決意を新たにしたのである（佐伯勇『運をつかむ』実業之日本社，1980 年，140–141 頁）。

　佐伯は学生時代に歌舞伎や新国劇にかぶれ，歴史の英雄に関心が深く，入社後も人前で臆せず話すのが得意であった。ほどなく社長の種田虎雄（元鉄道官僚）の秘書をつとめリーダーとはいかなるものか，身をもって学ぶ。

　戦後は 40 歳代で社長に選任され，座席指定特急，二階建て列車（ビスタカー），車内ラジオ，おしぼり，無休の百貨店（コンビニ）など新機軸を打ち出していく。特に，1959 年伊勢湾台風時に名古屋〜伊勢方面の線路が破壊され復旧のめどが立たない中で，あえて線路の幅を狭軌（1067 mm）から標準軌（1435 mm）へと変更することを決断した（「わざわい転じて福となす」）。おかげで大阪―名古屋間が乗り換えなし（ノンステップ）で通じることとなった。こうした経営手腕から佐伯は近鉄「中興の祖」と呼ばれることとなった。

　ただし，佐伯はよく「かみなり」を落とした（かんしゃく持ち）。秘書役（後社長）の苦労は並大抵ではなかったと想像できるが，一方でその陽気でやんちゃな性格と小心さが愛嬌となって周囲の者から慕われる存在でもあった。「衆議独裁（皆の意見はしっかり聞くが最後は独りで決める）」が矛盾なく通じる経営者であった。つまりは大物だった。

　佐伯に仕えていた上山善紀（後，近畿日本鉄道社長）は次のように述べている。「この会社はこの人（佐伯―引用者）抜きで語れない。好奇心の塊であった。そして，疲れを知らなかった。」「人間佐伯は愛すべき怖がりやであった。‥‥ある日，いつになく厳しい顔つきなので『何か難題でも』というと，小さな声で『実は注射や』という。『虫歯が耐えられんほど痛む。抜くというが，注射のことを考えると歯科医に行けない』。私は早くから佐伯さんの薫陶を受けた。鉄は熱いうちに打てという。火の玉のようだっ

た佐伯さんとともに燃焼できたことの幸せを思う」(「私の履歴書－上山善紀」第26回, 『日本経済新聞』1999年11月27日付)。

　佐伯の社長時代は日本の高度経済成長期と重なっている。鉄道企業が本業に加えてバス・タクシー事業，宅地開発，遊園地，野球場，百貨店（スーパー）など多角経営を通じて私たちの生活を豊かにした時代の経営者であった。

　(参考文献) 神崎宣武『経営の風土学－佐伯勇の生涯』河出書房新社，1992年。

【佐伯勇・年譜】

1903（明治36）年　愛媛県周桑郡丹原大字長野に生まれる

1926（大正15）年3月（23歳）東京帝国大学法学部法律科卒業

1927（昭和2）年7月　大阪電気軌道㈱入社，書記

1931年（28歳）　長井千代子と結婚

1932年　　　　　長男幸男生まれる　＊他，長女（1937），次女（1939），三女（1943）

1936年（33歳）　総務部庶務課長

1938年（35歳）　秘書課長（総務部保健課長兼務）

1944年（41歳）　上本町営業局次長

1945（昭和20）年3月　総務局厚生本部長（10月局長）　＊沿線で農業

　　　　　　　　　　9月　大和化成㈱取締役社長

1947年3月（44歳）取締役，4月に専務取締役

1948年6月　代表取締役専務　　翌年近鉄球団誕生

　＊各種経済団体の理事，帝塚山学園理事など

1951年（48歳）3月　(学)樟蔭学園理事，朝日放送㈱取締役，5月　関西電力㈱監査役

　　　　　　　12月　代表取締役社長　＊㈶大和文華館理事長，日本航空㈱取締役

1956年9月（53歳）訪欧米

1959年9月　伊勢湾台風，11月名古屋線の広軌（1435 mm）化完成，

　　　12月　上本町－名古屋間ビスタカーによる直通運転開始

1962年11月（59歳）藍綬褒章を受く

1963年10月　奈良電気鉄道（京都－西大寺間）を合併　＊京阪株を買取

1970年3月（67歳）上本町－難波間開通　同年大阪万博

1971年3月（68歳）大阪商工会議所会頭－以後10年の長期政権，

　　　4月　日本商工会議所副会頭，9月訪中（関西財界代表団長）日中国交回復に貢献

1973年5月（70歳）代表取締役会長

1975年5月　帝塚山学園理事長，6月国立文楽劇場設立準備委員会委員，11月奈良市名誉市民として顕彰さる

1976 年 4 月　勲一等瑞宝章を受く（官僚，学長のほか大企業経営者など）

1978 年12 月　関西で歌舞伎を育てる会世話人

1983 年11 月　（80 歳）　勲一等旭日大綬章を受く

1988 年 3 月　愛媛県周桑郡丹原町名誉町民として顕彰さる

1989 年10 月　（86 歳）　逝去，叙正三位

　（出所：『佐伯勇資料集』近畿日本鉄道株式会社，1992 年，より抜粋，加筆）

第2章　近代大阪における私鉄経営の多角化と沿線開発
―帝塚山学院と近鉄学園前住宅地の建設を中心として―

山田　雄久

はじめに

　戦前期の私鉄経営においては，沿線部の開発と住宅地建設の進展について言及されてきた。本章では，私鉄経営の発展において重視された沿線開発と住宅地経営をめぐって，私鉄沿線の文化的構成要素ともなった学園都市建設が進展したケースを取り上げ，戦後の近鉄による奈良学園前住宅地の発展について検討を加えようとするものである。

　都市化が進みつつあった近代大阪で，南海電鉄の沿線開発とリンクする形で誕生した帝塚山学院の教育に注目し，（1）大阪における学園都市の先駆的事例となる帝塚山住宅地の誕生について検討を加えるとともに，（2）奈良から三重，名古屋方面へと路線を拡張した大阪電気軌道が大阪の帝塚山学院を奈良に誘致した要因，そして（3）戦後学園都市建設へと乗り出し，学術文化の中心地として学園前住宅地の発展を導いた近鉄による多角的事業の動向について明らかにしたく考える。

　工業化が急速に進展した大阪では，大正期を中心に欧米流の子弟教育に関心が集まるとの動きがみられ，後継者を中心とした企業家の育成を目的とする初等・中等教育機関の設置が期待されていた。近代の大阪では医学校や理化学校，商業学校などの専門教育機関が誕生しており，大阪高等工業学校や市立大阪高

等商業学校などの高等教育機関が設置された[1]。高等教育についてみれば，大正・昭和期に夜学から昼間部へと募集を拡大した関西大学や大阪専門学校，昭和高等商業学校などの高等教育機関が誕生するとともに，私立の中等教育機関が公立の中等学校や実業学校に続いて誕生した。ミッション系スクールとして英語教育に力を入れた桃山学院や明星商業学校をはじめ，中等学校の増設や高等女学校・実業学校[2]の設立が続き，大阪は東京と並ぶ教育・文化都市として注目されるに至ったのである。

戦前の大阪では経営者の子弟やサラリーマン家庭の子女が安心して教育を受けるための環境を整えたが，都市部と郊外を結ぶ電気軌道を利用して多くの生徒が通学したことも見逃せない。サラリーマン向けの住宅地開発が進行する中で，1920年代以降日常的に通学が可能となる諸学校が郊外地域に誕生した。とりわけ帝塚山学院は大阪で最初期に設置された私立小学校であり，郊外住宅地の開発が進む中で公立学校と異なる独自の教育理念に基づく初等教育の実現を目指した。初等教育から中等教育まで続く一貫教育を理想とした帝塚山学院は，帝塚山エリアに開校した大阪高等学校や府立大阪女子専門学校とともに，大阪の教育文化都市建設を推進する上でのけん引役を果たした。

「帝塚山教育」として知られる帝塚山学院は小学校から高等女学校，中等学校の教育へとその範囲を拡大した。大阪電気軌道による学校用地提供の話を受けて，若手人材の育成を目的とした中等教育機関を設置し，田園都市の理想的教育を行うための学校建設を目指したのである。大阪経済界の支援を受け，帝塚山学院は実業界で活躍が期待される人材を育成するべく7年制の高等学校設立を計画し，1941年に帝塚山学園が誕生した[3]。太平洋戦争勃発により，中等教育の課程が完成をみる前に敗戦を迎え，高等教育機関設立の夢は立ち消えとなったが，帝塚山学園は奈良の学園都市建設におけるシンボルとして重要な役割を

1) 沢井実『近代大阪の工業教育』大阪大学出版会，2012年を参照。
2) 工業学校・商業学校などの中等教育機関に加え，実業補習学校や夜学の各種学校が戦前期の都市部を中心に多数設置された。大阪では実業学校として，関西大学の関西甲種商業学校，北陽商業学校，大阪貿易語学校，関西商工学校，大阪大倉商業学校などが誕生している。大阪大倉商業学校如蘭会編『大阪大倉商業学校創立三十周年記念誌』，1937年を参照。
3) 『帝塚山学園五十年史』帝塚山学園，1991年。

担い，近鉄のニュータウン建設が進む西奈良地区の重要な教育・文化施設として存続した[4]。本稿では戦前期における大阪電気軌道の多角的経営に焦点をあてることで，同社が奈良線沿線部の開発を進め，学園都市建設の構想を実現する上でいかなる経営的思想が打ち出されていたのかを指摘するとともに，帝塚山学園による旧制高等学校・新制大学の設置構想との関連について検討を試みる。

　戦前期における郊外住宅地の開発については私鉄や土地会社が「田園都市」「学園都市」などの名前で一定の都市施設を設けて住宅地を開発し，私鉄の経営を補完するための事業となったが，戦前期には住宅地分譲が私鉄経営の十分な収益部門となるまでには至らなかったとの見解が提出されている[5]。都市化の進展にともなって，私鉄各社は高度成長期に非鉄道部門を私鉄経営の収益部門として次第に重要視するようになり，戦後近鉄は鉄道事業の発展を志向するなかで非鉄道事業を重視し続けたとの特徴が指摘されている[6]。そこで本章では学園都市建設が鉄道事業の発展をもたらしたとの観点に基づき，私鉄経営における学園都市建設について近鉄の事例からアプローチを行いたく考える。

1.　私学一貫教育の萌芽と帝塚山学院

1−1　帝塚山住宅地の経営と学院設立

　1910年代以降，大阪郊外における土地開発が進む中で，阿部野周辺の住民による私立小学校の設立が計画された。1916年に執筆された「姫松小学校設立の主意」（大正5年7月14日）によれば，帝塚山小学校の設立に際して桃山中学校の校長を務めた東成郡天王寺村浅野勇のほか，常盤通幼稚園主・住吉幼

4)　戦後における奈良学園前住宅地の発展については，島村恭則「「学園前」と「学研都市」―丘陵開発をめぐる〈民〉と〈官〉―」（金明秀ほか『関西私鉄文化を考える』関西学院大学出版会，2012年）を参照。青木栄一『鉄道の地理学』ＷＡＶＥ出版，2008年では，大学誘致と鉄道の関係について指摘がなされている。
5)　野田正穂「郊外住宅地の開発と私鉄の役割」（『鉄道史学』第15号，1997年），73頁。近代日本の「郊外生活」と「田園都市」構想については，鈴木勇一郎『近代日本の大都市形成』岩田書院，2004年を参照。
6)　宮本又郎「在阪大手5私鉄経営史への視点―戦後を中心に―」（『鉄道史学』第28号，2011年），56頁。なお，近鉄の経営史については，宮本又郎監修『近畿日本鉄道100年のあゆみ：1910〜2010』近畿日本鉄道，2010年を参照。

稚園主・天下茶屋幼稚園主・玉出幼稚園主，天王寺幼稚園主が主唱者として名を連ね，田附政次郎・八木與三郎・山田市郎兵衛などの東成土地建物株式会社の関係者が支援する形で帝塚山学院の創設が企図された[7]。そして東成土地の山田市郎兵衛社長が中心となり，桃山中学の浅野勇校長と同校の歴史教師であった石谷熊吉の協力によって，久保田権四郎など地域の有力資産家の支持を受ける形で財団法人帝塚山学院が誕生した[8]。

八木商店の経営者として活躍した杉道助は，学校設立当時の状況について次のように述懐している。「大正の初め，私が東京から大阪へ来たその頃，南海上町線の姫松に東成土地会社というものが出来ました。この会社は船場の糸屋や染料屋が帝塚山，北畠の一円の土地を持っておったのを会社組織にして住宅経営をはじめたものであります。そして住宅は此所彼所に建ちましたけれど土地の値は一向に昇らなかった。そこで土地繁栄策として何かアトラクションを作り度い。いろいろ協議の末学校を建てるのが良策と決定し，出来た学校が今の帝塚山学院なのであります。[9]」住宅地経営の切り札として学院の設立を構想したこと，近隣住民の子弟が通う小学校の設置を通じて帝塚山の高級住宅地として評価が高まるとの認識を持っていたことが判明する。このような動きの中で，近代大阪では都市郊外の住宅地開発が帝塚山などの南海沿線で本格的に始まった。

帝塚山学院については大阪商人の肝煎りによって設立計画が進められた。「大正五年六月二十四日小学校に関する協議事項」には顧問として元大阪府知事の高崎親章，理事長に浅野勇を掲げ，理事に大塚惟明・田附政次郎・八木與三郎・山田市郎兵衛，そして監事に柳広蔵・山本藤助が参加したことが記載されている[10]。認可を受けた財団法人帝塚山学院には高崎理事長，田附・八木・山本・山田・浅野理事，久保田・山田（市治郎）・石谷監事の名がみられる。帝塚山学院は東成土地より用地を買い入れる形で小学校校舎の建設を開始した。

1917 年に開校した帝塚山学院小学校の校長（小学部主事）として，桃山中学

校の英語教師であった庄野貞一が就任することにより，東京の学習院や成蹊学園などの私立小学校をモデルとした実践的教育を開始した[11]。庄野学院長を中心に行った「帝塚山教育」では，大阪の私学教育としてユニークで進取的なプログラムを取り入れた。『帝塚山学院四十年史』には「"帝塚山教育"と呼ばれるものは，決して特別な教育ではない。創立以来，くりかえし言われるように，それは徹底した教育なのであって，所謂新教育ではない。徒らに新をてらわず，旧になずまず，児童生徒の個性に立脚して"新"よりも"真"の教育を行じようとするものである」と記されている。同年発刊の『帝塚山学報』第1号に掲げられた「帝塚山学院設立趣意書」には，「吾が学院の第一の標語は"力の人を作れ"ということです。"力の人"何んと勇ましい言葉でしょう。吾々の理想を表現するに，無二のよい言葉です」と明記された[12]。

　帝塚山学院の機関誌として発刊した『児童生活』[13]で，庄野貞一は子供の育て方として「勤労主義」の必要性について力説した。事業家の子弟教育となる帝塚山教育の内容や方法に関して，勤労の修養的精神が近代化の時代における人材形成において重要であると考え，庄野学院長は史料1に掲げたような西洋での労働観に触れ，自ら考え行動する児童の育成を目標とした。帝塚山教育では自らの将来について子供が親とともに考え，子弟教育の新しい形を切り開こうと考えたのである。

〔史料1〕庄野貞一「子供の育て方」（1921年）

「勤労主義が根本

　只今は産業の時代である。或大都市の商人の奇警な言に「朝六時から八時迄に下町へ行くものは，物を造り，次の二時間に下町へ行く者は，互に物をとりあひする者である。」といつたが，兎に角半分丈は確に真理がある。されば，何故此の創造的或は生産的能力をば，精神の根本的要素としないだろうか。

---

11) 「学院の昔を偲ぶ座談会」（『同窓会誌　母校創立二十周年記念特集号』帝塚山学院，1936年）。

12) 『帝塚山学院四十年史』帝塚山学院四十年史編纂委員会，1956年，1頁。

13) 帝塚山学院児童生活研究会編『児童生活』（大阪府立中之島図書館所蔵）。

　然し事情は段々と変つてきてゐる。労働は年々神聖視され労働時間は短縮せられ，労働する大群衆は休養とか研究の為の機会が漸次多くなつてくる様になつた。各州は勿論の事，各国政府は互に共同して立派なる産業を根底とした社会改造に向つて徐々に進むべき一大運動促進に向いつゝある。義務教育も何れの子供にも及ぶ様になつたし，七八年間継続的に就学する事も法として制定せられる様になり，幼年工に対する聡明なる法律も同様，営利事業に成長盛りの男女児の就業を禁ずる事になつた。そして次の時代の代表的労働者は人類の修養及び一般利益のために尽し得る人物である事とならう。次の時代の労働階級から，統御者も，政事家も高級につく者も顕はれるかも知れない。

　右の様な有様であるのに，親として自分の子に充分なる勤労的訓練を授けないで，只成長の儘にしておくといふ様な怠慢な親があり得られませうか。

　勤労の修養的方面

　だから教養あり思慮深い両親は，自分の成長盛りの子供が如何にしたならば，社会の新しき修養的勤労の連絡をつけ得らるゝかといふことの問ひが起るでせう，如何にして子供は彼の年齢と力とに応じた仕事を課して訓練する事が出来るだらうか。如何にして此子供は立派な一人前の者となる様になり，且両親は，他の勤労してゐる大群衆にも敬意を表しつゝ，自分の子供の生活を彼らのそれと密接に結び付けらるゝものだらうか。

　この子供の育て方は，初めは生温い様に思はれるが段々と興味あるものとなつてくる。その子供の未来に就て子供も相談相手として二三分間でも打解けて相談しあふと，すぐ其子供は子供乍らに心の中に，未来の一人前の人物として自分を思ひ浮べる様になる位，了解出来るのである。この「了解」といふのが，大に興味あり，且つ意味のある事で，親と子とが子供の将来立派な大人となる事に就て計画する事が非常に面白い計りでなく，少年が立派に人生の行路を出発するといふ事は，やがて後年成功的生涯に入り得べき大切な基をつくるのである。」[14]。

---

14) 庄野貞一「子供の育て方」(『児童生活』第 1 号，1921 年)。

1 - 2　一貫教育の理念と「森の学校」

　庄野貞一は児童の自学奨励を目的とした「帝塚山文庫」の創設，体育におけるプール施設の設置，土曜や日曜に山林畑地を含む高地の斜面で畑地の手入や花弁の栽培，林の中の逍遥を通じて一週間の学校生活とは全く違った世界で学ぶ「週末学校（ウイークエンドスクール）」を南海沿線の山手に設置することを提唱した[15]。続いて学院の発足当初から小学部に加えて中学部の設置を提唱し，数十万円に及ぶ山田市郎兵衛氏の寄付に基づき，帝塚山学院中学部の設置を決議して学校新設地の確保を進めたが[16]，大阪府立女子専門学校の設立資金として山田理事の寄付金が用いられることが決まった[17]。庄野学院長は専門部や大学部までの継続的な一貫教育を理想とする「大帝塚山運動」を提唱し，七年制の高等学校や単科大学の設置を見据えた学院発展の将来について次のように論じている[18]。

　「実際真の理想の教育を施さうとするには幼稚部から中学部及び其以上の専門部位迄も拡張していかなければ出来るものでない。殊に今日の様に入学難が極度に迄痛感せられてゐる時代には何処の学校でも，児童一人々々の個性を伸ばして其の才能を発揮せしめ其の天分の少しをも傷けない様に教育するといふ事は捨て置いてしまつて，唯入学といふ事が教育目的の第一になつてゐる様な按配である。即小学校では人間の基礎になる修養や練磨とかいふものを無視して，兎に角中学校へ這入れることを目安にして教育をするのであるから，立派な人物が養成出来る筈がない。従て教育が如何にも盛んな様であるが，一向其国の文明が進み，独創的な発明発見が出来て人類に幸福を与へるといふ様な事が望まれない。」[19] 中等教育に至る私立の一貫教育を帝塚山学院は目指し，幼稚園の充実と女学部の設置を計画して一貫教育の強化を図った。

　第一次大戦期における物価上昇も影響して，学院では経常費の不足から理事

15）庄野貞一「二三の希望」（『児童生活』第 10 号，1922 年）。
16）「春風秋雨六星霜」（『児童生活』第 16 号，1923 年）。
17）庄野貞一「学院中学部に就て」（『児童生活』第 17 号，1923 年）。
18）庄野貞一「大帝塚山運動」（『児童生活』第 25 号，1924 年）。
19）庄野前掲「大帝塚山運動」（前掲『帝塚山学院四十年史』，31 頁）。

の私費をもとに設備の拡充を行った[20]。帝塚山学院理事長の山本藤助は鉄鋼商や海運業で成功を収めた企業経営者であり，幼稚園舎を寄付するとともに小学部校舎の増築に力を入れ，講堂・理科室・手工室・屋内運動場・器械室を新築した。住吉中学校・大阪高等学校・府立女子専門学校などの諸学校が集中する文教地区に帝塚山学院が位置することから，山本理事長は1925（大正14）年に学院創立十周年の記念事業として高等女学校を開校した。山本理事長は第一回入学式の式辞で女子教育の必要性について次のように力説している。「又此地方は昨年新に市に編入されまして以来，つい近くにある小学校も，近傍にこんな私立学校がある関係上優秀なる校長教員を招致し講堂，特別教室の新築，教室の改築其他諸設備に意を払って居ます。斯様に近傍に学校がよくなるにつけ当校にも亦其処に特色を設けねばならぬと云ふ事が一つの理由となつて，此の女学校を設立したのであります。それから今一つには此の住吉町の教育機関を見ますと，男子は幼稚園から小学校，北畠に住吉中学及び官立大阪高等学校と，高等教育までの機関が備つて居るが，女子に於ては本学院理事山田市郎兵衛氏の寄付になる大阪府立女子専門学校はありますが，高等女学校はありません。住吉町に女学校だけ出来れば男女共高等教育の機関迄揃ふ事になります。これも此の地方の為めではあるまいかと考へました事も設立の動機であります。」[21]

鉄筋コンクリート三階建の女学部校舎が完成し，二代山本藤助理事長が経営面で帝塚山学院の発展を支えた。西本三十二主事が奈良高等女子師範学校の教授に転出した後，森礒吉が帝塚山学院女学部主事として教育にあたり，女学部の教育方針となる「実力養成・趣味の涵養・上品な品性・個性の尊重」を掲げ，帝塚山学院は「女子教育の帝塚山」として広く知られる所となった。

また，庄野学院長が渡欧時の見聞録として執筆した『十八ヶ国欧米の旅』には，イギリスやドイツなどのヨーロッパ諸国における近代教育の調査レポートを掲載している[22]。大学教育をはじめ，中等教育・初等教育を中心に西洋で

20）山本藤助『藤蔭餘影』，1927年，7頁。
21）前掲『藤蔭餘影』，9頁。
22）前掲『帝塚山学院四十年史』，115頁。

の教育活動について実地に見学し，私立学校によるユニークな教育方法につい
て調査を行った。その中でもシャーロッテブルグにある「森の学校」から郊外
教育や週末学校に着目し，史料2に掲げたような郊外地域における理想的教育
の実現を強調するとともに，初等教育から中等教育へとつながる教育機関の重
要性について認識を新たにした。

〔史料2〕庄野貞一『十八ヶ国欧米の旅』（1928年）

「松林中に全面積三千坪位あつて，極めて善い所で，冬の風も酷しくはなく，
夏は無論涼しい。所々に阿屋があつて中に机がある。阿屋は蔓花で飾られてゐ
る。子供二人が造つた蜜蜂飼育の大きな箱がある。阿屋風の水族館がある。こ
の中の水槽で飼育している。鼠や小鳥も飼つてゐる。余り学課の出来ない二人
の子供は煉瓦で二坪程の池をこしらへてゐる。日曜でもやつて来てセッセと働
きますと先生は笑ふ。シーソーで楽しむ子供，土を入れる車に砂を入れて運ぶ
男の子もある。公堂がせまくなつたので百二十坪程に増築してゐる。その隣室
は手工室や職員食堂である。

　驚いたのは生徒が五間に十間程のプールを掘つてゐる。水道もあるから，シャ
ワーの設備もあり，夏は大喜びである。教室は四間に十三間位の建物が四棟あ
り，別に教員室，炊事室等がある。学科は他の学校と同じである。病弱な子供
は次第に健康になる。太陽も土も光線も空気も豊に恵まれてゐる理想的な環境
である。（中略）この様な学校で学課の力が薄くなりはせぬかと聞くと午前中
は学課に費すから，その様なことはないといふ。も一人の女の先生も来て松の
蔭で教育談をした。私が予て考へてゐた森の学校をこゝで見たのである。大阪
の様な大都市には是非必要である。郊外電車が発達したから，子供を一時に輸
送して郊外で教育する必要がある。吾学院の如きもつまり森の学校であつたの
である。」[23]

　ベルリン郊外に位置する森の学校が10〜16歳まで6年間の教育機関とし

23) 庄野貞一『十八ヶ国欧米の旅』高橋南益社，1928年，352-353頁。

て活動するとともに，市内の希望者から志願者を選抜して募集している事実に注目しており，都会で生活を送る子供たちを教育する場として，自然に囲まれた環境で子供たちの情操教育が可能となる学校の建設を構想したことが観て取れる。芝川又四郎[24]が帝塚山学院仁川コロニーの土地を1932（昭和7）年に提供したのに続き，1940年には大阪電気軌道が学校用地の提供を行い，奈良のあやめ池（菖蒲池）に帝塚山中学校を開校して七年制の旧制高等学校設立による一貫教育を目指すことになり，庄野学院長は帰国後本格的に「森の学校」による教育を実践しようと考えた。自らの子弟を関西学院専門部に進学させるなど，庄野学院長は高等教育機関設立を企図するとともに，私学による一貫教育実現に向けて帝塚山教育の充実を図ろうと考えたのである。

帝塚山中学校は戦後奈良を代表する名門私学として幼稚園から高等学校までを擁する総合学園となり，長男の鷗一は戦時中に帝塚山中学校教員として赴任，四男の至は帝塚山中学校の第一期生として学生時代を送った[25]。敗戦によって旧制高等学校の設置が困難となり，庄野学院長は1949年に帝塚山学院短期大学の設立を計画し，帝塚山学院文芸学校，帝塚山学院短期大学が誕生する[26]。2代帝塚山学院長には元関西学院第5代理事長・関西学院大学学長の神崎驥一が就任し，戦後の大阪帝塚山学院，そして奈良帝塚山学園による一貫教育が関西私学のモデル的存在であり続けた[27]。そこで次に，帝塚山学園を創設する上で重要な役割を担った大阪電気軌道による沿線開発と帝塚山中学校の誘致について検討したい。

---

24) 芝川又右衛門家による甲東園の経営については，芝川又四郎『芝蘭遺芳』，1944年，325–335頁を参照。
25) 庄野至『三角屋根の古い家』編集工房ノア，2008年，41–44頁。
26) 八木孝昌「帝塚山学院の創立と庄野貞一の教育理念」(『大阪春秋』161，2016年)，53頁。
27) 山本理事長は庄野貞一について次のように語っている。「庄野先生は教育家には惜しいと思われる位の政治力を持っておられた。庄野先生は大学者ではない。学問の素養に於ては必ずしも充分とは云えない。然しそれだけに非常なそして人知れず学究的な努力を続けた立派な教育者であった。庄野先生は単に教育者としてではなく人間として，稀に見る人徳と指導力を兼ね備えた人であった」(山本藤助「庄野先生を憶う」，前掲『庄野貞一先生追想録』，63頁)。

2.　大阪電気軌道の事業多角化戦略

2－1　大軌の経営発展と種田虎雄の観光事業観

　1910（明治43）年に誕生した大阪電気軌道[28]は大林芳五郎・七里清介・竹内綱・玉田金三郎・野村徳七・朝田喜三郎・廣岡恵三・山澤保太郎・森久兵衛・金森又一郎の十名を創立委員として発足し，廣岡社長・七里専務・金森支配人の体制下で鉄道事業を開始した。大阪上本町をターミナルとし，生駒トンネルを経て奈良高天町に至る難工事を乗り切り，1914（大正3）年に開業した。創業時の財政難が表面化したため北浜銀行頭取の岩下清周が2代社長として経営の打開を図ったが，北浜銀行の破綻によって営業停止の危機に陥った[29]。翌年には片岡直輝が中心となって同社の整理を断行し，大槻龍治が大軌の3代社長に就任している。

　金森支配人が中心となって大軌の整理実務を担当するとともに，1923年に畝傍線の開設，1926年にあやめ池遊園地の開園と上本町ターミナルにおける大軌ビルディングの開業に成功した。「当時の大軌沿線は人口頗る稀薄で，電燈数も僅か九千燈（現在二十二萬八千余燈）其中，布施二四〇燈（現在八五，二八二燈）小阪五二〇燈（現在二四，〇六四燈）と云ふ有様で，而も五燭光，十燭光と云ふのが九割以上も占めてゐると云つた幼稚なものでありましたから，その収入も殆どお話にならないものでした。（中略）又，今から思ふと可笑しい様な話ですが，夏季閑散期に乗客誘致の一策として現在の孔舎衛坂（元鶯尾駅）前広場に盆踊りを直営し，河内辺りの若衆を集めて夕涼の呼物にしたり，生駒トンネルの往復を何回でも自由にして納涼列車と名付」けたりといった創業当初のエピソードについて，大軌副社長の三好萬次が述懐している[30]。

28) 以下，大阪電気軌道を「大軌」と略記する。

29) 北浜銀行岩下清周と大軌との資本関係については，小川功「鉄道業等を積極支援した金融機関―北浜銀行岩下清周のベンチャー・キャピタル性の検証を中心に―」（宇田正・畠山秀樹編『日本鉄道史像の多面的考察』日本経済評論社，2013年），128–131頁を参照。

30) 三好萬次「回顧二十七年」（『大軌参急　大軌創立三十周年記念号』，1940年），11頁。

図2-1　大軌各種事業の営業利益（昭和元〜18年）

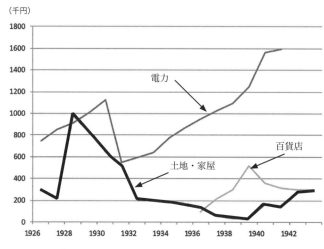

（千円）

出所：『大阪電気軌道株式会社　営業報告書』各年版。
（注）　電力事業は昭和16年度までの数値，百貨店事業については
　　　　昭和12年以降の数値を記載した。

　大軌が発足した当初には運賃収入が安定しなかったため，大阪の小阪・山本住宅地，奈良のあやめ池遊園地などの開発を進め，電力供給などの各種事業を行った。大軌の鉄道関連事業の営業収益を示した**図2-1**によれば，電力事業による収益が拡大する一方で，1930年代以降土地経営による利益は伸び悩んだ[31]。沿線部での経営状況をふまえて，大軌は名古屋・伊勢方面を結ぶ長距離旅客輸送の重要性に着目した。1927（昭和2）年に金森又一郎が社長となり，大和鉄道の買収を経て桜井〜宇治山田間を結ぶ参宮急行電鉄[32]を設立し，大林組との請負契

31）武知京三「私鉄と不動産業のタイアップ商法―大軌（現近鉄）の誕生と初期の土地住宅経営―」（『大阪春秋』第96号，1999年），24-28頁，宇田正「大軌が拓いた小阪の近代」（『大阪春秋』150号，2013年），64-65頁。大軌の山本住宅地に関する事例については，松田敦志「大阪電気軌道による郊外住宅開発」（浅野慎一他『京阪神都市圏の重層的なりたち―ユニバーサル・ナショナル・ローカル―』昭和堂，2008年）を参照。

32）以下，参宮急行電鉄を「参急」と略して記載する。参急の支配人には大軌の庶務課長であった井内彦四郎が就任し，伊勢電気鉄道の買収や関西急行電鉄の設立に尽力した。武知京三「私鉄経営者論の課題―大軌経営陣の素描―」（『鉄道史学』第5号，1987年），30頁。

約に基づいて青山トンネルの建設に着手したのである。1936年には大軌・参急・伊勢電気鉄道の3社による関西急行電鉄の設立が実現し，これら3社が連携する形で大阪と名古屋の大都市間を連絡する一大鉄道網を構築することによって，大阪・名古屋間を結ぶ長距離路線を軸とする企業グループが誕生した。昭和期における大軌の経営発展は目覚ましく，同年に鉄道省運輸局長を辞して大軌専務となった種田虎雄が専門経営者として活躍し，事業の拡大に乗り出した。阿部野橋から吉野方面に路線拡張を進めた大阪鉄道（現在の近鉄南大阪線）の経営難に際しては大軌が多額の出資を行うとともに，鉄道省出身の佐竹三吾を大鉄の社長に据えて同社再建を推進するなど，大軌は大阪と奈良を結ぶ鉄道路線として急速に成長を遂げた。

　種田虎雄は鉄道省運輸局長時代より鉄道事業の発展について指摘し，数々の提言を行った。大衆消費社会が日本にもやがて到来することを見越して鉄道における顧客サービスの向上を訴えるなど，鉄道官僚としていち早く鉄道事業の可能性を信じ，彼の着想が大軌の経営戦略と結びつく形で，専務，社長時代に実行プランとして結実した点は注目されよう。「鉄道は今日迄異常なる発達をして居るやうに見えますけれども，社会の幾多の科学の上から見ましたならば，鉄道の進歩は甚だ遅々たるものであります。殊に我国に於て然りと私は思ふのであります。（中略）彼の山岳重畳たる所の甲信地方の山には，何人も登山することは無かつたのであります。此の十数年間に，如何に世の中が変りましたか，近頃は猫も杓子もアルプスに登らなければ人間でないと云ふ位に考へられて居るのであります。此のやうに世の中の人は色々な点に於て非常な勢に於て変つて行くのであります。此の変つて行く所の客を相手にして，お互に鉄道の商売をして居るのであります。此の鉄道の商売をして居る者が果して「社会の期待に副ふだけの仕事をして居るかどうか」と云ふことを考へましたならば，唯今申上げました通り，鉄道の設備自体が他の交通機関の如く僅かな金で改良することが出来ないと云ふ自然の結果已むを得ざるものがあるだらうと思ひます。」[33]と述べている。官僚時代の種田は人的側面における顧客サービスの必

33）種田虎雄「鉄道の仕事は現業にあり」（『鉄道大学講座』鉄道夏期大学，1926年），425頁。

要性について言及する一方で，鉄道の観光事業との関わりについて強調しており，ヨーロッパの視察旅行を行った経験から大軌専務として観光事業に関心を示しつつ鉄道事業の可能性について言及し，奈良観光についていち早く提言を行った。

ジャパン・ツーリスト・ビューローの機関誌『ツーリスト』において，種田専務は史料3にみられるように，大軌が吉野への路線延長に力を入れた時期にあわせて，国内観光地と都市部を結ぶ交通機関としての役割が大きいことを認識するとともに，国立公園として整備された吉野熊野地域の観光地化を提唱した。大軌の経営発展にとって奈良エリアでの観光事業が非常に有望であることを予見するとともに，奈良の歴史文化的価値を世に広めるための活動に取り組んだのである。奈良は古来より史跡名勝地や寺社仏閣が集まる地域として参拝客が数多く訪れる地であり，種田専務は歴史と文化に基づく観光資源に基づきつつ，奈良県における観光事業の将来性について企図したものと考えられる。

〔史料3〕種田虎雄「国立公園候補地としての吉野群山の価値」（1930 年）

「如何に史蹟多く名勝に富むと雖も，之れを利用すべき多数国民の背景なく，交通の便に乏しき地方は，国立公園として大半の価値を失ふものと謂はざるを得ず。

されど我が吉野を中心とするものに至りては之を利用すべき多数国民の背景を有すると同時に，交通の便に於て何等遺憾の点なし。即ち我国六大都市の人口の大半を占むる京阪神の三大都市は四百萬人の大人口を擁して之れが背景となり，更に隣接町村及び近畿中小都市を加ふれば，優に五百萬以上の国民の大安息所たるに至るべきは甚だ明らかなり。斯くの如く大なる背景を近距離に有する候補地は，全国中我が吉野を措いて他に之れを見出す能はざるなり。

若し夫れ交通の便に至りては，関西大都市より吉野に至る間，悉く高速度電鉄の直通又は連絡あり，更に吉野より各連峰，高原及熊野海岸に達する間，何れも定期乗合自動車の運転あり，一面阪神地方より熊野海岸に至る間は海路新鋭の急行航路あり，熊野川にはプロペラ船の運航ありて瀞峡，本宮の遊覧に便

ぜり，而して海岸線には木の本より省紀勢西線の終端に至る間，常に自動車の連絡ありて，今日既に大衆の遊覧に何等の不便なしと雖も，若し幸に国立公園の指定を得るに至らむか，是等の交通機関は打つて一丸となり，その交通路に於て，連絡に於て，時間に於て大なる改善を加へられ，一般大衆の遊覧に便ずべく，面目を一新さるゝに至るべきは固より論を俟たざる処なり。」[34]

　種田専務は大軌の社員に向けて，観光地としての奈良の文化的な価値を利用できるかどうかで社運の行く末が決まると述べた上で，鉄道による観光が名所旧跡への遊覧だけでなく庶民の日常的な旅行サービスとなりつつあることを力説した。「我大軌はこの地を主たる勢力圏即ち営業地域としてそこに線路を敷設ししかもその線路は我国の歴史に，伝説に，稗史に，歌謡に謳はれた史蹟名勝の散在点布しつゝある直中を貫いて走るといふ状景を呈してゐるのであるから，この地の利用価値を高めると否とは，我大軌の盛衰に帰するものたるは論を要せざる所であらう。が，さてこれに対して我大軌は如何なる方針の下に如何なる方策を施し来つたか。（中略）明治の中期から鉄道事業が急速に発達し，全国に鉄道網が普及するやうになつて，各地の業者が旅客誘致に努力する結果，冒頭にも述べた通り，自家勢力圏内の開発に心がけ，誇張してまでも所謂沿線案内に力めることゝなつたので，旅行の時間と費用との低減すると相俟つて，遊旅の客を諸方へ分散せしむる傾向を生じ，その結果，在来の名所旧跡を巡遊の唯一目標としないやうになつて来た。これは伝統的名声を頼みとしてゐる土地にとつて，大に考慮を要する現象と言はなければならぬ。」[35] 旅客サービスは沿線住民だけでなく各地から集まる観光客を対象としたものであり，郊外の観光地や遊園地，都市部ターミナルに位置する百貨店などの関連施設の充実を通じて，名所旧跡を沿線部に有する大軌での私鉄経営の拡充が可能との見解を打ち出したものと評価できよう。

---

34) 種田虎雄「国立公園候補地としての吉野群山の価値」（『ツーリスト』123号，1930年），19－20頁。
35) 種田虎雄「奈良を見直す（一）」（『大軌参急』創刊号，1933年），2－3頁。

2－2　関西急行電鉄の設立と百貨店経営

　大軌・参急は伊勢電との合併を経て 1936（昭和 11）年に関西急行電鉄を設立し，名古屋・桑名間の路線設置によって名古屋～宇治山田の直通運転，そして名古屋～上本町の連絡運転が可能となった[36]。三重県で参急と同時期に発足した伊勢電との競合関係によって参急の経営が苦境に陥り，これらの問題解決に向けて経営難に直面した伊勢電と大軌の双方が慎重に協議を行い，関西急行電鉄の設立が実現したのである[37]。

　「関西急行電鉄に依て建設せらる〉桑名，名古屋間二十三粁八の新線が開通の暁は大軌，参急線と一体となつて，中京と神都宇治山田及商工都大阪とを電鉄に依つて完全に連絡すること〉なり，本邦第一位の長距離電鉄を構成するものである。(中略)国有鉄道は本邦交通機関の根幹を為す国家的施設であり，我々の電鉄は一地方の交通を掌る所謂地方鉄道としての営利事業であるから，其の本来の性質を異にするとは雖も，之等を利用する者は施設物の目的が何たるかに関せず旅行目的に沿ふべき利便とサービスの如何とに依て自由に選択するのは明である。」[38] 翌年に大軌社長となった種田虎雄は，大阪と名古屋を結ぶ長距離路線を通じて旅行などの観光サービスの提供が将来期待でき，伊勢神宮や熱田神宮などの参拝客への利便向上を通じた観光事業にも寄与すると考えた。

　大軌・参急は関西急行電鉄の設立によって関西最大の鉄道グループへと成長を遂げ，鉄道・バス・タクシーなどの総合交通サービスを提供しながら企業発展の基礎固めを行った。交通インフラの整備にともない，大軌が資本参加する大阪鉄道の経営再建と吉野方面に接続する長距離路線の沿線開発を進めており，戦時統制期の大軌による鉄道事業について述べた史料 4 では，周辺の関連鉄道会社との連携によって大軌が公共サービスの充実と向上に努め，地域社会

---

36) 関西急行電鉄の設立については，武知京三『近代日本と地域交通―伊勢電と大軌系（近鉄）資本の動向―』臨川書店，1994 年を参照。

37) 佐伯勇「伊勢電問題の概況」（『大軌参急』昭和十一年六月，1936 年）2－3 頁。伊勢電と参急との競合関係については，井内彦四郎「種田さん苦心の中京進出について」（『ひかり　故種田社長追悼号』，1949 年)，27－30 頁を参照。

38) 内川龍雄「待望の名古屋線許可せらる（二）」（『大軌参急』昭和十一年二月，1936 年），2 頁。

に貢献することが会社の使命であることを明記していた。

〔史料 4〕佐伯勇「最近の社業発展を顧みて」(1940 年)

「一，事業の公益性を強調し，大衆の利便増進に努めたること

　各種交通機関が，利己本位に分立経営せる民間事業界にあつて，交通事業の公益性を強調し，諸種の施設改善を図り，即ち省社間の連帯運輸を始めとして，大鉄，奈良電間に直通運転を実施し，或は橿原神宮前に大鉄との綜合駅を新設し，或は鶴橋駅の省社連絡設備を改善，更に紀元二千六百盛典の大輸送に際し，聖地参拝者の利便を図り省社線任意乗車の途を拓く等，鋭意公衆の便益増進を本位とする経営を為したること [39]

　二，交通の統制，経営の合理化を図りたること

　交通機関の使命達成には，交通統制の最も緊要なることを夙に提唱し，大軌参急両社の事業を単一経営に移して，其の合理化を図り，長谷，伊賀，吉野，三重の諸鉄道及び伊勢，東邦諸電鉄等沿線に於ける鉄道，軌道を買収若くは合併し，或は大鉄，奈良電の株式を取得して，其経営に参画し，更に奈良，参急，名張，神都等諸バス会社の自動車事業をも其の統制下に置き，奈良，三重両県下の各種交通機関を統合して，其の傘下に収め，経営の一元化を図り冗費を節約し，運賃の合理化又は低減或は各種施設の整備充実に努むる等，大いに大衆の便益増進に力を致され，尚神都山田に於ける電車，バス，タクシーを打つて一丸とする本邦最初の統制会社を設立せしめ，能く交通統制の範を示したること。」 [40]

　大阪と名古屋を結ぶ高速鉄道会社となった大軌・参急は，さらに都市化が進む大阪の中心部での小売サービス部門拡充に力を入れた。上本町では大軌の駅ビル隣接地に開業した三笠屋が 1926（大正 15）年に大軌ビル内で三笠屋百貨店

---

39) 佐伯勇編『群芳』大阪電気軌道株式会社・参宮急行電鉄株式会社，1940 年では，伊勢・橿原・熱田の三神宮などが写真図版を中心に紹介されている。
40) 佐伯勇「最近の社業発展を顧みて」（『大軌参急　大軌創立三十年記念号』，1940 年），52 頁。

を開設し，阪急と同時期に駅ビルの百貨店としてターミナルデパートの開業に成功していた。三笠屋百貨店の盛況ぶりを受けて，大軌は百貨店を直営することによって都市部での小売業に進出したのである。大阪では阪急電鉄が梅田ターミナルに阪急百貨店を設置し，1932（昭和7）年には高島屋が南海難波駅ターミナルに百貨店を開業しており，地下鉄御堂筋線の開通によって1934年に天王寺（阿部野橋）駅に大鉄百貨店を開業することが決定したことから，大軌も将来の事業拡大が見込まれる百貨店事業を内部化し，百貨店事業や観光事業などの経営多角化を通じた顧客サービスの向上に尽力した。

　大軌は1936年に三笠屋百貨店を継承する形で本格的な直営ターミナルデパートとなる大軌百貨店を開店し，鉄道・バス事業などの交通部門に加えて観光サービス部門の強化を図るべく，奈良観光の表玄関となる上本町ターミナル周辺の開発を進める戦略へと着手した。大軌ビル内には鉄道の利用客を対象とする顧客サービス部門として，以前より営業していた直営食堂に加えて百貨店が開業し，大衆向けサービス事業を展開する上での重要な部門となった[41]。上本町ターミナル内の大軌百貨店開店に続き，大阪鉄道が阿部野橋駅舎を改築して翌年に大鉄百貨店を全面開業し，大軌と大鉄は奈良県域での観光事業を本格的に開始することによって大衆消費社会の到来を見据えた都市向けサービス部門を強化することに成功した[42]。戦時期には大鉄そして南海との合併を通じて，大軌は関西急行鉄道，さらに南海との合併を経て近畿日本鉄道株式会社に社名を変更するとともに，その多角化事業として百貨店経営を継承することにより，サラリーマン時代が本格的に到来した高度成長期には近鉄百貨店が電鉄系百貨店の雄として活躍することになった。

　大軌百貨店開業にあたって，種田専務は次のような訓示を行っている。「過去約一ケ年間，複雑多岐に亘る開業準備事務を遂行して，予定通り開店の運に立到りましたことは，三好部長以下諸君が，協力一致，克く融和の精神を発揮

41) 谷内正往『戦前大阪の鉄道とデパート―都市交通による沿線培養の研究―』東方出版，2014年。
42)『40年のあゆみ』株式会社近鉄百貨店，1977年，拙稿「戦前期大阪における鉄道企業と鉄道関連事業―山岡順太郎・山岡倭による企業者活動を中心に―」（『都市と公共交通』42号，大阪公共交通研究所，2018年。

して其事務に努力せられた結果でありまして，深く其労を多とするのでありま
す。凡て組織ある事業を成し遂げるには，其事業に携る全員が，渾然として事
に当る事が必要なる要件でありまして，若し其精神の欠けて居る処には，其事
業の成功は期し得られないと言ふことを銘記しなければなりません。当百貨店
今後の経営に於ても亦，諸君が渾然融和の実を示し，共に励まし，具に助け合っ
て，只管業績の発展を念として，各其担当する任務の完全なる遂行に努力する
ならば，必ずや諸君の誠意は自ら其の態度に顕現して顧客の満足を贏ち得るの
であります。百貨店事業は他の独占的事業とは異り，顧客が其欲求する商品を
購ふに当つては，最も自由に，買い良い店，信用ある店を選択するものであり
まして，自然顧客の流は，恰も水の低きに就くが様でありますから，諸君の仕
事は最も公平に，又最も敏感に顧客によつて批判せられ，監督せらるゝことゝ
なり，売上成績如何は直ちに諸君の努力如何を示す「バロメーター」である訳
であります。」[43] これからの鉄道事業は顧客サービスの向上を旨とし，鉄道企
業の直営となる百貨店においてもその精神を受け継ぐことによって顧客からの
信用を得られるとの考え方を示したのであり，大軌百貨店全館開店に際して，
種田専務は大軌電車の評判を高める上での「自慢の百貨」と銘打って，「良い
品をより安く」販売する顧客サービス徹底の指針を社員に示した。

　「大軌百貨店は既に皆様御承知の如く「自慢の百貨」と銘打つてよい品物をど
しどし世に出さうとして居りますが，この「自慢の百貨」と云ふ意味は頗る深長
なのであります。大軌は今迄かう云つた大胆な言葉を使つた事なく，かく勇敢な
標語を使用するに至つた事は，会社が如何に重大なる決心の下に百貨店を経営せ
んとして居るかが，はつきり窺はれるのであります。この標語を心に体して，よ
きサーヴィスをなし，仕入をなし，経営をなし，よい品を安く売つてあらゆる点
に於て人後に落ちないやうにして頂きたい。(中略)こゝに関西急行と連絡すれば，
大阪名古屋の二大商都を貫く大電車となり，而も沿線には神都伊勢を控へ，古都
奈良を擁して，建国以来の史蹟に富み，日本文化史上より見ても，一日として切

43)「大軌百貨店の一部開業に際して」(『大軌参急』昭和十一年八月，1936年)，2頁。

りはなすことの出来ない特色を持つて居ります。この特色は日本唯一のものであり，又旅客も日本全国各地から来集しますので，日本全国に大軌百貨店も，あらゆる階級に対して「自慢の百貨」を以てよびかけて居るのでありますから，自分の仕事が如何に重大であるかを考へて」[44] 鋭意努力して欲しいとの訓示を種田専務は重ねて行っている。大軌の百貨店事業は沿線住民に加えて都市部のサラリーマン層や奈良方面の観光客に対するサービス事業として展開するとともに大軌独自の経営方針を醸成するに至り，旅客事業に加えて観光・サービス，住宅経営事業の多角化を進めた。大軌の鉄道関連事業による収益の推移を示した**図2-1**にみられるように，1936年以降，百貨店部門の収益が着実に拡大しつつあったことが確認でき，戦時期に電力事業を失った後も百貨店経営が土地経営と並ぶ大軌の重要な関連事業であり続けたのである。

2-3　金森乾次の経営理念と帝塚山学園

大軌では社内報となる『大軌参急』の刊行を通じて社員相互のコミュニケーションに努めており，その精神は『関急』ならびに近畿日本鉄道発足後に発行した『ひかり』へと受け継がれた[45]。大軌の経営陣は社員に対して経営者の理念を示し，とりわけ三好萬次専務が経営規模の拡大にともなって失われがちとなる社員個々人の会社に対する思いを企業の利益と一致させるべく全社員へと訴えた。「我々の共同生活に於ても，自己の人格を陶冶し，はつきりした信念を保持し，他人の人格と意思とを尊重しつゝ密接な共同生活を形成する所に人の人たる所以が存するのであります。かくの如くして個人が切磋琢磨しつゝ其の素質を向上することによつて共同生活が拡大強化されるのですから，個人の進歩と社会の発達が互に因果関係をなして今日に至つたのであります。換言すれば，共同生活の充実完成が同時に各個人の充実完成たるべき筈であります。即ち我々は共同生活を営むことに依つて始めて其の生活を全うするものでありますから，我々の理想は社会と個人との調和，個人と団体との両立にあるので

44)「百貨店全館開店に際して」（『大軌参急』昭和十一年秋季特別号，1936年），2-3頁。
45)『50年のあゆみ』近畿日本鉄道株式会社，1960年，63頁。

表 2-1　金森乾次 年譜

1897（明治 30）	大阪市西区で出生（父・金森又一郎）
1919（大正 7）	第三高等学校卒業
1922（大正 10）	東京帝国大学工学部卒業　日本染料（株）入社
1936（昭和 11）	大阪電気軌道（株）参宮急行電鉄（株）総務部長
1937（昭和 12）	大阪電気軌道（株）取締役
1939（昭和 14）	大阪電気軌道（株）常務取締役　奈良交通（株）取締役
1941（昭和 16）	関西急行鉄道（株）専務取締役　（財）帝塚山学園理事
1943（昭和 18）	信貴生駒電鉄（株）取締役
1944（昭和 19）	近畿日本鉄道（株）副社長　（株）近畿映画劇場取締役
1946（昭和 21）	（財）大和文華館理事　大和運送（株）社長
1947（昭和 22）	奈良電気鉄道（株）監査役　三重交通（株）監査役
1951（昭和 26）	近畿日本鉄道（株）会長
1954（昭和 29）	奈良市三碓町で逝去

出所：金森乾次『白雲』近畿日本鉄道株式会社，1955 年。

ありまして，この両者が相融合する所に我々の行動の指標がなければならない
のであります。（中略）各個の利害と全体の利害とは決して矛盾衝突するとこ
ろではなく，却つてそれが両立し一致する所に従業員各個の本当の幸福が見出
されるのであり，会社全体の本当の繁栄が期せられるのであります。」[46]

　大軌の総務部長となった金森乾次は，社員に対して以下にみられるような家
族主義的な考え方について述べている。「保健課の仕事は右に依つて明なる如
く，一言にして云へば大軌参急両社従業員の福利増進を図る事にあります。顧
みますれば，両社が創立せられた当期より，或は建設に或は経営に，筆舌に尽
し難き幾多の苦難に遭遇したのでありますが，幸にも両社の従業者は社長を慈
父と仰ぐ一大家族を形成し，社運の発展は則ち各自の幸福なりと言ふ信念を堅
持し，洵(まこと)に誇るべき美風の下に結合せられ，終始渝(かわ)ることなく協力一致して難
局を打開し，社業は日に月に進展を続け両社今日の大を成し得たのであります。
今や両社の事業は啻(ただ)に交通運輸の業に止らず，電気供給，土地経営，百貨店の

---

46) 三好萬次「御挨拶に代へて」（『大軌参急』昭和九年六月号，1934 年），3 頁。三好常務の考え方については，
　武知前掲論文，31 頁を参照。

開設等の付帯事業を併せ其の経営する事業の領域は益々複雑多岐になつて来たのであります。斯様に社業は進展致しましたものゝ業績上に齎らす成果に到りましては今尚所期する所に遠く，自然従業者諸君多年の献身的努力に対しましても報いる所誠に薄く，殊に福利施設の点に付ても見るべきものなく，遺憾に思ふて居たのでありましたが，今回茲に一課を設け此の方面の仕事を分担することになりましたことは寔に意義深い事であります。」[47) 後に近鉄の社是となる「大和精神」と呼ばれたこれらの精神的観点に基づき，社員が一致協力しながら経営の難局を打開しようとする考え方が強く打ち出されるとともに，大軌では大阪鉄道との合併など組織の複雑化が課題となるにしたがい，管理組織の整備と人材の確保が重要であるとの認識が高まった。

　金森部長は入社当初伊勢電との合併問題に直面し，従業員の意識や待遇面での調整を図る一方，1939（昭和14）年には常務取締役，続いて関西急行鉄道の専務取締役としてトップマネジメントに深く関与し，1944年に誕生した近畿日本鉄道の副社長として種田社長とともに戦時期の経営を担い，従業員に一致団結して事業の発展を図るべきであると説いた。「と申しましても，吾々は断じて将来を悲観し落胆すべきではあるまいと信じます。即ち両社の路線は近畿五府県に跨つて居り，伊勢大神宮，橿原神宮を始めとして，到る処神社仏閣名所史蹟に富み，諸施設も亦年を逐うて所期の効果を発揮して参りませうし，近く中京進出の暁は我国二大産業都市を結ぶ枢要となるなど，種々の好条件に恵まれて居るのでありまして，所謂『地の利』を得たりと申すべきであります。されば業績の向上は疑ふ余地もなく只時間の問題であり，その成否遅速の如何は一に吾々の努力にあると思ふのであります。以上の如く『地の利』を有する吾が両社に更に望み度きは，『人の和』ではありますまいか。」[48) と述べている。

　参宮急行電鉄は1940年に関西急行電鉄を合併し，翌年大軌と参宮急行電鉄が合併して関西急行鉄道となった。続いて1943年に大阪鉄道，翌年南海鉄道と合併して近畿日本鉄道[49) と改称し，引き続き種田社長・金森副社長が戦時

47) 金森乾次「保健課設置について」（『大軌参急』昭和十二年八月号，1937年），3頁。
48) 金森乾次「年頭所感」（『大軌参急』昭和十二年一月号，1937年），2－3頁。
49) 以下，関西急行鉄道については関急，近畿日本鉄道については近鉄と略記する。

下における同社の経営を主導した。金森乾次は各社出身の社員が一丸となるべく「自己と他己の一致」を重視し，感謝と愛に基づく勤務の必要性を呼びかけた。「第一の点は私共現在の自己が自己たるは過現未の他の一切によつて自己たらしめられて居るといふ観点に立つて考へます時，一切万法に対する心からの感謝と愛とが私共の働きの基調でなければならない事であります。（中略）第二の点は自己と他己とが己れとして一つのものであることに自覚します時，私共は其の働きに自由と尊厳とを見出すことであります。総ては私共の働き私共の勇猛心に依つて現成するのではありませぬか。」[50] 金森は東京帝国大学工学部卒業後，日本染料に就職して技術職を歴任し，病に倒れた後に大軌へ入社した経歴を持ち，日頃から道元の正法眼蔵を愛読し，仏教的精神に基づいて社員へのメッセージを発信し，戦後まで近鉄会長として同社の精神的支柱であり続けた[51]。彼の企業経営者としての理念が若者に対する教育の必要性を強く意識させる所となり，ひいては奈良に理想的な教育文化都市を建設する構想を生み出す要因になったものと考えられる。

　大阪の帝塚山学院は 1940 年に高等教育機関の設置を計画し，その学校用地について南海鉄道に打診して金剛の用地提供を受けていた。その際に，大軌と新校地について相談を行う機会があり，金森常務が奈良あやめ池近郊に位置する広大な用地の提供について提示を行ったため，大軌沿線に帝塚山中学校を設置することを決定した。男子の中等学校を開設するにあたり，帝塚山学院は金森常務の提案を受けて高等教育機関となる 7 年制の旧制高等学校の開設を前提とし，そのための学校用地を現在の学園前駅に隣接する場所に設定するとともに，山本理事長と鉄鋼報国会の支援を受ける形で新たに帝塚山学園を創設することを決定した[52]。帝塚山学院の経営を支えた山本理事長と帝塚山教育を推進する庄野貞一，そして金森常務の考えが一つとなって，奈良の地に高等教育を目指

---

50) 金森乾次「われ等の故郷」（『関急』昭和十六年九月号，1941 年）。
51) 金森乾次「私の観た道元」（『ひかり』Vol.9 No.1，1954 年）。
52) 鉄鋼報国会では，大軌から八万坪の敷地提供を受ける帝塚山学園に対して 50 万円の寄付を行い，学校経営に参画する際には 7 年制高等学校に続いて特色ある大学（自然科学の素養をもつ事業経営者の育成）を設立する構想が打ち出された。前島孫太郎「鉄鋼報国会のことなど」（『星晨　創立四十周年記念誌』帝塚山学園，1981 年），5 頁，前掲『帝塚山学園五十年史』，3 頁。

す理想的教育機関が誕生することとなり，大軌の経営陣は帝塚山学園の設立を通じて沿線部の発展が導かれるとの考えを持ち合わせていたものと推察される。帝塚山学院には高等教育機関設立を通じた一貫教育による理想的な「森の学校」を創設する計画が存在し，奈良に田園都市・文教都市を建設することによって，大軌が沿線部における本格的な土地経営の展開を企図したのであり，同社奈良線沿線のランドマークとして帝塚山学園を位置付けたのである。

　大軌は関急へと改組し，1941 年にあやめ池遊園地内で帝塚山中学校の開校式が挙行された。翌年には帝塚山中学校の新しい校舎と「帝塚山学園前」の駅舎が誕生し，中学校が完成年度を迎えた後に続いて旧制高等学校を設立する計画に基づき，男子の中学校が誕生した。1942 年発行の「帝塚山中学校要覧」には，「大帝塚山学園」という名称とともに財団法人帝塚山学院（仁川生活道場・金剛野外道場）ならびに財団法人帝塚山学園の記載があり，帝塚山学園には中学校に加えて高等学校・高等商業学校・大学の設置を明記していた[53]。当時大軌は大阪郊外の住宅地開発に加えて，生駒駅前やあやめ池駅周辺地域の遊園地・温泉地を中心とした市街地の開発に着手している。1926（大正 15）年にはあやめ池遊園地開設，1929（昭和 4）年にはあやめ池温泉場開業に成功し，あやめ池駅近郊の住宅地として 1938 年に菖蒲池南園住宅地を開設した[54]。これらの住宅地に隣接する丘陵地を学校用地として開発するとともに，現在の奈良市西部地域における学園前住宅地の販売を進めつつあった。通学時の時間帯のみに列車が停車する「帝塚山学園前」駅を設置することで，関急はあやめ池駅から離れた学校へと通う生徒に通学上の便宜を図り，帝塚山学園まで大阪方面から電車で通うための交通環境を整えた[55]。関西では 7 年制高等学校である甲南高等学校があり，阪急沿線には関西学院大学などの高等教育機関が設置されたが，大阪の財界関係者が参画する帝塚山学院の高等学校設立計画でも，

53）前掲『帝塚山学園五十年史』，6 - 7 頁。
54）『最近 10 年のあゆみ―創業 60 周年―近畿日本鉄道社内誌　ひかり』一九七〇年五月号，1970 年。
55）昭和十五年十月十二日付の帝塚山学園山本藤助理事長と金森乾次常務取締役との約定では，大軌が提供する土地の経営を帝塚山学園が行い，学園前停留所の設置経費となる 10 万円を帝塚山学園が大軌に寄付すると明記されていた。前掲『帝塚山学園五十年史』，2 頁を参照。

関西財界の支援に基づく高等教育機関の設置構想として実現した点は注目に値しよう。

　1940 年に大軌の金森常務は帝塚山学院との間で学園設立に関する契約を締結し，学園前周辺の土地を帝塚山学園に提供することで学園都市建設を企図するとともに[56]，高等教育においても科学的精神に基づいて取り組むための幅広い能力を身に付けるべきであるとの考えに基づき，教育のあり方について考察を重ねた。「技術者が技術の一面である純学術的方面を以て独壇場となし，之に多大の興味を持ち，不断の関心を有することは固よりかくあるべき事ではありますが，他の一面即ち人と物との運用を科学的に研究して作業能率の向上を図るといふ方面の責任に対しては，往々にして前者に於ける程の熱意と勇気を欠くことがあるのは誠に遺憾に堪へないのであります。（中略）科学の性格には，飽くまで現状を超えて真実を追求せむとする実証性と，実証せられた事実を法則化し，飽くまで之に遵はむとする合理性との二つの契約が含まれて居ります。この一見明らかに矛盾する二つの契機が，実践による動的統一に於て対立を止揚し，科学を構成するのであります。」[57] 関急の金森専務によるこの言葉からも，これからの企業で活躍が期待される技術者や経営者の育成を図る上で，旧制高等学校そして専門学校，大学などの高等教育が果たすべき役割が非常に大きいとの考えに至ったことは想像に難くない。

　帝塚山学園では将来的に旧制高等学校を設立する事で，学生が人格を磨き科学的精神に基づいて社会に貢献しうる人材となることを重視した。また史料 5 にみられるように，帝塚山学園の理事となった金森専務は実学において人格面での陶冶とその実践が肝要であるとの認識を持ち合わせていた。帝塚山学園森下博理事の言葉を引用し，経営者は打算などに拘泥せず，消費者や時代の変化に対応する

56) 1951 年の帝塚山学園十周年記念式において森学園長は，「創立に際しては，忘るべからざる三大功労者がある。山本理事長，故庄野学園長，当時関急の金森専務の御三方がそれだ。庄野先生は一切の計画に当られ，山本理事長は資金百万円を調達せられ，金森専務はぼう大なる土地を提供せられゝと共に，「学園前駅」の特設に尽力せられたのである。最初，旧七年制の高等学校が計画されたが，文部省の指導に従い，十六万坪の大自然の中に，先づ中学校を建て，漸次それ以外の学校に及ぼし，学園中心の文化都市を，実現せしめようといふのであつた。」と述べている（「帝塚山学園概覧」）。

57) 金森乾次「技術者諸君への希望—技術改善委員会に於ける挨拶を敷衍して—」（『関急』昭和十七年四月号，1942 年），2 - 3 頁。

ことによって商売が成功につながるという考え方には大阪商人の合理的精神に通じる所が多々あり，自由な発想に基づいた実学的精神に基づく経営が今後求められるに違いないとの見解を提示した。戦時という時代にこそ，教育において科学的な判断に基づく実学的精神が必要であることを強調したのである。

〔史料5〕金森乾次「商売道」（1942年）

「森下翁の御話を申せば『私が仁丹を売り始めることを考へついたのは，何でも広く大きい商売をするには難しいものではいけない。例へば，うどんの様に平凡な，うどんの様に万人向で，そしてうどんの様に常用せられる薬といふ狙ひで，寶丹清快丸といつた当時の売薬に工夫を加へ，然かも，その処方も公開しまして御承知の通りの簡単なものを売り出したわけです。そして，要は之を売り拡めるにあるのですから，滅法に広告し抜いたのです。広告費から見た広告の効果といふ様なことは容易に判るものではないので，私はその様な打算はぬきで唯売れるに従つて広告を増す一方に進んで来たに過ぎないのです』といふことです。（中略）私共には平常，物事を無暗に打算的に考へ過ぎる欠点があります。勿論，従来の知識経験等，私共の知性に基づく聡明な判断に依つて先づ正しき認識を得ることが，物事を誤りなく処理する上に欠くべからざる要件ではありますが，而かも尚，実際に当つては近視眼的な利害の打算や，乃至は欲情より出ずる空しき希望に眩惑されて，事実は判断を錯つてゐる場合が多いのであります。のみならず，飽くまで自己を意識する，かゝる理性の批判力には，おのづから到達し得る限度があるのでありまして，真実の体現は之の限度を跳出するものであり，自己を環境と対立させる所の自己意識を投げすてた実践行に於てこそ始めて具現せられるのであります。」[58]

敗戦によって帝塚山学園の旧制高等学校設置は実現しなかったが，帝塚山高等学校として戦後も帝塚山中学校は発展し続け，森礒吉学園長の下で1964年

58）金森乾次「商売道」（『関急』昭和十七年六月号，1942年），4 - 5頁。

に帝塚山大学の開学が実現した。奈良における帝塚山教育はアカデミックな専門分野を中心とし，科学的なリベラルアーツ教育という形で学園設立後四半世紀の時を経て結実したのである。関急そして近鉄の経営者が経営に参画する形で帝塚山学園は戦後発展し続けるとともに，奈良の学園都市建設が戦後復興期における近鉄の重要な事業戦略となった。

3.　近鉄沿線部における学園都市建設

3-1　近鉄グループの多角的事業

　1929（昭和 4）年に大軌は吉野鉄道を合併して奈良県南部の沿線開発に乗り出し，当時橿原神宮前まで路線を延長していた大阪鉄道への資本参加と同社の経営再建に関与した。1942 年には関急が大阪鉄道との合併契約を締結して翌年一本化し，1944 年に大鉄百貨店を合併して同店を関急百貨店阿倍野店と改称した。同年には南海鉄道との合併契約締結に基づいて近鉄が誕生し，空襲が強まる中で鉄道事業を継続した。1947 年に旧南海鉄道の事業を高野山電気鉄道へ譲渡し，種田社長と金森副社長が辞任するとともに，元鉄道官僚で参議院議員の村上義一が近鉄の社長に就任し，専務取締役となった佐伯勇が同社の再建に取り組んだ[59]。

　佐伯専務はノースウェスト航空からの招聘を受けて 1949 年にアメリカ合衆国を視察し，モータリゼーションや航空業界など，交通の発達や観光・ホテル・レジャー事業の発展に関して情報収集を行った。また近鉄は職業野球チームとなる近鉄パールスを同年に立ち上げ，翌年には藤井寺球場でのプロ野球公式戦が始まるなど，戦後いち早く大衆消費社会に対応するサービスの向上と多角的事業による企業復興を開始した[60]。都市部でのモータリゼーションを予見して近鉄タク

---

59) 村上義一は戦前に南満州鉄道理事を務め，日本通運の社長などを歴任，1946 年に運輸大臣，貴族院議員となった。種田虎雄の公職追放を受けて近鉄社長に就任し，近鉄専務の佐伯勇と玉置良之助が実務の責任者となった。神崎宣武『近鉄中興の祖　佐伯勇の生涯』創元社，2019 年を参照。

60) 佐伯勇「アメリカを視察して　前篇」（『ひかり特報』，1949 年），佐伯専務談「アメリカを視察して　後篇」（『ひかり』Vol.5 No.1, 1950 年）。軒上泊『君よ日に新たなれ―鉄路を走り続けた佐伯勇伝―』中央公論社，1998 年。

シー株式会社を設立するなど，グループ会社によるサービス部門の拡充に乗り出す一方，1948年には航空代理店として近鉄業務局観光部がデパート内に案内所を設置したのに加え，ノースウェスト航空との代理店契約を締結することによって航空貨物の国内運送小運送部門の免許を取得し，物流部門の拡充を進めた[61]。1950年には近鉄観光部を国際運輸部に改称し，翌年には日本航空と貨物代理店契約を結んで物流業界における事業拡大に成功するなど，近鉄は積極的に新規部門へと進出しながら国内最大級の私鉄グループにまで成長した。

村上社長が運輸大臣に就任した後には佐伯勇が社長となり，新しい近鉄経営陣の体制が固まった。観光部門に着目した佐伯社長は日本ツーリスト社を経営していた馬場勇の支援を決定し，1954年に株式会社近鉄交通社と近鉄の国際運輸部が合流し誕生した近畿日本航空観光株式会社が日本ツーリスト社と合併して，翌年近畿日本ツーリスト株式会社が誕生した[62]。近鉄は国内団体旅行を中心とした観光事業にも積極的に乗り出し，ホテル・観光事業やバス・タクシーなどの自動車部門へと近鉄グループの多角的事業を拡大することによって，複合型サービス企業として新たな経営戦略を次々と打ち出した。近鉄は上本町のターミナルビルに隣接する商業エリアの開発に着手し，劇場や商業施設を擁する近鉄会館を駅ビルと接続する形で新設した。

「殊に民間鉄道会社に於きましては企業としての性格から常に新しい時代の要求に即応したサービスの，より一層の向上充実に努め多数顧客の御便宜を図ることに努めねばならぬのでありますが，事業の持つ特殊な立地条件や其の他の利点を高度に活用しまして，色々と関連性のある事業を培い，鉄道施設のより一層の拡充強化を図るという風に，所謂多角経営による事業の綜合運営の妙味を発揮しまして，以て更に一段とその公益事業としての使命を達成せん事に努力している次第であります。我社に於きましても，夙に自動車事業，タクシー等の補助交通機関を始め，ターミナルデパート，沿線主要地のホテル，旅館，

61）『近畿日本ツーリスト10年史』近畿日本ツーリスト株式会社，1965年。
62）『ひまわり　馬場勇副社長追悼号』近畿日本ツーリスト株式会社，1974年，28頁。

図 2-2　近鉄の事業別営業利益（昭和 23 ～ 42 年）

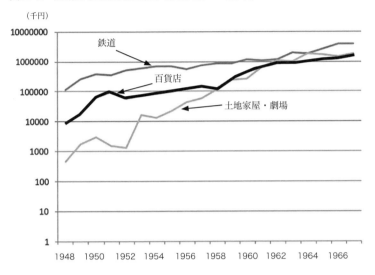

出所：『近畿日本鉄道株式会社　有価証券報告書総覧』各年版。

遊園地とか住宅地の開発，或は劇場などを経営して」[63] きたと佐伯社長が述べているように，上本町ターミナルを中心とした顧客サービスの拡充を図ったのである。近鉄は都市化が進展する高度成長期に百貨店事業を中心としてエンタテイメントや外食産業などを結び付け，沿線住民の娯楽や日常生活を支えるインフラとなるべく，大衆消費時代に対応したターミナル建設に力を注いだ。

　近鉄における鉄道関連事業の営業利益を示した**図 2-2** によれば，1960 年代以降百貨店事業が成長し，都市人口の急増にともなって百貨店の売買益が一気に増加した。さらに近鉄の住宅経営における収益の拡大が顕著となり，都市郊外のベッドタウン化が進行する中で都市人口の増加が鉄道事業の成長に寄与する時代に入った。都市型消費生活が若年層の間で広がりつつある中で，都市部サラリーマン層を中心とした消費行動が近鉄におけるサービス部門の売上増

63）佐伯勇「近鉄会館竣工を祝す」（『ひかり』Vol.10 No.1，1955 年）。

図 2-3　近鉄百貨店売上高の推移（昭和 23 〜 42 年）

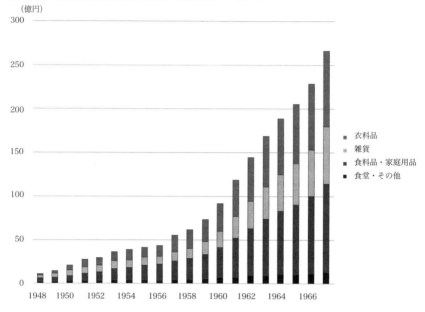

（億円）

凡例：
- 衣料品
- 雑貨
- 食料品・家庭用品
- 食堂・その他

出所：『近畿日本鉄道株式会社　有価証券報告書総覧』各年版。

につながった。近鉄グループでは，都市部での事業拡大と並行して郊外にショッ
ピングセンターを建設し，通勤・通学で鉄道を利用する人々に向けたサービス・
レジャーの提供にも熱心に取り組んだ。近鉄百貨店は上本町店の成長に加えて，
天王寺駅に隣接する阿倍野の歓楽街利用客が増加したことも影響して，阿部野
店の売場拡張による売上増加に成功しており，近鉄は高度成長期以降都市型ビ
ジネスを軸に事業の多角化を推進したのである。

　近鉄百貨店の売上高を示した**図 2-3** によれば，当初食料品や雑貨などの日
用品の売り上げが大きく，ターミナルデパートとして鉄道利用客へのサービス
提供が中心的な事業となったが，高度成長期の所得上昇にともなって食料品や
雑貨に加えて衣料品の売上高が急増し，高級日用品を含めた買い回り品の需要
が拡大する傾向がみられた。都市人口の増加にともない，都市郊外の住宅地に
居住するサラリーマン家族が鉄道の沿線部に多数登場するとともに，都市部の

ホワイトカラーによる購買力上昇によって百貨店における売上が急増したた
め，1958年以降近鉄百貨店による営業利益が拡大した。大阪を中心とする都
市化の進展は沿線部の人口増加をもたらし，ターミナルデパートにおける食料
品・雑貨・衣料品を中心とした高級日用品の売上増加が実現したものと考えら
れる。近鉄は近商ストアならびに近鉄百貨店を沿線部の主要ターミナルに設置
することで鉄道利用者に向けたサービス向上に努め，郊外住宅地の開発を進め
て沿線の鉄道利用客の増加を図り，鉄道と非鉄道の両部門による相乗効果を通
じて顧客の獲得に成功したといえる。

　近鉄の不動産部門では，1950年以降郊外住宅地となる学園前住宅地の造成
を本格的に開始し，帝塚山学園より取得した駅周辺の土地部分に加えて，帝塚
山学園前駅を中心とした田園都市構想に基づく都市建設に着手した。戦後当初，
あやめ池遊園地の周辺部で始まった宅地開発はさらに帝塚山学園の周辺部へと
広がり，大規模造成による住宅地として本格的に開発が進められた。学園前駅
を中心に駅北口部分の住宅地開発と商業施設の設置が実現し，高度成長期に住
宅需要が拡大するにともなって学園前住宅地は「田園都市」[64]から高級住宅地，
さらに公団などの集合住宅が林立する「学園都市」へと大きく変貌した[65]。学
園前駅には近商ストアを設置して住民向け商業施設を整え（1960年），あやめ池・
学園前地域から隣接する富雄・生駒地域へと続く奈良線沿線部を中心とする広
大な高級住宅地を開発したのであり，近鉄の不動産事業は高度成長期以降に未
曾有の発展を遂げた。学園前登美ヶ丘住宅地は関西有数の高級住宅地となり，
郊外住宅地における都市計画の重要性が高まった。大阪線沿線における桔梗が
丘住宅地の建設などにも次々と着手することになり，近鉄は鉄道やバスの交通
事業とリンクする形で観光やレジャー，百貨店やスーパー，住宅地経営などの
分野に及ぶ多角的事業体へと成長した[66]。

---

64) 戦前期日本の田園都市構想については，宇田正「戦前日本の田園都市開発と電鉄企業―ニュータウン建
　　設の先駆―」（『大阪春秋』第96号，1999年），宇田正『鉄道日本文化史考』思文閣出版，2007年を参照。
65) 近鉄土地経営部「伸びてゆく学園前住宅地」（『ひかり』Vol.8 No.5，1953年），22-23頁。
66) 近鉄不動産株式会社『学園前のあゆみ』，1975年。佐伯社長は時代の変化に応じた経営の必要性につ
　　いて説いている（『私鉄経営に学ぶ―高木国鉄総裁・私鉄トップにきく―』財団法人交通協力会，1982年，
　　17頁）。

　近鉄の社内報である『ひかり』には、学園前住宅地について次のような記述がみられる。「水と緑に囲まれた明るい住宅地がすぐそこにある。当社の代表的経営地，学園前住宅地である。南地区には蛙股池，北地区には大淵池その他大小様々の池の点在する環境は，松の疎林と相俟つて絶好の住宅地を形成している。他社線に比較して沿線土地に恵まれている当社線に於て，沿線開発は夙(つと)に行われている処であるが，此の学園前から出発して，住宅地としての沿線発展の跡を，先ず奈良線を辿(たど)つてみよう。昭和二十二年，先ず学園前第一次開発が行われた。大池の南端，緑に囲まれた，そして水に臨んで好環境の土地ながら，生活に不便な点は蔽(おお)うべくもなかつた。しかし，年が経ち，第二，第三，第四次，駅前地区と開発が進むに従い，又政府の住宅政策，住宅金融公庫等の好条件も手伝つて，漸(ようや)く人々の口に上る様になり，戦後十年の今春行われた住宅博に於けるモデル住宅展示会には，住宅に悩む，或いは興味を抱く人々が殺到し，学園前南地区七十万坪は今や快適な郊外住宅地として発展を遂げつつある。しかも，更に北に延び，東は菖蒲池，西は富雄に伸展し，二百万坪に垂んとする一大郊外都市を形成せんとしているが，松林の間に点在する近代的な高級住宅は住宅に困窮している人々にとつては勿論，都会生活に倦(あ)きた人々にとつて正に垂涎(ぜん)の的であろう。」[67] 学園前地区の本格的な開発は1950年代に進展し，学園前地区から隣接するあやめ池・富雄駅周辺エリアにまで及んだ。絶好の自然環境に恵まれた地域にバス路線などの交通網を整備する形で田園都市の造成計画が実行に移され，1960年代にベッドタウンとなる大規模な郊外住宅地が整備されていった。このようにして学園前エリアを中心に近鉄奈良線の生駒市域に至る丘陵地帯で戦後住宅地開発が進展することになり，奈良の学園都市は近鉄沿線における中心的なニュータウンへと成長を遂げた[68]。

---

67) 近鉄土地経営部「拓け行く沿線―土地経営を中心とした郊外都市の実現目ざして―」(『ひかり』Vol.11 No.4, 1956年)，2頁。なお，帝塚山学園は1942年に大軌から譲り受けた蛙股池の東部分に建て売り住宅25戸を建設し，展示即売会を開いて好評を得ていた(前掲『帝塚山学園五十年史』，11頁)。

68) 西奈良丘陵地における住宅開発については，北畠潤一「奈良盆地の北西部丘陵における住宅地化―1965〜1976年―」(『地理学評論』第54巻第8号，1981年)を参照。

3－2　大学設置によるニュータウン建設

　学園前住宅地の開発は，その中心的存在となった帝塚山学園の発展とともに
進んだといっても過言ではないだろう。近鉄は種田社長・金森副社長の時代よ
り西奈良エリアでの美術館の建設計画を進め，大和文華館として国宝級の文化
財を蒐集し，学園前蛙股池の丘陵地に美術館を建設することによって内外の有
識者へと広く紹介した（1960 年開館）。戦後佐伯社長は学園前を関西の文化学
術都市として発展させる構想を持ち，学園都市建設を牽引する役割を奈良の帝
塚山学園が果たしたと考えられる。金森会長に続き，佐伯社長が帝塚山学園の
理事を務め，1976 年に帝塚山学園理事長に就任した。帝塚山学園の総合学園
化については戦後山本藤助理事長ならびに森礒吉学園長が推進し，大阪の帝塚
山学院と同じく奈良の学園前エリアに居住する家族の子息や子女が通う名門私
学として存続したのである。

　戦時期に誕生した帝塚山中学校は完成年度を迎える前に戦争が終結し，戦後
GHQ による占領政策が始まったため旧制高等学校の道が閉ざされただけでな
く，戦後の不況によって学園存続の危機に直面した。学舎については戦時期の
校舎を利用し，旧制中学校として存続する一方，高等学校に改組した後には男
女共学の進学校として成長を続けた。経済状況が悪化する中で優秀な生徒を確
保することは決して容易ではなく，当面は大阪の帝塚山学院と同じく「女子の
帝塚山」として戦後は女子教育に力を注ぐ形で，帝塚山高等学校の生徒数増加
を図った。学園の財政状況が厳しい状況下で，1950 年に帝塚山学園が有して
いた広大な土地の経営を近鉄へ委任する形で学園の財源を確保し，住宅地開発
を推進する近鉄の要請に基づき，1952 年に帝塚山小学校を開校した[69]。人口
流入が続く学園前周辺部に在住する生徒が帝塚山小学校に入学することで，中
学校そして高等学校に進学する男子生徒の入学が可能になる一方，「女子の帝

69）1950 年に庄野学園長と山本理事長より相談を受け，翌年に学園が所有する残余の土地四万五千坪を
　　近鉄が経営し，予想売却益の半額となる 230 万円を学園へ提供すること，住宅の経営に際しては小学校
　　の設置が望ましいことを近鉄が帝塚山学園に伝え，1952 年に帝塚山小学校が開校したことを近鉄不動産
　　の高田祐社長が指摘している。高田祐「気迫と情熱の先生」（前掲『星晨　創立四十周年記念誌』），15 –
　　16 頁を参照。

図 2-4　帝塚山学園の年度別生徒・学生数（昭和 22 ～平成元年）

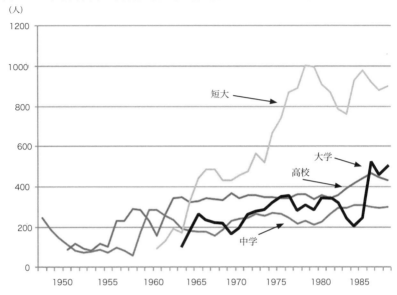

（人）

出所：『帝塚山学園五十年史』帝塚山学園，1991 年，217 頁。『帝塚山大学
　　　五十年史』帝塚山大学，2014 年，175 頁。
（注）　帝塚山中学校・高等学校については入学年の生徒数，帝塚山短期大学・帝塚山
　　　大学については卒業年の学生数を示した。

塚山」として入学者の増加を図るという学園経営の方針が定まったのである。

　帝塚山小学校では発足当初より子供が自ら考え，問題解決を図るのかを観察
し，子供の構想力が働く授業を実践した。日常的な出来事について積極的に子
ども達が自ら考える授業の教育法について教員が研究し報告する体制を整え，
庄野学院長が戦前より帝塚山教育として重視してきた徹底した人間教育を行っ
たのである[70]。帝塚山学園が総合学園として小学校や幼稚園を設置することに
より，学園前が奈良県域における戦後学校教育のセンターとして機能した。高

---

70) 前掲「帝塚山学園概観」には，「正しく清くたくましく，そして美わしく」という学園標語が掲げられ
　　たことが記されている。名古屋大学重松鷹泰教授の指導に基づき，帝塚山小学校で実施した研究授業の
　　成果については，帝塚山小学校編『子どもの構想力』明治図書出版，1968 年を参照。

等学校に女子のクラスを増設するとともに，大学進学を希望する生徒が増加する中で 1961 年に帝塚山短期大学を設置し，卒業後に関西の企業へと就職する女子の人材を多数育成した。

帝塚山学園の生徒・学生数の推移を示した**図 2-4** によれば，1950 年代前半に中学校と高等学校の生徒数で減少が続いたため，女子生徒の入学者増加を通じて高等学校の教育に力を入れ，1960 年代には短期大学の設置によって高等学校での生徒確保に成功し，大学の設置も加わって帝塚山学園の女子教育に対する信頼が高まった状況が観て取れる。

1970 年代には短期大学の入学者が急増する一方，大学への入学者が 1980 年代以降停滞しつつあったことから，1987 年に経済学部を設置すると同時に共学へと移行し，1990 年代に帝塚山学園の生徒・学生数は増加の一途をたどった。帝塚山短期大学の設置に際しては専任教員の充実と教育施設の整備が必要となり，学園前駅の隣接地に短期大学の学舎を新設した。短期大学の円型校舎が学園前駅の正面玄関にそびえ立ち，学園都市の新たなランドマークとして帝塚山学園の存在感が一層高まった。

短期大学は文芸科と家庭生活科の 2 学科体制で発足し，文芸科に日本文芸と英語文芸の 2 専攻，家庭生活科に家庭生活と食物栄養の 2 専攻を設けて，学術的研究に裏付けられた高度な能力と幅広い教養を養成するためのカリキュラムを整えた。短大には帝塚山高等学校から進学する生徒に加えて大阪や京都の出身者が入学し，1970 年代以降の学科定員増加にともない，帝塚山短大は難関私学として全国に知られるところとなった。帝塚山学園が一貫教育による総合学園へと発展を遂げることで，1960 年代に大阪の帝塚山学院と並ぶ名門私学へと発展し，学園前住宅地は帝塚山学園を中心とする関西の一大文教都市として急成長を遂げたのである。

森学園長は帝塚山短期大学開学に際し，帝塚山学園を新しい私学教育の形として強く打ち出し，大学までの一貫教育を帝塚山教育の目指すべき姿として位置付けた。続いて 1963 年には森理事長が東京大学教養学部をモデルとする新しい大学の創設について検討を開始し，帝塚山大学設置の構想実現に向けて動き出した。

〔史料6〕森礒吉「てつかやま」（1961年）

「幼稚園があることによって，小学校が利益を得，小学校があるので，中学校が利益を得，中学校があるので，高等学校が有利となり，高等学校が存在することによって，短大が力強くなるのである。同時に短大が出来たことによって，高等部以下が非常にやり易くなると思う。大体，今日の学校教育は上級学校入学ということによって，非常にゆがめられていると思う。これを救う道は総合学園をつくり上げるよりほかに道はないと思う。(中略)今日の教育に於て，ほんとに教育に没頭出来るのは小学校だけである。もう中学校となれば，高等学校への入学ということが，頭にこびりついて先生も親達も，高校入学一辺倒になり，よい高等学校へより多く入れる学校ほどよい学校であり，よい先生であると世間では見てしまう。学校も先生も勢いそれに引きずられてしまう。大学と高校の関係は更に一層拍車をかける。今後まず十年間はそんな傾向が一層強くなって，真の教育がゆがめられてしまう。総合学園では，そんなことは皆無といわないまでも大いに救われるのである。」[71]

　森学園長は帝塚山大学の学監となる熊沢安定をはじめ，学園の関係者に協力を求めて新進気鋭の学者を招聘し，史料6に掲げた理念に基づき1964年に念願の教養学部を開設した。森学長は「近代精神を深く理解し，国際的な広い視野から物を考え，その上に立って，真の日本人としての自覚と，日本文化に対する高い識見を持った人間育成を目標」とする開学の理念を掲げた[72]。また大学の敷地については帝塚山学園理事であった佐伯社長・泉市郎副社長・高田祐開発局長と協議の上，生駒・富雄の矢田丘陵上に位置する「三碓の丘」に大学キャンパスを新設し，東生駒住宅地が位置する東生駒駅からスクールバスを走らせる形で新学舎を建設した。帝塚山大学の隣接地には高級住宅地となる帝

71）前掲『帝塚山学園五十年史』，281頁。森学園長は「学園教育を貫く精神」として次のように述べている。「一切の利害関係を離れて，真理の探究，善の高揚，美へのあこがれ，宗教心の発展という高級な人間性が発育に従って，次第に現われてくるものである。これを忘れると，人類文化の向上や世界平和というものが盛んに熱望されながら実際にはなかなかおこってこないものである。教育の目標の中で忘れてはならない重大なことである。」(昭和四十二年学園総覧，『森礒吉遺稿集下』，1978年)

72）前掲『帝塚山学園五十年史』，357頁。

塚山住宅地を造成し，キャンパス開設が丘陵地の住宅開発を進めた近鉄の不動産事業と密接な関係を有しながら実現した状況が窺える[73]。モータリゼーションが進む高度成長期に建造された阪奈道路の富雄インターの入口にキャンパスが誕生し，ニュータウンとして発展しつつあった東生駒エリアのランドマーク的存在となった。1973 年頃作成した「奈良帝塚山大学教養学部」の紹介パンフレットには，森学長の帝塚山大学における教育理念が掲げられた。

　「私学の使命を深く自覚し新しい大学の創造をめざして

　広い読書と深い思索，そこから生まれる自由な討論，きびしい研鑽とあたたかい共感，それを培うよき師，よき友を得ること，これが「大学」というものであろう。

　悲しいことに，今日の大学では，このようなおおらかなふんい気に恵まれることが少なくなった。単位の取得のみにきゅうきゅうとして，それよりほかには目もくれないという学生，就職のための予備校になってしまおうとする大学。帝塚山大学は，このような大学教育の欠陥に対する深い反省の上に立っている。ますます激しくなろうとする近代社会の分化の果てに失われようとする「人間性」の回復をめざし，新しい日本文化のにない手としての広い教養と高い識見の養成のために，帝塚山大学は私学の使命を深く自覚して，いま他に類をみないユニークな「アカデメイア」をつくろうとしている。どうか内外諸国の才媛，雲のごとく集まり，独自の学風を振作されんことを。

帝塚山学園理事長　帝塚山大学長　森礒吉」

　奈良に位置する帝塚山大学では，自由でアカデミックな学風を踏襲し，歴史や文化に思いを馳せる奈良の地で，近代精神を有する人間にとって必要不可欠となる教養や見識，そして洞察力の育成が可能となるとの教育理念に貫かれたのであり，学問的素養をつちかうための理想的な高等教育機関として帝塚山大学教養学部を創設したことが判明する。日本の伝統文化に対する理解や共感が得られぬまま，社会人となることの危機感が強まる現代社会において，森学長

---

73)　1968 年に近鉄の不動産事業を近鉄不動産株式会社が継承し，東生駒住宅地の本格的な開発を開始した。『二十年のあゆみ　近鉄不動産創業 20 周年記念誌』近鉄不動産株式会社，1988 年を参照。

が掲げた教育理念は今なお重要な考え方であり，理想的一貫教育を実現するための大学を設置するべく，独自の構想に基づいて高等教育機関を開設したことが明記されたのである。同様のアカデミズムに基づく近代経済学の教育機関として，帝塚山大学は 1987 年に経済学部を開設し，ここに帝塚山学園は設立当初の構想として存在した旧制高等学校の現代的な形となる教養学部に続き，高等商業学校の現代形となる経済学部を擁する総合学園として発展を遂げた[74]。

おわりに

　本章では戦前の南海沿線における帝塚山学院の開設に始まり，都市郊外の住宅地開発とともに私学の一貫教育が重要な課題となる中で，戦時の大軌による住宅地開発において帝塚山学園の創設が学園都市の誕生につながった事例について紹介した。近鉄は戦前の大軌時代より都市郊外の住宅開発や電力供給に取り組み，戦後大規模住宅地の建設につながる学園都市の建設に着手し，高度成長期の重要戦略となる百貨店などのサービス部門拡充による多角的事業に成功した。高度成長期を中心に近鉄経営陣が観光や文化に関連する各種事業を進めることにより，名実ともに関西最大の私鉄グループとして活躍し，学術研究都市として奈良県エリアは発展を続けたのである。近鉄の観光サービス部門を中心とした私鉄経営と関連事業の展開については今後の検討課題としたい。

〔付記〕近鉄ならびに帝塚山学園に関する史料閲覧に際して，近鉄グループホールディングス株式会社広報部・帝塚山学園理事長室・帝塚山大学同窓会の皆様より御教示を賜りました。ここに篤く御礼を申し上げます。

---

74) 帝塚山学園の佐伯勇理事長は帝塚山大学経済学部の設置理由について以下のように述べている。「昭和三九年に帝塚山大学が創立されて以来，本学園にとっては男子を含めて実学を目的とする経済学部を併設することが懸案となっていました。これを遡れば，帝塚山学園が今をさる四五年の昔，大阪の帝塚山学院から独立し，近畿日本鉄道株式会社の協力をうけて現在の学園前の地に創設されて以来の宿願でありました」（帝塚山学園「昭和62年度　帝塚山大学経済学部」帝塚山大学，1987年）。経済学部創設の経緯については，『帝塚山大学経済学』第6巻，1997年，200–205頁を参照。

（コラム 2）近畿日本ツーリストの設立

山田 雄久

　大阪電気軌道・参宮急行電鉄時代には「沿線旅館料理業者組合」が中心となり，大軌参急沿線案内所が 1936（昭和 11）年に開設した。その後，大軌参急戎橋案内所として再発足し，組合の後継組織となる大軌参急観光協会が本格的に活動を開始することになった。同所は大軌の PR 雑誌となる「だいき」を発刊するなど，大軌参急の観光部門として機能した。第二次大戦が激しさを増した 1942（昭和 17）年，関西急行鉄道の発足にともなって関急旅行社が誕生し，お伊勢まいりの月掛販売業務を担う一方，名古屋支店を開設して事業を拡大した。

　1944 年に同社は近畿日本交通社となり，近畿日本鉄道による事業拡大にともない，伊勢志摩観光を軸とする近鉄の観光事業が本格化した。戦後には株式会社近畿交通社へと改称し，『近畿観光叢書』の刊行や「近畿観光ニュース」の発刊などに取り組み，1950 年にスタートした近鉄国際運輸部による航空代理店業務を継承する形で，1954 年に近畿日本航空観光株式会社が誕生した。

　このような中で，馬場勇が率いる日本ツーリスト株式会社と同社が合併し，近畿日本ツーリストが誕生した。日本ツーリスト社は 1948（昭和 23）年に創業後，修学旅行の団体客向けツアーを企画して急成長し，東京から静岡，京都，名古屋，広島方面に活動の範囲を広げ，鉄道管理局管内の団体取扱指定業者として躍進していた。しかし，団体客向けツアーの売上が急増する中で慢性的な資金繰りに悩まされたため，日本ツーリストの馬場社長が佐伯勇近鉄社長に支援要請を行ったところ，近畿日本航空観光（株）との合併を通じた事業拡大を目指すことになり，両社が合併したものである。馬場は朝鮮銀行で働いた経験を活かして，戦後発展が期待された観光事業に着目し，朝銀時代に知り合った伊東五郎等とともに日本ツーリストを立ち上げ，国鉄の貸切列車による団体旅行を実現するなど新進気鋭のツアー会社として注目を浴びた。創業時代のエピソードについては，城山三郎著『臨 3311 に乗れ』（近畿日本ツーリスト，1975 年）に詳しい。

　馬場は近畿日本ツーリスト専務取締役として引き続き経営を担当することになり，近畿日本ツーリストの航空船舶部を分離して 1962 年に創設した近鉄航空サービスの社長へと就任した。当時成長しつつあった航空貨物部門の取引実績を伸ばす一方で，外国人観光客の誘致にも成功している（後に馬場は 1970 年に近畿日本ツーリストが半額出資する形で設立した近鉄航空貨物株式会社の社長を務めている）。近畿日本ツーリスト協定旅館連盟の結成を通じて，日本交通公社や日本旅行などの大手旅行会社との間で顧客

獲得競争に挑み，1957年には京都大谷本廟大遠忌の団参旅客全面引き受けに成功する
など，全国各地で着実に観光事業の売上を伸ばした。

　近畿日本ツーリストは日本ツーリスト社以来の営業戦略に基づいて事業拡張に成功
し，社員の育成や社内組織の強化を目的として1959年に社内誌「つうりすと」を刊行
（1965年には「ひまわり」と改称）するとともに，社員と経営陣との間で密接に意思
疎通を図った。副社長となった馬場は創立10周年記念行事として社歌を制定，労働組
合を発足させる一方で電子計算機導入計画を決定し，社内経理業務の機械化に努めた。
近畿日本ツーリスト協定旅館連盟では旅館経営相談室の設置に加えて，旅を民俗学の
テーマとし，観光学を提唱する宮本常一が監修した「旅とやど」シリーズの刊行を開始
している。離島研究や民具学研究に取り組んだ宮本と馬場は意気投合し，近畿日本ツー
リストに日本観光文化研究所を設置する形で，宮本たち民俗学者が観光学の観点に基づ
く日本文化をテーマとした民俗学研究を開始するとともに，後身研究者の育成に取り組
んだ。宮本民俗学の成果として，日本観光文化研究所が編集する『あるく　みる　きく』
が通算263号まで刊行された。

第3章　南海鉄道の兼営電灯電力供給事業
―戦前期南海の最大の兼業―

嶋 理人

はじめに

　現在の南海電気鉄道株式会社は，前身の阪堺鉄道から数えれば日本最古の伝統を持つ民営鉄道事業者である。しかし一般的には，南海はその歴史に比して，地味なイメージを持たれがちといえるのではないか。日本の電鉄会社はさまざまな多角経営を営んで，自社のイメージを人々に刷り込んでいるが，南海は歴史的にみて，兼業の展開にあまり熱心でなかったことがその一因と考えられる。南海は，かつてのプロ野球球団の他には訴求力の高い兼業が乏しく，たとえば，電鉄の代表的な多角展開といえる百貨店を一度も営んだことがないのである。

　南海の経営史を省みれば，兼業と呼べるものを始めたのは1906年に浜寺海水浴場を開いたあたりからで，1907年には淡輪遊園の開発に着手するなど，娯楽関係のものが先行した[1]。しかし経営に占める地位は小さく，輸送需要の喚起が目的だったと考えられよう。現在の電鉄業において重要な不動産業は，1934年になってようやく初芝住宅地の経営を始めており[2]，他社と比べてもかなり遅い着手であった。

　そのような中で，戦前・戦中の南海鉄道[3]における最大の兼業は，1907年に

---

1)　南海鉄道株式会社編『開業五十年』南海鉄道，1936年，19 – 25頁，33 – 36頁。
2)　同前，48頁。
3)　南海鉄道は1944年に関西急行鉄道と合併して近畿日本鉄道となり，その後1947年に高野山電気鉄道が南海電気鉄道と改称して，近鉄から旧南海鉄道の事業を譲り受けた。戦前期を扱う本稿では，基本的

始まる鉄道電化を受けて1912年に開始された，電灯と電力の供給業であった。

　電鉄業の兼業の研究は，不動産や百貨店，娯楽事業などについてのものが多く，戦時下1942年の配電統制令によって電鉄業の手から失われた電灯電力業については，ほとんど存在していない。電鉄会社や電力会社の社史・事業史には，ある程度触れられているものもあるが[4]，論文はきわめて少ない。管見の限りでは，阪神電気鉄道の兼営電灯電力業に関する，田中龍造「阪神電鉄の明治・大正期における電灯・電力事業」[5]および渡哲郎「戦前における電鉄企業の電力供給事業——阪神電鉄を中心に——」[6]程度と見られる。南海の兼営電力業については同社の社史で簡単に経緯が触れられてはいるが，その意義や特徴にまでは踏み込んでいない[7]。

　本稿では，南海にとって最大の兼業であった電灯電力供給業（以下「電気供給業」もしくは単に「供給業」と略記する。発送電を含めたいわゆる「電力業」全体は，「電気事業」と呼ぶ）について，戦間期を中心にそのあらましを示し，南海の特徴の一端を見出してみたい。

1. 南海鉄道の存在感

　現在の大手私鉄の中で南海電鉄は，輸送人員で見てもグループの売り上げで見ても，大手私鉄の最下層に位置してしまっている[8]。しかし戦前の南海鉄道は，そうではなかった。1907年の鉄道国有化で主要私鉄が国有化されたのち

に南海鉄道時代について取り上げる。
4)　日本経営史研究所編『阪神電気鉄道八十年史』阪神電気鉄道，1985年や，東京電力編『関東の電気事業と東京電力　電気事業の創始から東京電力50年への軌跡』東京電力，2002年などは，電鉄業の兼営電力業についての記述が比較的充実している。
5)　『地域史研究　尼崎市史研究紀要』第15巻1号，1985年。
6)　宇田正・畠山秀樹編著『日本鉄道史像の多面的考察』日本経済評論社，2013年。同論文も電鉄業の電力兼業の研究については「電力各社が出した地域事業史と各電鉄企業の社史で簡単にふれられている程度」としている（265 – 266頁）。
7)　南海電気鉄道編『南海電気鉄道百年史』南海電気鉄道，1985年，159 – 162頁。
8)　2019年度では，南海の輸送人員は大手私鉄16社中14位，個別の売上高は同じく12位だが連結決算の売上では15社（阪神が阪急グループの傘下のため1社減る）中最下位となっている。日本民営鉄道協会編『大手民鉄道事業データブック2020 大手民鉄の素顔』日本民営鉄道協会，2020年。

は，南海が日本最大手の私鉄となったのである。南海を上回る運輸収入を挙げていた交通事業者は，東京と大阪の市電のみであり[9]，軌道ではない鉄道の事業者としては南海が首位であった。運輸収入で見れば，東京市・大阪市・南海というトップ3の順位は，明治末期の鉄道国有化から戦時期まで変わらなかったのである。以下の表3-1，表3-2を参照されたい。

表3-1　1925年の鉄道事業収入上位10者

順位	事業者	鉄道収入（千円）
1	東京市	33,730
2	大阪市	18,357
3	南海鉄道	10,329
4	京阪電気鉄道	7,218
5	阪神急行電鉄	6,565
6	阪神電気鉄道	6,475
7	京都市	5,652
8	東武鉄道	5,487
9	大阪電気軌道	4,978
10	神戸市	4,660

表3-2　1935年の鉄道事業収入上位10者

順位	事業者	鉄道収入（千円）
1	東京市	19,845
2	大阪市	15,949
3	南海鉄道	10,706
4	京阪電気鉄道	9,410
5	東武鉄道	9,108
6	阪神電気鉄道	8,236
7	阪神急行電鉄	7,819
8	大阪電気軌道	6,854
9	京都市	6,055
10	神戸市	5,018

出所：鉄道省『鉄道省鉄道統計資料』大正14年版，同『鉄道統計資料』昭和10年版より。

　このようにしてみると，戦前期の有力な鉄軌道事業者は，東京と大阪はじめ大都市の市内電車と，関西の大手電鉄によって占められており，関東の私鉄はわずかに東武が上位十傑に入るのみであった。そして南海は，東京市・大阪市に次ぐ有力事業者の地位を，一貫して保持していた。ただしその地位は，新京阪線を吸収した京阪や，日光線を開業した東武に，次第に追いつかれつつあったことは留意しておきたい。

　しかし運輸収入での比較に対し，兼業を含めた鉄軌道者の総収入で比較すると，やや違った状況が見えてくる。以下の表3-3，3-4をご覧いただきたい。

　戦前期の「鉄軌道を経営している事業者」には，東京市や大阪市のように大都市で路面電車と沿線の電灯電力供給業を兼営している事業者や，東京電灯や

9）　厳密には，民営の東京鉄道が1911年に市営化されて東京市電気局となっている。

表 3-3　1925 年の電鉄事業者総収入上位 10 者

順位	事業者	電気供給業収入（千円）	鉄道収入（千円）	その他兼業収入（千円）	収入合計（千円）
1	東京電灯	58,448	539	455	59,441
2	東京市	5,879	35,767		41,647
3	東邦電力	38,887	821	384	40,093
4	大阪市	16,717	17,045		33,763
5	九州水力電気	12,337	552	638	13,527
6	南海鉄道	3,039	9,694	37	12,771
7	神戸市	6,979	4,301		11,280
8	京阪電気鉄道	4,800	6,280	83	11,163
9	京都電灯	8,663	805	102	9,570
10	阪神電気鉄道	2,853	6,110		8,963

表 3-4　1935 年の電鉄事業者総収入上位 10 者

順位	事業者	電気供給業収入（千円）	鉄道収入（千円）	その他兼業収入（千円）	収入合計（千円）
1	大阪市	28,936	14,445	3,523	46,904
2	東京市	9,905	18,558	4,992	33,455
3	京都電灯	23,456	951	142	24,549
4	合同電気	22,273	1,409		23,681
5	神戸市	13,016	4,819	1,052	18,886
6	阪神急行電鉄	3,611	7,224	7,936	18,771
7	南海鉄道	5,417	10,619	312	16,348
8	阪神電気鉄道	5,914	7,930	1,104	14,949
9	京阪電気鉄道	3,927	9,082	588	13,594
10	京都市	4,494	5,741	932	11,167

出所：逓信省編『電気事業要覧』第 18 回・第 28 回より。

　京都電灯のように大規模電気事業者が比較的小規模な電鉄業を兼営している場合が含まれるため，電気供給業収入の大きさによってこれらの事業者が鉄軌道を経営している事業者の上位に登場する。特に有力電力会社が「電力戦」と呼ばれる激しい需用家争奪戦を繰り広げ，規模拡大のために合併を数多く行った

1920 年代には，有力電力会社が電車を兼営する電力会社を合併したために，電車事業を兼営する大電力会社が目立つ。しかし 1930 年代には，経営再編のためこれら電力会社の多くが電車事業を分離・売却して，ランキングから姿を消している。

　そのような中にあって，有力な電力会社と張り合っているのが南海鉄道である。南海は先に見たような運輸収入の大きさに加え，相当規模の電気供給業を兼営していたため，会社全体の収入で見ても，電鉄事業者の中で優位に立っていたのである。ただし南海は，供給業以外の兼業は寥々たるもので，そのため 1930 年代中盤には総収入で阪神急行電鉄の後塵を拝することになってしまう。阪急は，1929 年に開業した百貨店の収入が大きく，運輸収入でも供給業収入でも南海を下回ったにもかかわらず，総合すれば南海を凌いだのである。もっとも，百貨店のほか不動産業や宝塚の兼業が著名な阪急でも，兼営供給業の貢献が大きいことは，留意されるべきであろう。

　それでは，南海の営んでいた電気供給業は，電力業界の中ではどの程度の規模だったのであろうか。戦前の日本の電気事業は，関東・中京・関西・九州北部に拠点を持つ有力な「五大電力」を中心に，それに続く「地方大電力」と呼ばれる事業者が各地に展開し，大都市では大規模な公営電力が存在した一方，地方には村一つのような小規模事業者も多数あり，きわめて複雑な様相を呈していた。1930 年代には，電気供給事業者数は 600 を越えている [10]。

　以下の表 3–5・3–6 では，1925 年と 1935 年の供給業による収入上位 30 者を示した。

　南海鉄道の電気供給業は，供給区域が確立した（後述）1920 年代中盤以降，全国の供給業の中でも 30 位以内に入る規模であった [11]。これは，同じ関西の電鉄である阪神電気鉄道の供給業とほぼ並ぶ規模であり，伊予鉄道電気のような地方の中堅事業者に匹敵するものであった。

---

10) 通信省電気局編『電気事業要覧　第 28 回』によると，1935 年の電気供給事業者数は 630 である（特定供給を含み，鉄道専業・自家用を除く）。

11) 兼営電力業を始めて間もない 1915 年の段階では，南海の電力業は全国 70 位の規模にとどまっていた。近い規模の事業者は三重県の津電灯（69 位）である。『電気事業要覧』第 8 回による。

表 3-5　1925 年の電気供給業収入上位事業者

順位	事業者	供給収入 （千円）	順位	事業者	供給収入 （千円）
1	東京電灯	58,448	16	北海道電灯	5,173
2	東邦電力	38,887	17	鬼怒川水力電気	5,104
3	大同電力	22,677	18	京阪電気鉄道	4,800
4	宇治川電気	18,526	19	信越電力	4,483
5	大阪市	16,717	20	中国水力電気	4,083
6	帝国電灯	14,713	21	東部電力	4,046
7	九州水力電気	12,337	22	山陽中央水電	3,952
8	京都電灯	8,663	23	九州電気軌道	3,886
9	広島電気	7,409	24	山口県	3,800
10	東京電力	7,081	25	伊予鉄道電気	3,050
11	神戸市	6,979	26	南海鉄道	3,039
12	日本電力	6,511	27	阪神電気鉄道	2,853
13	東京市	5,879	28	岡崎電灯	2,782
14	熊本電気	5,386	29	京都市	2,768
15	三重合同電気	5,376	30	富山電気	2,732

表 3-6　1935 年の電気供給業収入上位事業者

順位	事業者	供給収入 （千円）	順位	事業者	供給収入 （千円）
1	東京電燈	136,235	16	山陽中央水電	8,568
2	東邦電力	54,239	17	山口県	8,530
3	日本電力	40,340	18	中部電力	8,336
4	宇治川電気	39,898	19	日本海電気	8,248
5	大同電力	39,350	20	九州電気軌道	7,513
6	大阪市	28,936	21	熊本電気	7,481
7	京都電燈	23,456	22	矢作水力	7,006
8	合同電気	22,273	23	伊予鉄道電気	6,939
9	九州水力電気	17,319	24	新潟電力	6,320
10	広島電気	14,616	25	阪神電気鉄道	5,914
11	神戸市	13,016	26	南海鉄道	5,417
12	東信電気	11,967	27	昭和電力	5,332
13	大日本電力	11,574	28	北海水力電気	5,051
14	中国合同電気	10,912	29	鬼怒川水力電気	4,676
15	東京市	9,905	30	関西共同火力発電	4,648

出所：逓信省編『電気事業要覧』第 18 回・第 28 回より。

　また南海と阪神の兼営電気供給業は，市内電車ではない都市間・郊外の電鉄によるものとしては，最大級の規模でもあった。関西の他の電鉄の供給業収入は，1925 年の阪神急行電鉄は 39 位，大阪電気軌道は 75 位であり，1935 年では京阪電気鉄道が 36 位，阪急が 37 位，大軌が 58 位である。1925 年当時の京阪は，南海・阪神を凌ぐ規模の供給業を兼営しているが，これは 1922 年に和歌山水力電気を合併して京阪和歌山支店とし，和歌山県での電力業も傘下におさめていたからである。京阪の積極的な拡張策は注目に値するが，新京阪鉄道の建設費などが嵩み，1930 年には経営再建のため和歌山支店を売却せざるを得なくなってしまった[12]。

　このように，戦前期の南海鉄道は，日本の民営鉄道を代表する高収益企業であった。その主力は運輸収入であったが，兼業として大規模な電気供給業を営んでおり，その規模だけでも地方の中堅電力会社に匹敵するほどであった。ただし，阪急などと比べると，供給業以外の兼業は僅かなものでしかなかった。南海はほぼ，運輸と電力のみで日本最大の私鉄の地位を確保し続けていたのである。

2.　南海鉄道の兼営電灯電力供給業の創業

　ここから，南海鉄道の兼営電灯電力供給業のあらましについて述べよう[13]。

　周知のように南海鉄道は，1885 年開業の阪堺鉄道を母体として 1898 年に発足し，1903 年には難波〜和歌山市間を開業した。その後，大阪では 1903 年 9 月の大阪市電開業，1905 年 4 月の阪神電気鉄道開業と電車の時代を迎えた。南海も 1905 年 8 月の臨時株主総会で電化を正式決定，1907 年 8 月に難波〜浜寺公園間を電化し，電車運転を開始した。南海は電化に際し，住之江に出力 500kW の火力発電所を建設している。周波数は当時の電鉄に多くみられた 25Hz であった。1911 年には和歌山市までの全線が電化された。

12)　京阪電気鉄道編『京阪百年のあゆみ』2011 年による。
13)　本節および 3・4 節で出典を特記しない記述は，南海鉄道編『開業五十年』南海鉄道，1936 年および前掲南海電気鉄道編による。

　一方，南海の沿線での電気供給業は，1906年10月の株主総会で進出を決議したものの，開業までは多少の時間を要した。1911年3月になって監督官庁であった逓信省の許可を受け，電気の供給が始まったのは1912年8月1日であった。

　南海では鉄道電化と発電所建設，供給業進出に際し，技術の柱として市来崎佐一郎（1876～1926）を招聘した。市来崎は東京帝大工科大学電気工学科を卒業して甲武鉄道に入社し，日本で最初の蒸気鉄道の電化（路面電車ではない，専用の軌道を持つ鉄道の電気運転としては日本初）にとりくんだ。その実績を評価した，当時の南海鉄道取締役であった大塚惟明の懇請によって，市来崎は1905年11月南海に入社し，その後亡くなるまで南海一筋に勤めることとなる。市来崎の電気技術者としての名声は高く，1914年に鉄道院が京浜線を電車化したもののトラブル続きだった際には，招かれて調査をしている。さらに鉄道院は勅任技師という高い待遇で市来崎を迎えようとしたが，彼はそれを断って南海にとどまった。市来崎は1922年に南海の取締役となっている[14]。

　さて，現在の関西で大手私鉄とされている南海・阪神・阪急・京阪・近鉄の5社は，1910年前後に開業もしくは電化している。この5社はいずれも沿線で電気供給業を営み，重要な兼業としていた。この点，関東における大手私鉄8社のうち供給業を営んだことがあるのが，現在の京急・京王・京成・東急の4社にとどまる関東とは，状況が異なっている。

　この理由は，各社の創業もしくは電化の時期に求められよう。関東でも京急・京王・京成の各社は1890年代から1910年ごろまでに創業しているのに対し，たとえば小田急は1927年の開業であったし，1894年開業の川越鉄道（現・西武鉄道）の電化は1927年，1899年開業の東武鉄道の電化は1924年であった。東急の場合は，母体となった田園都市開発のために小規模な電気供給業を営んだほか，供給業を既に営んでいた玉川電気鉄道（1907年開業）を合併したことによるものである。関西でも，近鉄に合併された大阪鉄道（1923年電化）や国有化された阪和電鉄（1929年開業）は供給業を兼営できていない。

14）市来崎に関しては，忍草 市来崎佐一郎君追懐録編纂事務所編『忍草』1933年を参照。

　総括すれば，おおむね 1910 年代前半までに開業・電化した電鉄が，沿線で供給業を営んでいるといえる。この時期までは，電力の普及は主要都市に限られており，郊外はいまだ電力が供給されていなかった。そのため，都市間や郊外へと路線を延ばした電鉄事業者は，沿線に電灯・電力の供給区域を獲得することができたのである。しかし 1910 年代には電気事業が飛躍的に発展し，新規事業者も増加したため，大都市周辺部では新たな供給区域は獲得できなくなった[15]。

　それでは，なぜ電力未供給の地域に線路を伸ばした（あるいは電化した）電鉄会社は，沿線で供給業を兼営しようと考えたのであろうか。これについて渡哲郎氏は，沿線住民の要望に応えた当時の「一般的社会常識」であったとしており[16]，阪神の開業時には沿線住民からの要望を理由として供給業を兼営している[17]。また関西では 1913 年 8 月の宇治川電気の開業まで大規模な水力発電が興らなかったため[18]，電車を運転する事業者は自前で火力発電所を建設する必要があった。当時の電気の需用の大部分は電灯であったから，昼間は電車用・夜間は電灯用として発電所を有効活用することは，きわめて合理的だったといえる。

　管見では，南海の供給業兼営の動機を明確に語る史料は見出していないが，おおむね南海もこういった通例に従ったと見てよいであろう[19]。

3.　供給区域の確立

　南海鉄道の電灯電力供給業は，沿線の泉北郡・泉南郡 10 村での電灯 2,025

---

15) 大阪周辺ではこの時期，1910 年に猪名川水力電気，1915 年に千早川水力電気が開業するなど，中小の電気事業者が相次いで開業している。関西地方電気事業百年史編纂委員会編『関西地方電気事業百年史』1987 年，123 – 133 頁。

16) 前掲渡，266 頁。前掲関西地方電気事業百年史編纂委員会編でも「電鉄会社が電気供給事業を兼営することは，沿線の住民や工場に対する当然のサービスと考えられていた」（109 頁）としている。

17) 前掲日本経営史研究所編，100 頁。

18) 前掲関西地方電気事業百年史編纂委員会編，51 頁，116 – 123 頁。関東では 1907 年の東京電灯駒橋発電所開業によって，大規模水力発電と遠距離送電の時代が既に始まっており，京王や京成は電車の動力を購入電力でまかなっている。ただし両社とも，郊外での電力業開始に際しては，小規模なガス発電を行った。

19) 敢えて南海特有の事情を推測すれば，阪堺電気軌道の影響が考えられる。南海が電力業への進出を決

灯から始まった。南海は供給業の開業早々の1912年11月に，大阪電灯から石津川以南5村の供給区域と既存の電気設備を9万円で買収，さっそく供給区域を拡大している。大阪電灯は南海との競争を避けるため区域を譲渡し，1917年にはやはり競争防止のために10,000kWを南海に供給する契約を結んでいる[20]。

1912年末時点の南海の供給区域は，大阪府泉北郡39村中13村（うち2村は開業予定）・同泉南郡40町村中22村（うち3村は開業予定）・和歌山県海草郡42町村中5村（すべて開業予定）であった[21]。とはいえ当初の供給区域に市や町は含まれておらず，沿線の限られた範囲にとどまっていたのみならず，泉南郡の岸和田町や貝塚町といった主要な町を含む一部の沿線町村も区域外であった。これは，後述する和泉水力電気がこの地域ですでに開業していたためである。このため当初の南海の供給区域は，泉北と泉南とに二分されていた。

南海が供給業を開始する直前の1911年12月には，大阪〜浜寺間で競争線となる阪堺電気軌道が開業している。阪堺電軌も沿線での供給業を兼営しており，その供給区域は堺市のほか泉北郡8村・大阪府西成郡4村・大阪府東成郡9村であった[22]。このうち泉北郡の3村は南海鉄道と重複しており，南海と阪堺は電車のみならず電力でも競合する関係となったのである。ただし阪堺の兼業は電灯・電力のうちの電力に限られており，電灯は地域独占が原則であった。

阪堺は開業に際して堺に1,500kWの火力発電所を設けており，その出力は南海の住之江発電所を上回っていた。阪堺の兼営供給業は，南海のみならず，大阪電灯との競争をも視野に入れており，南海以上に積極的であったといえる。実際に阪堺は1914年，大阪の歓楽地・新世界への電力供給をもくろんでおり，大電は逓信省に陳情して阪堺の進出を阻止したが，引き換えに新世界との電気

定してから1912年に開業する間，1907年4月に阪堺電軌が軌道敷設を出願しており，阪堺の構想があったことが，南海側が先回りして沿線の供給業への進出を計画した可能性は考えられる。なお阪堺は1909年に特許され，1911年12月開業している。

20) 前掲関西地方電気事業百年史編纂委員会編，82頁。
21) 逓信省電気局編『電気事業要覧　第6回』逓信協会，1914年。
22) 逓信省電気局編『電気事業要覧　第7回』逓信協会，1915年。

料金値下げ交渉を余儀なくされている[23]。阪堺は余裕ある発電能力を武器に，供給業で南海のみならず大電とも競合していたのであった。

　もっともこの競合関係は，1915年6月に南海が阪堺を合併したことで終焉した。南海はこれによって，堺市・西成郡・東成郡の電力供給区域を入手したのである。

　さらに南海は，1918年2月に和泉水力電気を合併している。同社は1911年2月に開業しており，和歌山県伊都郡の九度山町に設けた出力300kWの水力発電所と，岸和田町に設けた出力500kWの火力発電所で，泉北郡2村・泉南郡14町村・伊都郡5町村に電力を供給していた。同社は，南海沿線でありながら南海の供給区域ではなかった岸和田町や貝塚町を供給区域としていたため，同社の合併によって南海の供給区域はひとつにまとまったのである。

　この間，第一次世界大戦による好景気で，電力の需用は大幅に伸びた。南海の供給業も大戦中，電灯の需用家数・灯数とも4倍近い伸びを見せ，電力の需用家は8倍近く，馬力数に至っては18倍以上の成長を遂げている。この成長のさなか，南海は1916年に炭素線電球を廃止して金属線電球へと置き換えた。

　また，南海では同じく1916年，周波数を25Hzから60Hzに変更し，需用家のモーターを交換している。25Hzの周波数は，電車用の直流に変換しやすいとして電鉄事業者の発電所では好まれていたが，電気事業の発展に伴って他の電気事業者と送電線を連絡するようになると，地域で主流の周波数へとあわせるようになっていったのである。南海では，市来崎が逓信省の方針を聞いて周波数変更の準備を進めており，関西の電鉄で率先しての変更を実現した[24]。ちなみに大阪電気軌道の周波数変更は1919年であり[25]，阪神は1922年とみられている[26]。

---

23)「電力販売競争」『大阪朝日新聞』1914年7月24日付（神戸大学経済経営研究所新聞記事文庫による）。
24) 前掲忍草 市来崎佐一郎君追懐録編纂事務所編，21頁。ただし，後年の『電気事業要覧』を参照すると，後述する堺発電所の運転開始まで予備として残されていた，阪堺から引き継いだ堺の発電所は，25Hzのままだったようである。
25)『近畿日本鉄道100年のあゆみ』近畿日本鉄道，2010年，95頁。1919年6月から60Hzの受電を開始し，供給すべてを切り替えたのは1922年9月であった。
26) 前掲渡，272 – 273頁。

　南海の供給区域のさらなる拡大は，1922年9月の大阪高野鉄道合併によってもたらされた。大阪高野鉄道は1898年に高野鉄道として開業し，1907年に高野登山鉄道へ改組され，1912年に電化したのち，1915年大阪高野鉄道へと改称していた。同社は電化後の1913年6月に電灯電力供給業の許可を受け，翌年8月に電気供給を開始した。当初の供給区域は泉北郡6村・南河内郡48町村中13村であった。のちに供給区域は伊都郡3村へも広がった。

　さらに大阪高野鉄道は，1916年3月に関西水力電気から伊都郡5村の供給区域を譲り受け，1918年2月には金剛水力電気を合併した。金剛水力電気は1913年開業，南河内村に出力100kWの水力発電所を設け，南河内郡22町村と中河内郡40町村中5村に電灯と電力を供給していた。金剛水力の合併によって，大阪高野は南河内郡の大部分と，中河内郡・伊都郡にまたがる供給区域を手に入れた（ただし，区域は南北に分かれている）。

　大阪高野鉄道の合併によって，南海鉄道の供給区域は，大阪府南部の大半と和歌山県北部にまたがる広大なものとなった。当時の堺市よりも南の大阪府は，大部分が南海の供給区域に統一されたのである。ここで南海鉄道の供給区域はほぼ確立され，以後は1932年5月に合同電気から伊都郡の供給区域を譲り受ける[27]一方で海草郡5村を譲渡し，1938年にはさらに伊都郡の2村を加えるなどの多少の変化はあったものの，大きな変化は起こらなかったといえる。以上の経緯を地図上で示す。

　なお，南海本線の終点である和歌山市では，早くも1897年に和歌山電灯が開業し，これが1906年設立の和歌山水力電気によって同年買収された。和歌山水力は南海の電化より早く1909年には和歌山市と周辺に路面電車も開業させている。和歌山水力は事業を拡張し，供給区域は和歌山市のほか海草郡・日高郡・那賀郡に及び，良好な業績を挙げていた。しかし旺盛な電力需用に応えるための投資が，単独ではまかなえない状況にあり，有力な資本との提携を模

27）この時に南海が合同電気から譲り受けた区域は，高野町と九度山町の一部であったが，九度山町の一部（3大字）はもともと1921年，高野山水電に譲渡した区域であった。1922年にも南海は，高野山水電に九度山町の1大字を譲渡している。前掲南海鉄道編附図による。

図 3-1　南海鉄道電気供給区域

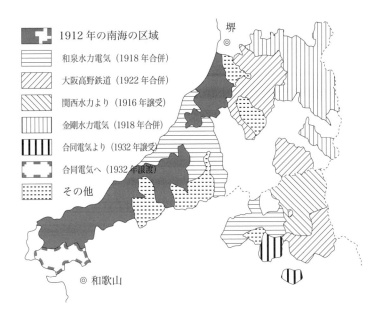

索するに至った。

　このため 1922 年 7 月に和歌山水力は京阪電鉄に合併され，京阪和歌山支店
となった。和歌山県にも進出した南海の電気供給業であったが，それ以上の南
下は京阪によって押しとどめられたのである。奈良県でも関西水力電気などの
有力な電気事業者が事業を展開しており[28]，南海の供給区域拡大は終わった。
南海が和歌山市の路面電車を自社の路線とするのは，戦後の 1961 年となる。

　もっとも京阪和歌山支店は，新京阪線建設などによる過剰投資と恐慌によっ
て京阪が経営再建を余儀なくされたため，1930 年 5 月に合同電気へと譲渡さ
れた。京阪社長の太田光熙は合同電気の社長も兼ねており，合同電力による京

28）関西水力電気は小事業者を買収して，和歌山県の伊都郡にも供給区域を得たが，これは先述のように
　　大阪高野鉄道へ譲渡している。関西水力はのちに，名古屋電灯や九州電灯鉄道と合併して，五大電力の
　　一つ・東邦電力となる。

阪和歌山支店引取りは東邦電力も絡んだ電力業界の再編であったため[29]，南海が和歌山支店を買収する機会は，なかったといえるであろう。

4.　堺発電所の建設

　1920 年代前半に供給区域を確立した南海の兼営電灯電力供給業において，次なる大きな事業は堺発電所[30]の建設であった。

　先にも述べたように，電化当初の南海は住之江に火力発電所を設けて必要な電力をまかなっていた。阪堺電軌の合併によって堺の火力発電所も入手し，もっぱら自社の火力発電所によって電力を確保していた。

　ところが第一次世界大戦中は好景気によって全国的に電力需用が急増し，水力発電の開発が遅れていた関西を中心に，電力不足が深刻な問題となった。1916 年には電力が不足しつつある状況を背景に，南海・箕面有馬電軌・京阪・大軌の電鉄四社が中心となり，共同して火力発電所を設ける構想が持ち上がっている。これは出力 20,000kW ないし 12,000 ～ 15,000kW の火力発電所を設け，周波数が共に 25Hz の 4 社で利用しようというもので，中心となったのは南海の大塚惟明と報じられている[31]。

　この動きに対し，当時関西最大の電力会社であった大阪電灯は，自社からの電力供給を電鉄各社に交渉し[32]，結局は 4 社連合による発電所建設は沙汰

29) 合同電気はもともと三重合同電気として，三重県から徳島県にかけて電気事業を行っていたが，東邦電力から三重県北部と奈良県の事業を譲り受けて合同電気と改称し，その直後に京阪和歌山支店を引き取った。合同電気はこの大規模な拡張に際し，奈良と三重の事業は株券を発行して東邦に渡すことで入手したため，合同は東邦の系列下に入った。一方和歌山支店譲受は，京阪の経営再建に当てるため，処分しやすい社債と手形で行われた。いわば，合同が東邦傘下に入ることで資金を捻出し，京阪の救済に当てたといえるのである。
30) ここで取り上げる発電所は，社史など多くの文献では「堺発電所」とされているが，統計類などでは「堺西発電所」の表記もみられる。本稿では「堺発電所」で統一した。
31)「電鉄動力統一運動」『大阪朝日新聞』1916 年 5 月 8 日付，「近畿電鉄動力統一」『中外商業新報』1916 年 6 月 20 日付（ともに神戸大学経済経営研究所新聞記事文庫による）。
32)「電力統一と大電」『大阪朝日新聞』1916 年 7 月 1 日付，「電力需要協議」『大阪毎日新聞』1916 年 8 月 6 日付（ともに神戸大学経済経営研究所新聞記事文庫による）。

止みとなった[33]。南海はその後，周波数を大阪電灯と同じ 60Hz に変更し，1917 年 4 月には大電から 10,000kW の供給を受けることを契約した。南海の電力調達は，自家発電から受電へと大きく変化したのである。

他の電鉄各社も，阪神は 1916 年 5 月にやはり大電から 10,000kW の受電を契約し[34]，京阪も 1917 年 6 月同じく大電から 10,000kW の受電を契約している[35]。大電の側から見れば，電鉄各社に大口の供給を契約することで，電鉄共同火力発電所が建設されて大電に対抗することを防いだということができる。

ところが，いったんは大阪電灯からの供給中心に切り替わるかに見えた関西電鉄業界の電力事情は，更なる変転を遂げる。大電は第一次大戦ブームに伴う電力需用増加に対応できず，その大電から供給を受けるはずであった阪神などの電鉄事業者も，契約どおりの十分な電力供給を受けられなかった[36]。南海でも，大電から供給を受けるどころか，電力不足の大電に応急の供給を取沙汰されるほどであり[37]，電気料金をめぐって大電と電鉄各社の関係が感情的対立にまで至ったとされる[38]。そのため大戦後の各社は様々な対応を取ることになる。

まず自家発電能力の強化に取り組んだのが，阪神と阪神急行電鉄（1918 年に箕面有馬電軌から改称）であった。阪神は 1919 年 4 月に自社の発電所を閉鎖して大電からの受電中心に切り替えていたが[39]，大電からの受電は不足がちで，停電で電車が運休したり電力供給が停止する事態が 1919 年から 1920 年ごろには相次いだ。そこで阪神は早くも 1919 年 7 月に東浜発電所（尼崎市）の建

---

33)「四電車連合解散」『大阪毎日新聞』1916 年 8 月 26 日付（神戸大学経済経営研究所新聞記事文庫による）。
34) 前掲日本経営史研究所編，173 頁。
35) 前掲京阪電気鉄道編，87 頁。
36) 前掲渡，270 – 271 頁。
37)「電力需給問題」『大阪毎日新聞』1919 年 10 月 3 日付（神戸大学経済経営研究所新聞記事文庫による）。大電の相次ぐ停電への応急策として，京都電灯と砲兵工廠へ電力融通の交渉を始めており，阪神と南海に対しても交渉開始すると報じられている。
38)「大電問題の経緯　感情融和が先決問題」『大正日日新聞』1920 年 1 月 25 日付（神戸大学経済経営研究所新聞記事文庫による）。
39) 田中龍造『阪神電鉄の明治・大正期における電灯・電力事業』『地域史研究　尼崎市史研究紀要』第 15 巻 1 号，1985 年。

設を出願, 1921年6月には運転開始に漕ぎつけた。当初の出力は4,200kWだったが, 1922年には8,400kWに増強されている[40]。

また阪急は, もともと1920年に開通する神戸線のため発電所の増強計画を持っていたが, 1919年5月それを20,000kWの大規模発電計画に拡大し, 阪神電鉄の供給区域に割り込む計画を立てた[41]。建設場所は武庫郡今津町(現・西宮市)である。先の阪神の東浜発電所計画は, 阪急のこの計画に対抗した面もあると考えられる。ただし阪急の供給区域割り込みは, 当初の目論見どおりには実現しなかったため, 阪急は今津発電所を宇治川電気との共同経営である今津発電株式会社に改組している[42]。

京阪も大電からの電力供給不足に対応して, 1919年11月に福澤桃介の経営する木曽電気興業と共同出資で大阪送電を設立した。大阪送電は, 木曽電気興業が水利権を持つ木曽川で発電所を建設した際に, その電力を大阪まで送電するのが目的であった。この計画は1920年の戦後恐慌を経て, 木曽電気興業・大阪送電・日本水力の三社合併による, 1921年2月の大同電力成立に至った。合併に際しては, 京阪社長の岡崎邦輔が仲介者として交渉に当たったという[43]。京阪は大同電力の有力株主として役員を送り込み, また大同から大量に受電することで, 必要な電力を賄うに至ったのである。

こうして, 比較的大規模な電気供給業を兼営していた関西電鉄各社は, 自家発電した阪神, 有力電力会社との共同発電会社を設立した阪急, 電気事業界再編に関与して有力電力会社と密接な関係を結んだ京阪と, 各社ごとに特色ある電力確保策を採った。そして南海が採った策は, 阪神と同じく, 自社で大規模な火力発電所を設けるという手法であった。

ただし, 南海が発電所建設に踏み切ったのは, 阪神と比べるとだいぶ遅く, 1926年6月のことであり, 完成したのは1927年7月であった。これが出力

40) 前掲日本経営史研究所編, 173 – 174頁。
41) 「阪神沿道の電力戦 突如争奪の火蓋を切る(上)」『神戸新聞』1922年9月7日付(神戸大学経済経営研究所新聞記事文庫による)。
42) 「阪急の苦肉策」『大阪朝日新聞』1921年12月24日付(神戸大学経済経営研究所新聞記事文庫による)。
43) 前掲京阪電気鉄道編, 129頁。

21,000kW の堺発電所である。

　南海が発電所を建設した 1926 年ごろは，卸売電力の進出で電力不足が解消され，むしろ不況を背景に「電力戦」と呼ばれる需用家争奪戦が起こっていた時期であった[44]。したがって南海の発電所建設は，阪神などのように電力不足に対応してとはいいがたい。南海の電力調達は，大電との契約以降買電中心となっていて，1920 年には宇治川電気からの受電も始まっている。その後の詳細は史料の不足から明確ではないが，1923 年にはもとの買電先であった大阪電灯が大阪市に買収された一方，大同電力が大阪への送電を開始しており，南海もこの頃に大同からの受電を始めたとみられる。南海は宇治電や大同といった卸売電力からの買電によって，1920 年代前半を乗り切ったといえるだろう。

　南海が発電所建設に着手する前の 1926 年 5 月末の時点では，宇治電から 10,000kW，大同から 5,000kW，やはり五大電力の一角をなす大手卸売電力・日本電力から 3,000kW，さらに大阪市水道部から 2,000kW を受電していた。一方で，自社の発電所は水力発電所 2 箇所で 375kW しか常用しておらず，堺の旧阪堺の火力発電所 5,000kW は補給用とされていた[45]。

　このように，いったんは買電中心の体制を築いたかに見えた南海であったが，なぜ 1926 年になって火力発電所の建設に踏み切ったのか。南海の社長を務めた岡田意一の回想によれば，その理由は電力購入費の節約にあったという。岡田には「電力の代価が比較的高いやうに考へられ」しかも契約以上の電気を使って割金を取られることが多かった。そこで岡田は市来崎佐一郎に発電所建設の考えを打診したところ，市来崎も「どうしても新発電所をこの際つくらなければならんといふ考へをもって居る，その意見は公式ではないが，話をして見た場合もある，けれども，どうも賛成を得るまでに至らないのであるが，あなたもさういふ考へをもって居るならば，なんとかその計画を実現したい」と応え，発電所建設の計画を立てた。岡田は堺発電所を「これは主として市来崎君の貽（のこ）

<hr>

44) 関西での「電力戦」は，日本電力と宇治川電気の間で 1925 年 8 月から 1932 年 10 月まで戦われたとされる。橋本寿朗『戦間期の産業発展と産業組織 II　重化学工業化と独占』東京大学出版会，2004 年，82 頁。
45) 『電気事業要覧』第 19 回，1928 年。

されたる功績」と讃えており，発電所建設の主役を市来崎としている[46]。

南海がこの時期，電力調達コスト低減に努めなければならなかった理由としては，重複供給による競争が考えられる。第一次大戦中の深刻な電力不足への対策として，1919年10月に大規模な卸売電気供給事業が認められ，さらに大口（100馬力以上）の電力供給は供給区域の重複も認められた[47]。この政策によって，南海の供給区域のほぼ全域で大同電力の重複供給が認められたのである[48]。重複が認められたのは大口需用家に限られたが，南海の供給区域は紡績などの繊維工業が盛んな地域であり，南海は対策を迫られた。南海は卸売電力と協定を結ぼうと図ったが[49]，一方で沿線の需用家からは，より広い層への安価な電力調達の機会を求めて，100馬力以上という制限の撤廃を要求する運動が持ち上がっていた[50]。

大同と南海の小型「電力戦」は1923年夏ごろから始まったとみられ[51]，競争の結果電気料金は低下した。1921年末の南海の電力料金は1kWhあたり7銭であった[52]，1924年1月には5.5銭となり，大同と奪い合う100馬力以上の需用家については大同と同じく4銭となった[53]。この競争は，大同の重複供給の基準が50馬力へと引き下げられるに及んで一層激化し[54]，1926年ごろでもなお続いていた[55]。

---

46) 前掲忍草 市来崎佐一郎君追懐録編纂事務所編，62 - 63頁。他にも家仲茂『関西電気人物展望 昭和10年版』向陽荘，1935年も堺発電所建設を市来崎主導と評している（176頁）。

47) 電力政策研究会編『電気事業法制史』電力新報社，1965年，96 - 97頁。

48) 1924年末の段階で，大同電力は岸和田市・泉北郡（26町村）・泉南郡・中河内郡（5村）・南河内郡（35町村）で南海と重複した供給区域を得ている。逓信省編『電気事業要覧』第17回，1926年。

49)「南海の電力独占破る　会社側狼狽協定運動に狂奔」『大阪時事新報』1922年11月10日付（神戸大学経済経営研究所新聞記事文庫による）。

50)「動力制限撤廃運動」『大阪毎日新聞』1923年2月9日付（神戸大学経済経営研究所新聞記事文庫による）。

51)「大同競争準備」『大阪毎日新聞』1923年7月30日付（神戸大学経済経営研究所新聞記事文庫による）。

52) 逓信省編『電気事業要覧』第14回，1922年。

53)「電力料の低下実現」『大阪朝日新聞』1924年1月12日付（神戸大学経済経営研究所新聞記事文庫による）。この記事によれば，南海の大同からの電力購入費は1kWhあたり2.6銭程度という。

54)「南海沿線の電力戦　更に激しくなる」『大阪時事新報』1924年3月1日付（神戸大学経済経営研究所新聞記事文庫による）。

55)「電力戦の機運動く　東西各地に合従連衡成り需要家奪合の白兵戦起らん」『大阪毎日新聞』1926年3月2日付（神戸大学経済経営研究所新聞記事文庫による）。

このような「電力戦」にあって，宇治電や大同から電力を購入して需用家に転売している南海が，大同による直接販売に対抗するのが難しいことは容易に想像できる。ここに南海が自前の発電所を建設するインセンティヴが見出せよう。

ただし，南海にとって電力調達コストの低減は，供給業にのみ資するのではなく，本業の電車にも深くかかわるものであることは留意しておきたい。『電気事業要覧』をもとに試算すると，1920年代後半の南海では，すべての使用電力量のうち4割強が電車用に使われていたとみられる（1930年代になると35～37%程度になる）。発電所建設前の1926年ごろの南海では，年230万円程度の電力料を支払っており，電車は支出の3割弱（収入の約1割），電灯電力供給では支出の4割強（収入の約3割）が電気代に費やされていたとみられる。電力調達コストの低下は電車の収益改善にも少なからず貢献するものだったのである。

南海の堺発電所はこうして1926年6月建設に着手された。既に述べたように，堺発電所の構想は市来崎によって立てられたが，市来崎は発電所の起工後まもない同年8月に亡くなってしまった。岡田は「新発電所の起工式を行ふ日，非常に顔色がよくなかつた」と振り返っている[56]。発電所は市来崎の死を乗り越えて翌年7月に完成し，南海は大同の攻勢に対抗する手段を手に入れたのである。

完成当初の堺発電所の出力は21,000kW（うち5,000kWは予備）であったが，これは南海の全需用を賄うものではなく，依然として買電も続けられた。発電所の運転開始時点で南海は，宇治電から11,000kW，京阪から1,000kWを常時受電するほか，大同と日電からそれぞれ5,000kWづつを特殊需用に受電している[57]。初めて通年堺発電所が運転された1928年の実績では，南海は堺発電所で31,963千kWhを発電し，他に水力発電所で2,895千kWhを発電し

---

56) 前掲忍草 市来崎佐一郎君追懐録編纂事務所編，62頁。

57) 逓信省編『電気事業要覧』第20回。日電からの受電は1927年5月から始まった。「財界の不況から夥しい剰余電力 更に紡績操短の脅威 苦心焦慮の電力会社」『大阪朝日新聞』1927年6月11日付（神戸大学経済経営研究所新聞記事文庫による）によれば，大同・日電の南海との契約は，余剰の電力を交換融通するものという。

た一方で，他社から 99,743 千 kWh を受電している。南海が使用した電気力
量に占める堺発電所の比率はおよそ 24% であり，それほど高いとはいえない。
同年の堺発電所の負荷率は 42% であった[58]。

　しかし，発電所を持つ意味は，運転することだけではない。自前の発電所を
持つことで，卸売電力との交渉を有利に進めることができるのである。当時の
雑誌では，「当社（引用註：南海）は自社に三万五千キロの火力を持つてゐるが，
是を使用せずに他社より買つてゐる。火力は云はば御飾りに過ぎないが，電力
会社を牽制する上に於て，大に役に立つ。電力戦の交渉其他に就いて，見くび
られずに済むからである」[59] と評されている。岡田自身も，「（電気供給業は）
或点までは電力会社の意の儘に定められなければならないのであります。幸ひ
既に自家発電所を持つて居る会社では，電力会社の方の電力供給を牽制し，或
は其料金を低減せしめる方法が無いではないのでありまする」[60] と述べ，発
電所を持つことが電力会社への「牽制」となることを指摘している。

　こうして南海は堺発電所の建設により，卸売電力との「電力戦」に対抗する
手段を手に入れ，兼営電気供給業の経営を安定させたのである。

5.　南海の兼営電灯電力供給業の経営状況

　堺発電所の完成後の南海の電灯電力供給業は，多少の供給区域の変動や小規
模電力会社の吸収はあったものの，経営体制に大きな変化はなく 1939 年以降
の電力国家管理に至る。本節では営業報告書と逓信省編纂の『電気事業要覧』
を主たる資料に，南海の供給業の特徴を見ていこう。

　まず，鉄軌道や電力供給などの事業分野別の収入を見てみよう。1919 年以
降のものを以下に掲げる。

---

58) 逓信省編『電気事業要覧』第 21 回。
59)「南海鉄道の決算と前途」『ダイヤモンド』1928 年 5 月 1 日号。この記事では，当期決算での南海の利
　益増加の理由について，経費とくに電力費の削減にあることを指摘している。
60)『交通研究資料　第 23 輯』日本交通協会，1935 年，19 頁。

図 3-2　南海鉄道事業分野別収入（1919-1930）

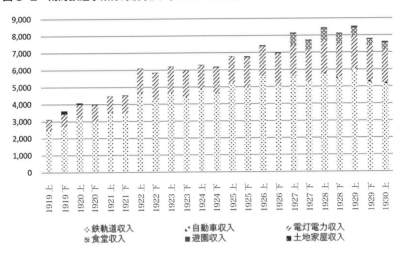

図 3-3　南海鉄道事業分野別収入（1930-1941）

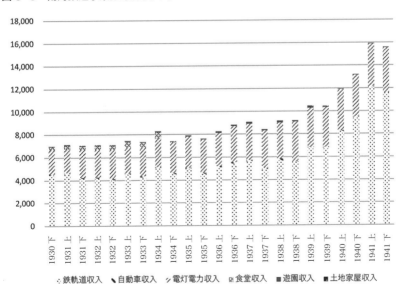

出所：南海鉄道『営業報告書』より作成。

　ここから明らかなように，南海鉄道の収入は主力の鉄軌道事業と，最大の兼業である電気供給業でほとんどが構成されており，自動車・食堂・遊園・土地家屋といったほかの兼業はごくわずかに過ぎず，大勢に影響を与えるほどではないということである。南海の収入は鉄軌道と電気供給の二本柱がほぼすべてであり，その状況は戦間期に一貫している。

　続いて，電灯電力供給業が総収入にどの程度の比率を占めていたか，年次を追って次のグラフで確認しよう。

図 3-4　南海鉄道事業分野別収入比

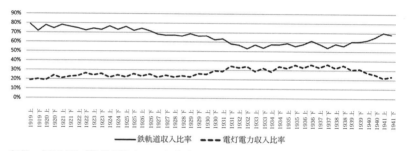

出所：南海鉄道『営業報告書』より作成。

　1920 年代の南海の収入は，7 割強を占める鉄軌道と，およそ四分の一を占める電力供給という内訳で，ほぼ一定しているといってよい。これでも兼営電力業の収入はかなり大きいといえるが，1920 年代末から電力供給業収入の比率はさらに一段の上昇を見せる。1931 年ごろからは鉄軌道が三分の二，電力が三分の一という比率が 1938 年ごろまで続くことになる。1930 年ごろの鉄軌道収入は先の図 3-2 および 3-3 からも読み取れるように，絶対額でも減少しているが，これは昭和恐慌に加えて平行線である阪和電鉄が 1929 年に開業し，1930 年に大阪と和歌山を結んだことも大きい。この鉄軌道への二重の打撃に対して，電気供給業は根強い収入をもたらし，相対的に重要性を高めたのである。

　ただし，1939 年ごろからこの傾向は元に戻り，1941 年には 1920 年代同様の比率となっている。これも先の図 3-2・3-3 から，電気供給業が減少したわけではなく，鉄軌道事業が急激に伸びたことによるものと分かるが，これは

第一に 1940 年の阪和電鉄合併（同社は電力供給などの兼業をほとんど持っていな
かった）によって鉄道収入が大きく増加したためである。その他には，日中戦
争の長期化によるガソリン統制で自動車がライバルから消えたこと（とりわけ
この時期は軌道収入の伸びが大きい）と，軍需生産関係の輸送の伸びが指摘しうる。
電気供給業もこの時期成長しているが，合併による鉄軌道の急激な伸びにはか
なわなかった。

　続いて，経営への貢献度をより厳密に見るため，鉄軌道と電気供給それぞれ
の利益率を以下の図 3-5 に示す。ただし資料の制約から，1923 年以降に限ら
れるが，大まかな傾向を知るには十分であろう。

　資料上の制約から，推測に推測を重ねた数字ではあるが，昭和恐慌と阪和
電鉄の開業までは南海は鉄道業が順調で，電気供給業は若干鉄軌道を下回る
利益率にとどまっていたとみられる。しかし 1930 年代にはいると状況は一変
し，恐慌と阪和の開通によって電車の利益率は大きく落ち込んだ。長年 13%
の高率を誇っていた配当も，一時は 9% にまで低下している。その中にあっ
て，電力供給業の利益率は安定して 10% 以上を継続しているのである。恐慌
の 1930 年代前半を乗り切るために，南海にとって電気供給業はきわめて重要
な兼業となっていたといえる。

　1930 年代末には，阪和の合併と戦時輸送の増加で，鉄道の利益率は回復す
るが，電気供給業の利益率も驚くほどの伸びを示している。これは数字のから
くりがあり，1939 年の第一次電力国家管理によって，主力の火力発電所・堺
発電所を国策会社の日本発送電に強制出資させられたため，利益率を計算する
分母が急減したことによる。

　以上を総括すれば，南海にとって電気供給業は重要な兼業であり続けてお
り，不動産や自動車，娯楽施設などはほとんどネグリジブルな存在に過ぎな
かった [61]。とりわけ 1930 年代に入り，不況と阪和電鉄のはさみうちに遭う
中で，供給業の重要性は一層増した。1939 年に実施された第一次電力国家管

61）電鉄業にとって遊園地の存在意義は，旅客需要の喚起にあり，それ自体の収支はあまり重視されてい
　なかったと考えられる。

図 3–5　南海鉄道事業分野別利益率

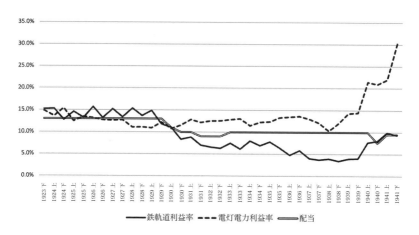

出所：南海鉄道『営業報告書』，通信省電気局『電気事業要覧』より作成。

※　基本的に，『営業報告書』に記載された鉄軌道と電灯電力の各分野の利益を，それぞれの建設費で除して算出している。しかし「発電所及変電所費」の費目は，双方に関係する発電所の建設費などをふくんでいるため，『電気事業要覧』をもとに電車と電気供給とに要した電力の量（kWh）の比率を推算し，使った電力の量に応じて発電所・変電所の建設費を按分して，利益率を算出した。

※　『電気事業要覧』に基づき使った電力の量を計算する際には，定額電灯の使用電力量は契約 kW 数 ×8 時間 ×365 日で推計した。要覧に記載されている総電力量には拠らず，電車・電灯・電力・電熱各分野で使われた電力量を積算して，電車と電気供給の使った電力の比率を算出している（要覧の総電力量は発電所および受電した変電所でのものと思われ，末端で実際に使用された電力量よりも大きくなっている。送電ロスなどの分を考慮し，このようにした）。ただし 1932 年下期・33 年上期にあたる時期の『電気事業要覧』（第 26 回）には電力に使われた電力量の記載がないため，総電力量と併載されている電車用電気使用量に基いて計算した。

※　『電気事業要覧』に電車の使用した電力量の記載されていない年次では，「一車一哩（一粁）電気使用量」に，車両の累計走行距離を乗じて，電車が使った電力量を推計した。ただし 1924 年下期・25 年上期にあたる要覧（第 18 回）では，明らかに「一車一哩電気使用量」が過大なため，前後の年次の数値を平均して推測した。

※　1931 年下期以降は，営業報告書に「発電所及変電所費」の項目がなくなり，配電設備を合わせて「電気供給設備費」に一括されてしまっている。そのため第 72 回の数値をもとに，「電気供給設備費」の 64% が発電所及び変電所の建設費と推算し，それを電車と電力供給とで按分している。

※　1939 年上期以降は，堺発電所が日本発送電に強制出資され，日発の株式に振り替えられた。この際に減少した電気供給設備費および増加した有価証券額から，堺発電所の評価額を 530 万円程度とみなし，これをもとに 1939 年上期の発電所・変電所設備費を 8,058 千円と推計した。以後の年次はこの推計に基づき，「電気供給設備費」の 52% が発電所及び変電所の建設費と推算し，それを電車と電力供給とで按分している。

理は，数値上は固定資本の重みを軽減し，電気供給業の効率性を上げるものとなった。このように経営上の意義を 1930 年代に増した兼営供給業であったが，第二次電力国家管理の実施によって，1941 年度限りで関西配電へと強制出資させられ，南海の手を離れざるを得なかったのであった。

6.　南海沿線の電灯事情

　さて，今度は視点を変えて，兼営電気供給業の内容を見てみよう。電気供給は大きく電灯と電力に分けられ，後年電熱が加わる。この三種の電気事業のうち，南海はどの事業が収入の柱だったのであろうか。

　南海の兼営供給業は，一貫して電力が電灯を上回る収入を上げていたことにある。電熱その他は家庭用電熱が中心であり，電灯に近い性格を持っているといえるが[62]，それを含めてもなお過半は電力によって南海は収益を上げていた。これは南海の兼営供給業の大きな特徴といえ，後述するが他の電鉄会社と

図 3-6　南海鉄道の電灯電力業の内訳

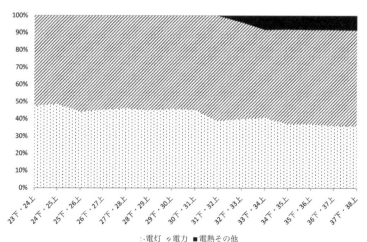

∴：電灯　〃電力　■電熱その他

　出所：『電気事業要覧』各回より作成。

---

62)　「家庭電気料金と銘打つて規定があるのは阪神電鉄，南海電鉄であると記憶するが，之も真の意味の家

比べた際の大きな違いである。

　南海の供給区域は，先にも述べたように，大阪府南部の広い地域を占めている。しかし人口の密集している大阪市や堺市は南海の供給区域ではなかった。南海の区域内には岸和田や佐野などの中小都市が点在しているばかりで，大部分は農村であった。

　戦前の南海沿線の農村では，「電気がついてもひとつの家にひとつで，それも16燭光の暗いものだった」[63]と，電灯の普及はささやかなものであり，「お風呂などはカンテラのあかりを灯した」[64]という。しかも「朝消えると夕方6時頃迄電灯はつかなかった。金持ちの家だけ昼線と言って昼でもついていたがごくわずかであった。雨の日などは暗くて勉強ができなかった」[65]と，阪急や阪神のように新中間層の居住する郊外住宅地とは異なり，農村には最低限の電気しか家庭に入ってこなかったのである。

　1899年生まれの泉南郡日根野村（現・泉佐野市）の住民は，農村に電気が来た時のことを次のように回顧している。

　　それから南海電鉄の電気あ送って来るて，それでも6燭1個ほかようとらえへん。45銭，1カ月にええ。北庄司さんはえ（家），おっきいさけえ，3つほどな。10燭も取らあ，6燭も取るう，あのえはいくつも奥座敷もあるし，そやさけえ，いくつも電気を取ったけどなあ。わしら，小前のええ（家）な，6燭1つほかよう取らんせえ。それでも45銭なあ，精出して縄のうて縄打って，電気代儲けなあかんて，よさりな晩来たら夕飯食べる前に藁どんどん打ってなあ……[66]

　庭電気料金とは云へない。寧ろ電熱料金と云うべきであらう」森右作『電気料金と業務の新研究 附・米国視察概要報告書』電研社，1932年，87頁。

63) 岸和田市教育委員会・岸和田市市民文化事業協会編『岸和田の人とくらし〜70年の昔を聞く〜』岸和田市，1992年，56頁。岸和田市の中山間部である修斉校区の住民の回顧。
64) 同前，93頁。岸和田の郊外である八木・八木南校区の住民の回顧。
65) 同前，94頁。やはり郊外の八木北校区の住民の回顧。
66) 話し手・橘馬太郎，聞き手・松本芳郎「連載・泉南聞書ー1ー1989年7月聞取り】明治40年頃の

　わずか6燭の電灯ひとつであっても，農村では現金支払いの必要性が増える
ことになり，照明を得た一方で夜なべして縄綯いをしている。「豊かさ」の意
味を考えさせられるエピソードであるが，電灯が消費財のみならず生産財の面
も持っていることを示してもいる。しかし，農村の生産活動への電力利用は進
んでおらず，大正時代に足踏式が導入された脱穀機がモーター駆動になったの
は，戦後の昭和30年代以降であったという[67]。

　このような南海の電灯事業の性格は，もちろん当局者も認識しているところ
であり，「私の方は平均電柱一本に電灯が一灯半にしか附いてゐない。電柱一
本に電灯が五十灯も六十灯も附いて居る。(ママ)市内とは事情が違ふ」[68]と
座談会で発言している。

　こういった南海の電灯事業の事情を，別な角度から見てみよう。南海の電灯
の需用家数と電灯数を，定額灯と従量灯の比率と合わせて以下にグラフ化した。

図3-7　南海鉄道の電灯需用家数

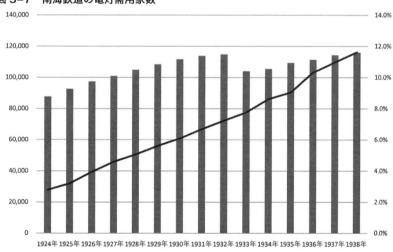

出所：『電気事業要覧』各回より作成。

　日根野野口」『泉佐野の歴史と今を知る会　会報』25号，泉佐野の歴史と今を知る会，1990年3月，5頁。
カッコ内は原注。
67)　前掲岸和田市教育委員会・岸和田市市民文化事業協会編，82頁。八木・八木南校区の住民の回顧。
68)　「関西電車研究座談会」『ダイヤモンド』1930年1月1日号。発言者は南海社長の岡田意一。

図 3-8　南海鉄道の電灯数

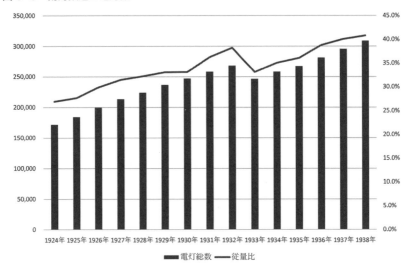

出所：『電気事業要覧』各回より作成。

図 3-9　南海鉄道の一需用家当たりの灯数

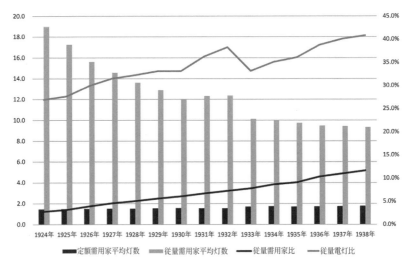

出所：『電気事業要覧』各回より作成。

『電気事業要覧』では1933年度から統計手法の変更があったとみられ，電灯の需用家数や灯数が減少しているが，南海の営業報告書ではこの間も需用家数・灯数とも漸増している[69]。昭和恐慌の影響で停滞した時期はあっても，趨勢として電灯需用は増加し続けていたというべきであろう。

　南海の電灯事業の全体的な特徴としては，従量化の低調さが挙げられる。需用家のうち従量灯を利用している率が1割を越えるのは1936年になってからであり，同じ時期の阪急では4割を越えているのと大きな差である。電灯数では南海も1936年にはほぼ4割が従量灯となっているが，これも阪急では7割近くになっている。

　すなわち南海の電灯事業は，多数の小規模な（2灯に満たない）定額灯需用家と，少数の大規模な従量灯需用家とに分化しており，この分化自体は当時の電灯事業に共通する構造とはいえ，南海の場合は特に甚だしかったといえる。これも阪急と比較すると，従量灯需用家の平均灯数が減少するトレンドは同じものの，1924年では南海19.0灯に対し阪急14.4灯であり，1936年では南海9.5灯と阪急6.8灯と，かなりの差がある。これは南海の従量灯には紡績工場などの大規模な需用家が多く，一方阪急では新中間層の家庭電化による小規模な従量化が進んでいた相違と考えられる。

　南海の電灯需用の希薄さを示しているといえる特徴ある制度が，1937年に採用された総合定額制である[70]。当時の電気供給や料金は，電灯と電力・電熱が別建てになっており，電灯も（さきの回顧にもあるように）夜間のみと昼夜間とに分かれていた。昭和に入って家庭での電化製品利用が増えるにつれて，これでは煩瑣であるとして，現在のような電灯・電力すべてを総合した供給シ

---

69) 営業報告書によれば，1931年下期から1932年上期にかけて，需用家数は115,126件から114,934件へと微減しているものの，灯数は293,152灯から300,104灯へと微増している。昭和恐慌の影響はこの1931年から1932年にかけての時期に表れており，電力の需用家数も1931年上期から下期にかけて微減，翌年上期にかけても停滞（前年上期に及ばない）している。しかし1933年にかけては不況の底を打ち，各指標とも増加して恐慌前を凌いでいる。なお営業報告書では，電灯の定額・従量の内訳は記載されていない。

70) 総合定額制については，「総合定額制度と需用家　南海鉄道会社主催座談会（上)」・同（中)・同（下)『電気経済時論』1937年12月号・1938年1月号・同2月号による。

ステムへ変化していくのである。料金制度も，当初は定額制が多かったものが，電気の利用が増えるにしたがって現在のように従量制へと移行し，一定の灯数以上の需用家を強制的に従量化した電力会社もある[71]。このように電気の制度は別建てから総合へ，定額から従量へと移行するのが，昭和初期には一般的な潮流となっていた。

ところが南海の総合定額制は，容量 70W と 100W の二本立てで，料金を定額としたものである。70W は電灯 3 灯，100W は 4 灯を目安としており，この範囲で昼間はラジオなどの電化製品，夜間は電灯と，需用家の都合に合わせた利用を可能にしている。しかしこのような総合化は一般に従量料金化と並行して進むところ，なぜ従量ではなく定額にしたかについて，南海の電気課長は次のように説明している。

　大体この定額制といふことにしました理由は，従量灯即ちメートル制にするといふことが一番いゝことになるのです。けれども僅かの使用量しかないところにその月は四キロでした今月は五キロでしたと言つて調べて歩くことは一キロの差が僅か十一銭でありますそのためにメーターを調べて廻るといふことは手数でありまして，却つて僅かなところですとその半数は結局損といふことになり，それで定額にした方がいいといふことになります[72]。

つまり，本来は従量制とした方が望ましいが，需用が希薄なため定額制にせざるを得なかったのである。この時期は日中戦争勃発もあってラジオの需要が増えており，わずかの電灯しかつけていない家でもラジオを聞きたいと望むようになった。ところが「南海沿線で居りますと，五灯以上でないと昼線を敷いてくれない，昼線が敷けなければ到底ラジオは昼聴かれない」[73]という状況にあった。南海の電灯電力供給区域は農村が多く，先の回想にもあったように

71）例えば東京電灯では，1924 年 4 月に屋内 3 灯以上の需用家を強制的に従量灯へ切り替えている。東京電灯編『東京電灯株式会社開業五十年史』1936 年，144–145 頁。
72）前掲「総合定額制度と需用家　南海鉄道会社主催座談会（下）」『電気経済時論』1938 年 2 月号，30 頁。
73）前掲「総合定額制度と需用家　南海鉄道会社主催座談会（中）」『電気経済時論』1938 年 1 月号，37 頁。

昼線（昼間も給電される電線）の普及はわずかにとどまり，従量化してメーターをつけるほどの需用はなかったいっぽうで，昼間もラジオ程度の電気は使いたいという要望に応えるための苦肉策が，総合定額制だったのである[74]。

ただしこれは，南海の供給業が積極的にインフラ投資をして需用を喚起するという経営方針を採らず，需用の後追いで弥縫的な経営だったためともいえるだろう。当時の雑誌でも「南海の電気供給事業は，その経営振りに於て元来余り派出なことをやらない，悪く云へば余りに退嬰的だとも云へる」[75]と指摘しているのである。

南海沿線で電灯の昼夜の区別がなくなり，また料金が従量化されるのは，電力国家管理を経て敗戦後，電力再編成が行われる頃になってのことであった[76]。

なおここで，昭和初期の電気事業に影響を与えた電灯料値下げ運動との関係について触れておこう[77]。これはもともと不況を背景に，米騒動とおなじく富山県から全国へ広がった運動で，生活必需品となった電気事業が地域独占によって高率の配当を続けていることへの反発があった。とりわけ運動の盛り上がった地域の一つが兵庫県で，阪神電鉄がその対象となっている。開業当初は農村だった阪神沿線も，昭和初期にはかなり都市化が進み，尼崎などでは電灯の密度も大阪市とさほど変わらなくなってきたにもかかわらず，郊外として割高な電灯料金であったことが運動の要因であった。阪神はこれに対応して，1928 年秋に電灯料の値下げと配当引き下げを行っている。

---

74) 総合定額制についての座談会で利用者から「総合定額制何んかと云ふよりは，昼夜線と言つた方がぴつたり頭に来ますね」といわれており，電気の利用者からすればこの制度のメリットは何より，昼間に電気が使えることと認識されていた。他の利用者も「普通のメーターですと十五円廿銭要りますが，この総合定額制は二円五十銭で昼夜線が敷けて結構だ」と述べており，安く昼間に電気を使いたいという需用であったことを伺わせる。前掲「総合定額制度と需用家　南海鉄道会社主催座談会（上）」『電気経済時論』1937 年 12 月号，19 頁，21 頁。

75)「営業陣営の彼氏達　南海鉄道　継子扱ひの供給事業　新人の力を馳駆させて見度い」『電気経済時論』1935 年 9 月号，16 頁。

76) 沿線の貝塚市では，昼夜の区別がなくなるのが電力再編成と同じ 1951 年 5 月，従量化は 1953 年ごろであった。松本喜代治『ふるさとのむかしを尋ねて　王子新田』あすなろ出版，1987 年，158 頁。

77) 電灯料値下げ運動については白木沢涼子「昭和初期の電気料値下げ運動」『歴史学研究』第 660 号，1994 年を参照。この分野では，奥田修三「昭和恐慌期の市民闘争—兵庫県における借家争議・電燈争議を中心として—」木坂順一郎編『歴史科学大系第 28 巻 民主主義運動史（下）』校倉書房，1977 年が，阪神電鉄も含んだ電灯料値下げ運動について論じている。

　この値下げは他の関西電鉄にも波及しており，南海もそれまで16燭の定額灯が月75銭であったのを引き下げているのであるが，興味深いのはその際に，定額灯の料金を甲乙丙の三段階に改めているのである。すなわち，この値下げで甲は68銭へと他の電鉄と同水準の引き下げを行っているのであるが，乙は71銭，丙に至ってはわずか1銭値下げの74銭としている[78]。

　甲乙丙の区別は，平均一戸当たり2灯以上の地域を甲とし，1.5灯以上を乙，それ以下を丙とするのが原則で，電柱一本当たりの灯数も勘案して区分したという。1929年1月時点で，甲区が約51千灯，乙区が約42千灯，丙区が約60千灯となっており[79]，ここでも需用の希薄さがうかがえる。とはいえこの制度が沿線に受容されたとみられる（管見の限りでは南海に対する電灯値下げ運動は見られない）のは，会社側の「電灯料金の値下げをなすに当り，地方の情況に応じ其の程度を異にすることが公平」[80]という主張が，沿線の多くを占める農村に認められたということであろう。値下げ運動が活発だった阪神沿線との相違を物語るものである。

7. 南海の兼業電力供給業

　続いて，南海の収入の多くを占めていた電力の状況を見てみよう。史料の得られる1914年度以降の需用家数と契約kW数をグラフ化した。

　第一次世界大戦期から戦後しばらくまで，合併（1918年2月和泉水力電気，1922年9月大阪高野鉄道）もあって急速な成長を見せていた南海の電力供給業は，戦後の反動で一時停滞する。1922〜23年ごろは，需用家数は伸びているものの kW 数では停滞気味であるが，これは大口需用家が自家発電に切り替えたためと会社では説明している[81]。

　その後は再度順調に伸びた電力業は，昭和恐慌に遭って1930年前後は停滞す

---

78) うち6銭は器具損料。「電灯値下問題と関西電鉄各社」『ダイヤモンド』1928年9月1日号。
79) 「マネージメント　特殊方法に依る南海鉄道会社の電灯供給方法」『電気経済時論』1929年3月号，32-33頁。
80) 同前，32頁。
81) 南海鉄道『第五拾五回報告書』，20頁。

図 3-10　南海鉄道の兼営電力供給業

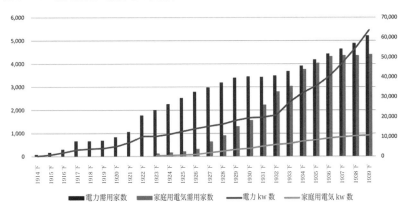

出所：南海鉄道『営業報告書』各回より。
※ 1932 年以前の電力の出力は馬力表記なので，0.746 を乗じて kW に換算した（家庭用電気は一貫して kW 表記である）。

るものの，1932 年を底に需用家数・契約 kW 数とも増加に転じている。

　南海の電力の需用家は，泉南を中心とする繊維産業が主であったと考えられる。現在でも泉南はタオルなどの繊維産業が盛んな地域であるが，南海沿線でのタオル生産は明治十年代の佐野に始まり，日露戦後に大きく伸びた。しかし日露戦後の伸びを支えたのは足踏式の織機が中心で，力織機の導入は 1908 年から始まった[82]。その後は力織機が急速に普及し，1922 年には佐野のタオル産業はすべて力織機となった[83]。

　泉大津では毛布産業が盛んであったが，ここでは第一次世界大戦中の 1916 年に開業した業者が電気動力の力織機を導入し，その成績が良好だったため他にも広まっていった[84]。この時期の電力の導入は，一台の電動機でシャフトを回し，それにベルトをかけて個々の機械を動かすもので，小型のモーターを機械に直結するようになるのは 1935 年ごろ以降であった[85]。

82）柴田実『泉佐野市史』泉佐野市，1958 年，421 頁。
83）同前，427 頁。
84）泉大津市史編さん委員会編『泉大津市史 第 1 巻下（本文編 2）』泉大津市，1998 年，657 頁，704 頁。
85）日本毛布工業協同組合連合会編『泉州毛布工業史』日本毛布工業協同組合連合会，1972 年，55 頁。

　また現在の泉南市では，明治三十年代に足袋裏地の生産が興り，1907年ご
ろから力織機の導入が始まったが，当初は水車動力であった。1914年からベ
ルト掛けの電動機が導入され，効率を改善したという[86]。泉南では紡績業も
盛んで，1920年に開業した佐野紡績は「動力の全面的電化が採用された煙を
はかぬ紡績工場と泉南の地の人々の目を奪った」[87]。このように，第一次世界
大戦ごろから南海沿線の工場では電気動力の導入がはじまり，1920年代の兼
営電力供給業の成長を支えたのである。

　ただし，大阪高野合併後の1922年度末と，恐慌前の29年度末とを比較する
と，需用家数では約1.9倍に増えているものの，出力では約1.8倍とやや一件
当たりの出力が低下している。これは，大工場から中小工場へ電力利用が広がっ
た他に，すでに述べたような大同電力との競争によって大口需用家を奪われた
ことも関係している可能性がある。これに対し恐慌後の1932年度末と39年度
末では，需用家数が約1.5倍の増加に対し，出力は約3倍に伸びており，一件
当たりの規模が倍増している。1931年の電気事業法改正や1932年の電力連盟
結成によって，電気供給業での需用家争奪がなくなった影響が考えられよう。

　もっとも，南海の兼営電力供給業にとっての競争相手は大同だけではなかっ
た。1928年ごろに盛り上がった電灯料値下げ運動の際，南海に対して電灯で
は目立った運動がなかったとみられる一方で，電力では中小機業家などからの
値下げ運動があった。既述のように1920年代の南海沿線では，重複供給権を
認められている大同電力との競争があり，当初は100馬力以上だった重複供
給を50馬力以下に引き下げる運動が起こっていた。電灯値下げ運動の時期に
重なる1929年には，機業家からの電力値下げ運動によって，南海も電力の値
下げを余儀なくされている。しかしそれでも需用家は満足せず，織物組合では
ディーゼルエンジンへの切替を決めたことが報じられている[88]。大勢として
は順調に伸びていたとみえる南海の電力供給業であるが，必ずしも十分に沿線

86) 泉南市史編纂委員会編『泉南市史 通史編』泉南市，1987年，627－628頁。
87) 岸和田市史編さん委員会編『岸和田市史 第4巻（近代編）』
88)「府下河泉地方の機業家デーゼルエンジンを使用「電動力に代える」機械売込早くも激戦」『大阪時事
　新報』1929年2月16日付（神戸大学経済経営研究所新聞記事文庫による）。

需用家の支持を取り付けていたわけではなかったのである。

　南海の電力供給業としては，1923 年から始まった家庭向けの電力供給もあり，これは昭和恐慌の打撃もさほど受けず，1936 年ごろまで着実な伸びを見せている。ただし収益面での貢献については，史料の不足からあまり明らかではないが，『電気事業要覧』に「電熱其ノ他」の収入が記載されている 1933 〜 1938 年ごろでは，すでに図 3-6 に示したように，電気供給兼業の約 8% 前後にとどまっている。

　南海の家庭向け電力は，営業報告書の記載では 1936 年ごろに契約出力が 1 万 kW に達し，需用家数は 4,000 を越えて，それなりの規模に達しているといえる。しかし電灯需用家数が同時期に 11 万を越えていたことと比較すれば，家庭向け電力の普及は限られた範囲にとどまっていたとみるべきであろう。

　なお，『電気事業要覧』では，家庭向け電力とおおむね重なっているとみられる「電熱」の需用家数が，1937 年ごろには 1 万を越えているとされている。この相違は統計の取り方に起因すると考えられるが，要覧では 1 万余の需用家のうち 4,000 余りが昼夜間電力と分類されており，残りの需用家は夜間のみの電力であったと推測される[89]。すでに電灯の節で触れたように，南海の電気供給区域では，昼夜間の供給がなされている需用家は一部であり，家庭用電力でも昼夜の利用ができる需用家は半分以下であった。南海の供給区域の希薄さと同時に，「退嬰的」な経営姿勢もうかがえよう。

8.　南海の兼営電灯電力供給業の特徴

　本節では，事業開始から国家管理までの南海の電気供給業について，他の関西有力電鉄（阪神・阪急・京阪・大軌）と比較しながら，その特徴を描き出していきたい。

---

89) ただし，それでは要覧の昼夜間の需用家が，営業報告書の家庭向電力の需用家に相当するのかといえば，両者の数値の変化のトレンドは似ているものの，数値は要覧よりも営報の方が常に少なくなっている。この原因は今後の課題である。

表3-7 関西五大電鉄の兼営電灯電力業の電灯・電力・電熱の需要家数および灯数・総出力

		1912年度		1915年度		1918年度		1921年度		1924年度		1927年度		1930年度		1933年度		1936年度	
南海	電灯需用家数	1,012	2.1	14,422	1.5	42,445	1.8	48,195	2.0	87,692	2.0	100,955	2.1	111,720	2.2	100,544	2.5	108,742	2.6
	電灯数	2,094		21,788		77,650		94,543		172,013		213,558		247,015		246,618		281,275	
	電力/電動機需用家数			167	5.3	664	6.0	961	6.3	2,102	5.1	2,791	5.2	3,421	5.6	3,357	7.3	4,239	8.9
	総出力(kW)			880		4,007		6,017		10,820		14,467		19,131		24,385		37,915	
	電熱その他需用家数									172	3.3	404	3.6	1,605	3.1	5,473	1.2	11,179	0.8
	総出力(kW)									576		1,462		4,937		6,589		9,198	
阪神	電灯需用家数	12,293	2.2	27,388	2.1	42,267	2.6	52,807	2.9	69,760	3.3	83,738	3.8	98,540	4.2	116,237	4.7	105,991	5.4
	電灯数	27,277		56,176		107,826		155,722		232,382		320,968		413,755		549,882		571,886	
	電力/電動機需用家数			156	2.0	491	4.9	894	2.7	1,591	3.0	2,187	2.8	2,928	2.8	3,226	5.5	3,183	8.0
	総出力(kW)			312		2,386		2,447		4,852		6,018		8,187		17,584		25,363	
	電熱その他需用家数									1,057	1.2	3,158	2.6	6,163	2.4	8,687	2.0	11,474	1.5
	総出力(kW)									1,227		8,211		15,033		17,172		16,993	
阪急	電灯需用家数	2,347	2.5	7,506	2.3	13,942	2.3	17,423	2.8	45,291	2.8	56,560	3.0	65,236	3.3	65,832	3.8	74,037	4.3
	電灯数	5,844		17,632		32,301		49,515		126,329		167,441		215,423		249,344		315,311	
	電力/電動機需用家数	7	5.9	76	2.9	121	4.9	196	3.0	795	3.9	1,132	5.9	1,426	6.8	1,635	7.4	2,177	7.5
	総出力(kW)	41		230		588		587		3,101		6,700		9,698		12,045		16,333	
	電熱その他需用家数									1,250	1.9	3,612	2.3	4,492	2.5	4,606	2.2	5,298	2.0
	総出力(kW)									2,372		8,148		11,249		10,130		10,483	
京阪	電灯需用家数	2,899	1.6	24,086	1.4	36,091	1.6	44,416	1.8	107,912	2.4	149,737	2.7	75,213	3.0	84,608	3.3	97,049	3.8
	電灯数	4,772		34,917		58,988		81,400		260,403		409,970		225,758		277,754		367,895	
	電力/電動機需用家数	23	2.2	231	1.4	455	3.4	678	3.9	2,600	4.6	3,948	4.8	1,969	3.9	2,072	7.5	2,774	7.7
	総出力(kW)	50		317		1,557		2,629		11,853		18,889		7,742		16,527		21,396	
	電熱その他需用家数									531	1.7	2,391	1.6	2,651	1.6	2,589	1.5	3,109	1.3
	総出力(kW)									892		3,748		4,115		3,919		4,165	
大軌	電灯需用家数			7,360	1.4	14,428	1.8	18,499	2.0	22,881	2.4	27,766	2.7	31,031	3.0	34,006	3.1	39,180	3.6
	電灯数			10,642		25,335		37,174		53,820		74,268		92,643		105,561		141,281	
	電力/電動機需用家数			140	2.0	258	2.2	288	3.0	575	3.6	865	3.4	1,126	2.9	1,321	4.3	1,936	5.3
	総出力(kW)			281		562		868		2,098		2,925		3,222		5,703		10,190	
	電熱その他需用家数									20	3.1	516	1.8	597	2.0	2,390	0.4	3,823	0.3
	総出力(kW)									61		949		1,179		1,058		1,323	

出所:『電気事業要覧』各回。

※需用家数の右の数字は、一需用家あたりの灯数・出力(kW)。
※電力/電動機需用家数・総出力の1924・27年は電動機の数値であり、他の電気事業者への供給は含まない。
※電熱その他需用家数・総出力の1924・27年は電熱を含む電動機以外の「その他装置」の数値。
※阪急は1918年までは箕面有馬電軌。
※京阪の1924・27年度は和歌山支店を含む。
※明確な誤植(桁間違いなど)は訂正したが、基本的には数値に疑問があってもそのまま掲載した。

　まず電灯についてみれば，需用家数では当初開業の早い阪神が先行するが，供給区域を拡張させていく南海が急伸し，大阪高野鉄道の合併後は阪神を追い抜いている。ただし，和歌山水力を合併した京阪がさらにその上を行っているが，京阪が和歌山支店を手離した後は，南海が電灯需用家数では首位に立ったのである。

　しかし電灯数で見れば，南海は一貫して阪神に及んでいない。しかも1930年代の南海は，需用家数では停滞し，電灯数も他社に比べ伸びておらず，灯数では阪急にも京阪にも抜かされてしまっている。『電気事業要覧』で昭和恐慌只中の1930年と1933年を比べると，南海は電灯需用家数も電灯数も若干減少している（これは既述のように統計手法の変更が影響しており，営業報告書では微増となっている）。しかし同じ不況下でも，他の電鉄の需用家数や灯数は増加している。不況にあっても都市化は進展していたのであるが，南海だけはその恩恵を受けられなかったのである。なお阪神は1936年，神戸市に灘区の供給区域を譲渡したため，同年の需用家数は1933年と比べ減少したものの，電灯数では伸びており，灯数では南海におよそ倍の差をつけている。

　一需用家あたりの灯数で比較すると，南海のおかれた状況は一層はっきりする。南海の一需用家あたりの灯数は，ほぼ常に五大電鉄中の最下位である。すでに述べたように，南海沿線は農村地域が多く，電灯の密度は低かった。南海の場合，大阪に近い地域，とりわけ堺市が電灯の供給区域ではなかったため，郊外の発展を電灯事業が取り入れるのは，他社に比べ不利であった[90]。阪神間の郊外化の恩恵を蒙った阪神・阪急と比べ，南海の一需用家あたりの灯数は対照的な少なさであった。

　いっぽう，電力供給では，南海は一貫して優位である。和歌山支店を擁していた時代の京阪以外は，南海が需用家数・出力とも首位にあり，一需用家あた

90）三木理史『都市交通の成立』日本経済評論社，2010年，131頁によれば，南海の定期券は圧倒的に近距離利用者の比率が高く，やや古いが1924年の調査では8割近くが8キロ以内の定期券であった。この近距離の比率は，鉄道省およびその他電鉄と比べてももっとも高いものであった。難波駅から8キロ以内とは，ほぼ大阪市内に含まれる範囲である。南海の定期券発行枚数そのものは他の私鉄より多かったが（同130頁），その大半は南海の電気供給区域ではない大阪市内からの乗客だったのである。

りの出力でも上位にある。南海の電気供給業は，広く薄い需用の電灯と，質量共に高い需用の電力からなっていたのであり，既述のように収入の過半は電力から得ていた。これは，おおむね電灯収入が上回っている他の電鉄兼営供給業と比べて，南海の大きな特徴である。

1930年代中盤には，景気回復を反映して南海の電力供給は再度伸びを見せている。ただし，他の電鉄の電力は恐慌下でも南海より高い伸びを見せており，南海の電力業は1920年代に見られたほどの，電鉄他社を圧倒するほどのものではなくなりつつあった。

続いて，各社の収入の状況を表3-8にまとめた。

収入の総額に着目すれば，当然ながら需用と類似した構造となっており，和歌山支店のある時代は京阪の電気供給業収入が五社の中でもっとも多いが，それ以外の時期は南海と阪神が首位を争い，京阪・阪急がそれに続き，もっとも収入の少ないのが大軌となる。南海の伸びは1920年代前半が特に著しく，阪神を収入で追い抜いている。

しかし南海と阪神の関係を仔細に見れば，1930年代に入って阪神が供給業の収入で南海を抜き，30年代後半に至ってその差が大きくなっていることが分かる。昭和恐慌からの回復後の1933年と1936年の供給業収入を比べると，阪神・阪急・京阪がおよそ3割の伸びを示し（阪神は灘区を譲渡したにもかかわらず），大軌に至っては5割近い増加であるのに対し，南海は2割弱にとどまっている。この点は当時の経済誌でも，「他の主力電鉄」と比べて「電灯電力業の増収率が比較的劣つてゐる」[91]と指摘されている。

繰り返すが，南海の兼営電気供給業の特徴は電力収入が多く電灯収入が少ないことである。南海は1918年以降，一貫して電力の収入が電灯を上回っている。これと比べると，阪神工業地帯を供給区域に持つ阪神でも，1920年代以降は電灯収入がおおむね電力の二倍以上であった。これは卸売電力が重複供給を認められていたため，阪神の沿線の工場電力は卸売電力に取られていたこと

91）「南海鉄道の近況と前途」『東洋経済新報』1930年11月30日号。

表3-8　関西の小売電力供給事業者の事業分野別収入（特記なきものは単位：千円）

		1912年度	1915年度	1918年度	1921年度	1924年度	1927年度	1930年度	1933年度	1936年度
南海	電灯	10 100%	122 66%	416 45%	808 43%	1,384 48%	1,635 45%	1,827 46%	1,939 40%	2,133 37%
	電力	0 0%	63 34%	518 55%	1,067 57%	1,329 52%	1,964 55%	2,156 54%	2,701 56%	3,141 55%
	電熱									466 8%
	供給合計	10 *1%*	185 *8%*	934 *18%*	1,895 *22%*	2,913 *24%*	3,599 *23%*	3,983 *25%*	4,846 *31%*	5,298 *34%*
	電車	1,363	1,768	3,833	6,374	9,163	10,577	10,229	8,972	10,778
	兼業	134	4	123	4		763	1,009	1,080	384
	その他	166	296	403	229	311	407	368	630	58
	収入合計	1,673	2,243	5,294	8,531	12,391	15,344	15,589	15,528	17,018
阪神	電灯	168 80%	312 93%	611 46%	1,296 47%	1,701 62%	2,196 65%	2,725 68%	3,277 67%	3,981 61%
	電力	41 20%	24 7%	759 53%	1,471 53%	1,021 38%	1,187 35%	1,299 32%	1,359 28%	1,862 28%
	電熱								274 6%	718 11%
	供給合計	209 *16%*	336 *20%*	1,370 *31%*	2,767 *34%*	2,722 *29%*	3,383 *29%*	4,024 *30%*	4,950 *36%*	6,657 *40%*
	電車	1,085	1,297	2,827	5,009	5,888	6,185	6,822	6,716	8,680
	兼業							774	1,165	1,033
	その他	53	52	268	331	814	2,003	1,717	881	307
	収入合計	1,347	1,684	4,465	8,107	9,424	11,571	13,338	13,712	16,657
阪急	電灯	40 47%	87 75%	173 66%	463 71%	1,061 62%	1,244 56%	1,468 58%	1,755 58%	2,132 54%
	電力	45 53%	29 25%	88 34%	187 29%	659 38%	987 44%	1,080 42%	1,288 42%	1,442 36%
	電熱									377 10%
	供給合計	85 *10%*	116 *17%*	261 *16%*	650 *14%*	1,730 *19%*	2,231 *20%*	2,548 *18%*	3,043 *18%*	4,042 *19%*
	電車	525	458	1,009	3,140	5,125	6,317	6,753	6,680	7,878
	兼業	215	114	278	817	1,442	1,732	3,936	6,041	8,890
	その他	59	15	125	102	735	876	1,047	694	711
	収入合計	894	703	1,673	4,710	9,022	11,155	14,285	16,458	21,521
京阪	電灯	19 95%	202 75%	328 62%	671 45%	2,074 50%	3,060 46%	2,603 44%	1,808 55%	2,296 53%
	電力	1 5%	66 25%	198 38%	820 55%	2,114 50%	3,595 54%	3,248 56%	1,317 40%	1,850 43%
	電熱								189 6%	186 4%
	供給合計	20 *2%*	268 *16%*	526 *18%*	1,491 *24%*	4,188 *38%*	6,655 *44%*	5,851 *32%*	3,314 *22%*	4,388 *29%*
	電車	983	1,336	2,329	4,478	5,828	6,880	6,946	8,250	9,414
	兼業		12	2	27	37	48	732	696	558
	その他	67	47	43	187	1,038	1,591	4,974	3,124	869
	収入合計	1,070	1,663	2,899	6,183	11,091	15,174	18,476	15,384	15,229
大軌	電灯		62 70%	138 59%	315 62%	426 59%	588 59%	752 61%	864 52%	1,013 46%
	電力		27 30%	95 41%	191 38%	293 41%	405 41%	484 39%	798 48%	1,131 51%
	電熱									80 4%
	供給合計		89 *14%*	233 *15%*	506 *17%*	719 *15%*	993 *15%*	1,236 *12%*	1,662 *16%*	2,276 *20%*
	電車		530	1,311	2,439	3,998	4,847	6,480	7,407	7,725
	兼業					176	431	1,162	1,178	1,109
	その他		24	12	29	60	341	1,330		267
	収入合計		643	1,556	3,001	4,953	6,613	10,199	10,247	11,377

出所：『電気事業要覧』各回。
※電灯・電力・電熱の右側のパーセンテージは、供給業収入に占める各単元の比率。
※供給合計の右側のパーセンテージ（斜体）は、収入合計に占める供給業収入の比率。
※供給収入とは端数処理の関係で単純な合計にはならない場合がある。
※1933年度・1936年度の電車の合計には、電灯・電力・電熱の他に供給雑益を含む。
※阪神は1918・21年度の電力収入は、自社の電車用電力も売上に算入されていると見られるので、その分を差し引いた。
※阪急は1918年までは箕面有馬電軌。
※京阪の1924・27年度は通年で和歌山支店を含み、1930年度は年度途中で和歌山支店譲渡をしたため、一部含む。
※京阪の1930年度は和歌山支店譲渡益・新京阪分配益を含む。
※阪神の1936年度は難区域譲渡益を含まない。

が考えられる。しかし沿線の発展による電灯収入が、それを補って余りあったのであった。

　さらに、1933年から1936年の軍需インフレ景気時代を見ると、南海の電力の伸び率は16%程度とあまり高くない。沿線に工業地域の乏しい阪急も電力の伸びは1割程度であるが、阪神や京阪はおよそ4割、大軌に至っては7割以上の伸びを見せている。京阪は沿線に松下電器の本拠地である門真を擁し、大軌は東大阪の工場地帯があり、1930年代では電機や機械の方が繊維産業よりも成長力を持っていたといえるであろう。

　ちなみに電灯の伸び率を同じ時代で見ると、これまた南海の伸びはちょうど1割でしかなく、阪神・阪急・大軌が約2割、京阪は3割近いのと比べると、大きく水をあけられている。これも相俟って、1933年に拮抗していた南海と阪神の供給業収入は、1936年に至って差が大きく開き、他社との差も縮まりつつあったのである。

おわりに

　最後にここまで述べてきたことをまとめ、南海の電灯電力供給業の意義を考えてみたい。

　戦前の南海は、現在と異なり、日本の民営鉄道事業者の中でもっとも高い収益を上げている存在であった。ただしその内訳は、運輸と電気供給業からなっており、供給業以外の兼業は微々たるものだった。

　南海の電気供給業は、相次ぐ合併で大阪府南部一帯から和歌山県の一部にまで及ぶ広大な地域を供給区域とし、他の関西私鉄と比べても大規模なものといえた。ただしその供給区域の大半は農村であり、他の電鉄のように郊外の発展を取り込むことは充分にできなかった。そのため南海の供給業は、電灯よりも、泉南を中心とした繊維産業などの電力に頼る割合が高いという特徴があった。南海沿線では第一次世界大戦期から1920年代に繊維産業への電力の導入が進み、南海の供給業を成長させた。

1920年代後半になると，「電力戦」の展開によって，大口需用家への卸売電力による直接供給が，南海の供給業にとってライバルとなった。買電で電力を調達していた南海は，堺発電所を1927年に建設し，電力の一部を自家調達すると同時に，買電に際しての価格交渉の手段とした。

1930年代に入り，昭和恐慌と平行線の阪和電鉄という二つの悪材料が南海を襲った。電車事業は伸び悩むが，その一方で電気供給業は安定した経営状態にあった。供給業の利益率は1920年代と変わらず，大きく低下した電車と対照的で，経営を支える重みを増したのである。

しかし1930年代後半になると，その成長には陰りが見られるようになった。絶対値としては成長しているものの，重化学工業の発展が盛んなこの時代，軽工業中心の南海沿線は，他の関西私鉄と比べ電力需用が伸び悩んだ。供給区域が農村中心だったため，郊外の発展による電灯需用の取り込みも他社と比べ見劣りした。そして南海は供給業以外に目立った兼業を持たなかったため，会社全体の収入では，電力のほか百貨店や娯楽事業，不動産業などの多角化を進めた阪急に追い越されてしまったのである。さらには運輸と電気供給の二本柱という構造が類似していた阪神と比べても，供給業の伸びの差から，これまた総収入で追いつかれるに至った。

南海の供給区域は，たしかに阪神や阪急と比べ需用が希薄で不利な面があった。しかし，南海の経営方針はその希薄な需用の後追いにとどまり，積極的な投資で家庭への電気の普及を促すといった施策は見られず，当時の業界誌にも退嬰的と評されていた。大きな投資として堺発電所が挙げられるが，これは電車用を含めた電力の調達価格を引き下げるのが目的であって，積極的な電気の普及を図ったものとは考えにくい。他社と比べ振るわない状況は，こういった経営方針の影響も考えられよう。

この後，日中戦争勃発と電力国家管理の進展により，鉄道や電気事業の経営状況は大きく変わる。1938年の第一次電力国家管理で南海は堺発電所を失ったが，固定資本の負担が軽減され，経営効率が増したというむしろプラス面が目立った。しかしそれも束の間，第二次電力国家管理で電鉄兼営の電気供給業

は消滅を余儀なくされたのであった。

　以上を総括すれば，南海にとって電気供給業はきわめて重要な兼業であり続け，とりわけ1930年代には南海の経営を支える重みを増していた。この兼業あってこそ，南海は私鉄業界第一位の座を確保し続けられたのである。電力国家管理が南海のこの兼業を失わせた打撃は大きいと考えられる。しかしそれ以前から，郊外化の進展をうまく取り込めていなかった南海の地位は，揺らぎつつあったといえよう。

　戦後の南海は，最大の兼業であった電気供給業を失った代わりとなる兼業を育てられたとは言えず，いまや大手私鉄中最下位層の地位に甘んじている。その淵源は，供給業を兼業としていた1930年代すでに，郊外化の進展や重化学工業の発展を自社の成長に取り込めていなかったというところから，発していたといえるかもしれない。

（コラム 3）南海鉄道のラジオ売出商略

嶋 理人

　本文第 3 章でも述べたように，南海の電灯電力供給業は会社の経営を支える重要な存在だった割に，経営姿勢は「退嬰的」と言われていた。その史料とした雑誌『電気経済時論』は大阪で発行されており，関西の電気事業者の記事が多いのであるが，実のところ南海の記事はあまりない。一方で阪急の記事は毎号のように載っており，同社の経営方針について「年中何かしら新計画を立案実施して，業界に先鞭をつけ，又その都度或は物質的に或は精神的に多くの成果を挙げているのは嬉しい」[1] と評しているのとは明らかに差があった。

　そんな南海の供給業であるが，時には目新しい施策を打つこともあった。同誌の 1935 年 3 月 15 日号に掲載された「新勧誘陣　交直セット売出し　断然好成績に終る　事前の悩みを見事解消」がそれを詳しく取り上げている。記事の冒頭を引用してみよう。

　　南海鉄道電灯電力課では，昨年末本邦に於いて最初の交直流両用ラヂオセットの売用しを開始して多大の好成績を収めたが同社該セット販売の驚異的成功は，従来のセット勧誘並にセット製造業界に重大なるヒントを与へるものとして，俄然各方面の注視の的となつて居る。

　交直両用のラジオというのが，南海の新製品であった。周知のように日本のラジオ放送は 1925 年から始まったが，当初のラジオは直流の電池を使っていた。これに対し，一般の交流電源を使えるラジオが間もなく現れて，エリミネーター式と呼ばれた。エリミネーター式は取り扱いの容易さから急速に普及して 1930 年代にはラジオの主流となり，ラジオ自体の普及も加速させた。

　ところが，第 3 章でも述べたように，当時の南海沿線のような農村では，夜間のみの定額灯しかない地域が多かった。昼間はそもそも電気が送られてこないのである。といって，昼夜間送電する「昼線」を敷設してもらうのは費用がかかる。そこで登場したのがこの交直両用ラジオであった。これは，蓄電池を内蔵したラジオで，送電を受けているときは受信しながら蓄電池を充電し，受けていないときは電池から放電することでラジオが聞けるというものであった。つまり，夜間送電しか受けていない地域でも，昼

1)　「経営資料 敬虔清新の気漲る修養週間(上)阪急灯力課の新試み」『電気経済時論』1934 年 10 月号, 18 頁。

夜間わずラジオが聞けるという製品なのである。

　この製品の売出しの経緯は，南海の社員が東京でこのラジオのサンプルを 1 台入手し，営業は売れるか疑問視したが，現場の人びとが「これは売れる」と推し，地元の企業に作らせたのだという。生産に手間取って売り出したのは 1934 年の 12 月も後半になってのことであったが，沿線の需用家には大好評で，年内に当初生産した 230 台が売り切れてしまい，「注文を断るのに汗ダクの有様」だった。

　このラジオの売値は 38 円で，7 カ月払い 40 円の月賦も行っており，購入者の 8 割ほどが月賦であったという。南海では，電気製品の月賦はこれが初めてであったようで，「同社（南海）がこれ（月賦）を思ひ切つて決行した處に需要家の好感が持てた」と，好売上に貢献した。もっとも電化製品の月賦販売も，阪急では十年以上前の 1924 年からすでに行っており[2]，やはり南海の供給業の経営方針は「退嬰的」だったといえるかもしれない。

　南海にしては珍しい，この新製品売出であるが，その内実を考えてみれば，やはり沿線の電気の需用の希薄さや南海の投資への消極性を物語るものといえよう。ラジオが人気になっても，需用が希薄なため昼線が普及しておらず，そこで先行投資して電線を引くのではなく，ラジオの方を工夫することで乗り切る製品だったのである。電気の利用が夜間のみから 24 時間へと広がっていく流れの中での，徒花であったというべきだろう。

---

2)　「電気器具の月賦販売　危険性なしと観て可　阪急電鉄会社の実績」『電気経済時論』1929 年 3 月号，33 – 37 頁。

第4章　戦前期高島屋における南海鉄道・阪神電気鉄道との協業とターミナル・デパート経営構想

加藤　諭

はじめに

　本章は戦前期大阪における高島屋のターミナル・デパート経営構想から，関西私鉄と百貨店との関係について考察するものである。高島屋は1831年に京都で創業して以降，呉服業を中心として展開していたが，明治期に入って1898年には大阪店，1900年には東京店を相次いで開店させ，京都・大阪・東京の3店舗体制を敷き，1909年の合名会社化（高島屋飯田合名会社）を経て，1919年には株式会社化（高島屋呉服店）を果たしたいわゆる，呉服系百貨店である。

　この後高島屋の大阪における店舗展開は，当初設置されていた心斎橋筋から1922年，大阪堺筋に長堀店開店（地上7階，地下1階，1万560㎡）を開店，さらに1930年には大阪難波に南海店一部開店（同年株式会社高島屋に商号変更）した後に，1932年全館開店（3万3000㎡）し2店舗を構えることとなる[1]。このうち長堀店の方は1939年に閉鎖され，建物は日立製作所に譲渡，大阪における店舗は南海店が旗艦店となっていくことになる。この南海店は名前の通り，南海鉄道難波駅におけるターミナル・デパートであり，高島屋は呉服系百貨店であるものの，関西において鉄道駅のターミナルにおいて経営を展開した

---

1)　この間高島屋では1931年に均一店展開開始するとともに，1933年，東京店新築落成（関東大震災後1927年3階建て店舗で営業）している。

百貨店であった。当時高島屋は，百貨店業界にあって，三越，松坂屋に次ぐ，業界三位の経営規模を誇っていたが，三越，松坂屋に関していえば，高島屋と同様呉服店を出自とする呉服系百貨店であったものの，ターミナル・デパート経営に乗り出すことはなかった。高島屋が南海店を計画・開店させる1920年代後半から1930年代は有力呉服系百貨店による支店網形成が進んだ時期であり，三越，松坂屋はいずれも，戦前期において大阪に支店を構えていたが，三越は高麗橋筋，松坂屋は日本橋堺筋に立地し，駅ターミナル直結の店舗ではなかった。また一般に戦前期ターミナル・デパート経営を行っていったのは，阪急急行電鉄が百貨店部を設けて営業した阪急百貨店に代表されるように，鉄道事業の一部門が百貨店経営を担ったいわゆる，電鉄系百貨店が主軸であった。こうしたことから高島屋の事例は，有力呉服系百貨店がターミナル・デパート経営（南海店）を進めたものとして，当該期における百貨店の全国的展開過程を考察する上で重要な論点といえよう。

　百貨店の展開について，先行研究ではこれまで文化史・社会史的アプローチ（建築，PR誌による流行創出戦略，都市化と大衆化）から，初田亨，神野由紀，山本武利・西沢保，岩淵令治氏らの一連の研究がなされ[2]，経営史的アプローチからは前田和利，藤岡里圭，末田智樹，満薗勇，中西聡，谷内正往，加藤諭氏らの一連の研究がなされてきた[3]。これらの一連の研究によって近現代日本における呉服系百貨店，電鉄系百貨店形成過程については一定の蓄積がなされてきた。一方で呉服系百貨店，電鉄系百貨店という枠組みを架橋する，呉服系百

2)　初田亨『百貨店の誕生』（三省堂，1993），山本武利・西沢保編『百貨店の文化史』（世界思想社，1999），岩淵令治編「〔共同研究〕歴史表象の形成と消費文化」（『国立歴史民俗博物館研究報告』197，2016）

3)　前田和利「日本における百貨店の革新性と適応性」（『駒大経営研究』30（3・4），1999），満薗勇「戦前期日本における大都市呉服店系百貨店の通信販売」（『経営史学』第44巻第1号，2009），末田智樹『日本百貨店業成立史―企業家の革新と経営組織の確立』（ミネルヴァ書房，2010），中西聡，2012，「両大戦間期日本における百貨店の経営展開―いとう呉服店（松坂屋）の「百貨店」化と大衆化―」（『経営史学』47（3），2012），谷内正往『戦前大阪の鉄道とデパート　都市交通による沿線培養の研究』（東方出版，2014），加藤諭「戦前期東北における百貨店の展開過程　―岩手・宮城・山形・福島を中心に―」『講座東北の歴史　第二巻』（清文堂，2014）加藤諭「戦前期東北の百貨店業形成―藤崎を事例に―」『東北からみえる近世・近現代　さまざまな視点から豊かな歴史像へ』（岩田書院，2016），谷内正往・加藤諭『日本の百貨店史：地方，女子店員，高齢化』（日本経済評論社，2018年）

貨店と電鉄資本との協業という視角から分析することについては，先行研究では十分蓄積が進んでおらず，なお研究を進展させる必要がある。その意味で戦前期大阪における高島屋の経営構想の実証的解明は，有力呉服系百貨店が電鉄資本のターミナル・ビルを旗艦店として，ターミナル・デパート経営に乗り出したことの歴史的意義を考察する上で格好の分析対象といえよう。

　ところで高島屋の経営史的研究に関しては，藤岡里圭氏が高島屋の成長を部門別管理制度の発達に着目し検討を進め，末田智樹氏が高島屋の百貨店化と経営一族の飯田家との動きに着目し検討を行い，その中で高島屋南海店開店経緯についても一定程度明らかにしており，本章もこうした先行研究を前提としている[4]。一方で，両者の分析時期設定は，大正期から高島屋南海店開業・東京店新築時期までとなっており，その後の高島屋の百貨店経営の実態については未検討であった。

　また，私鉄による百貨店兼業についても，武知京三氏によって戦前昭和の不況期において私鉄経営多角化の一貫として百貨店への進出が位置づけられており，大阪におけるターミナル・デパートに着目し私鉄兼業の展開過程を解明した谷内正往氏の研究もこうした着実な研究の延長上にあるもので，先行研究として示唆的である[5]。一方で「私鉄兼業」・「ターミナル」に論点が収斂されていることから，ターミナル・デパートを含めた当該期百貨店経営の全体像への視点については，なお分析の余地があるものと思われる。

　そこで，本章では1930年代における高島屋の大阪における事業展開を，その構想も含めて解明したい。前述の通り，戦前期高島屋は南海店を設置し大阪における旗艦店としていったが，高島屋のターミナル・デパート経営の全体構想は，阪神電気鉄道と協業するかたちで梅田店を展開する構想を持っていた。1920年代後半，阪神電気鉄道は大阪市との間で，大阪市営地下鉄御堂筋

---

4)　藤岡里圭『百貨店の生成過程』（有斐閣，2006年），末田智樹「明治・大正・昭和初期における百貨店の成立過程と企業家活動 (1)(2)(3) ― 高島屋の経営発展と飯田家同族会の役割」『中部大学人文学部研究論集』，Vol.18・19・20，2007年・2008年。

5)　武知京三『日本の地方鉄道網形成史―鉄道建設と地域社会』（柏書房，1990年），谷内前掲『戦前大阪の鉄道とデパート　都市交通による沿線培養の研究』，谷内正往「大阪になぜ「南海百貨店」がないのか」『大阪商業大学商業史博物館紀要』第19号，2018年。

線計画と呼応するかたちで梅田でのターミナル・デパート開設を模索しており，1929年から1930年にかけて高島屋は誘致を受けて出店を具体的に構想していくことになる。高島屋は梅田と難波の南北にターミナル・デパートを有する百貨店を大阪で企図していたのである。最終的にこの梅田店構想が実現することはなかったものの，高島屋の南海店もそうした高島屋の大阪における経営構想を踏まえた上で捉えていく必要があろう。これまで高島屋の経営構想については，社史等で一部叙述がなされているものの，一次史料に基づく分析は行われてこなかった。本稿では高島屋史料館所蔵の『取締役会決議録』などを用いて，南海店の設置経緯とその後の展開，および梅田店構想とその経緯の双方を実証的に分析し，高島屋側のターミナル・デパート経営構想を通じて，戦前期大阪における呉服系百貨店と電鉄資本との協業の内実について解明したい。

1. 南海鉄道難波駅賃借交渉と高島屋

高島屋がターミナル・デパート経営に乗り出す初発は，南海鉄道難波駅への百貨店進出であるが，高島屋史料館所蔵の取締役会，高島屋百年史編纂時の補遺史料等から，その経緯をまず追ってみたい。高島屋側に本件がもたらされたのは，1928年4月30日に当時昭和日々新聞社客員で南海鉄道株式会社顧問役を務めていた殿井仁三郎の高島屋長堀店訪問時であった[6]。このとき応対したのは田中信吉高島屋常務取締役であったが，殿井は大阪における学芸美術方面の新聞記者経歴から，田中とは既知の間柄であったという[7]。このとき殿井が田中にもたらした情報は，南海鉄道株式会社では難波駅を高架鉄道駅として改築し，大部分は自社使用以外に貸与する計画を進めているというもので，ついては高島屋で賃借の意向があるか否か5月9日までに回答を受けたい，というものであった[8]。4月30日当日中に田中ほか，飯田直次郎専務，細原和

---

6) 長堀店は当時，大阪店とも呼称されていたが，南海店や梅田店との比較上，本章では長堀店で以下名称を統一する。

7) 「大阪南海店舗を得るまで」『高島屋営業史補遺資料』1943年，396–397頁，高島屋史料館所蔵。

8) 田中信吉「戊辰戦跡 昭和三年七月四日（南海ビルヂング交渉始末）」『高島屋営業史補遺資料』1943年，

一取締役，林田楢次郎理事の四名で相談が持たれ，翌 5 月 1 日にも対策協議が行われた結果，南海鉄道株式会社岡田意一専務に事情をうかがうべく，高島屋側から店員を派遣し，合わせて殿井顧問には回答数日延引の旨連絡をすることとなった。5 月 9 日，田中信吉が京都に赴き，飯田新七社長，三宅福太郎監査役に状況報告，5 月 10 日飯田直次郎と岡田意一との両者専務級の面談が持たれ，席上において飯田直次郎から岡田意一に対して，難波駅に増築する大部分を高島屋が借り受けたい，という希望が伝えられた。

　その後高島屋の方針として，5 月 11 日第 164 回取締役会議において，難波駅は「其有望なる地点なるにより借入案に賛し至急交渉を進めるこ[9]」との決議がなされた。取締役会議は，前日の飯田直次郎専務が南海側に伝えた借り受け希望の回答を追認しており，5 月 9 日以前において，難波駅へ進出する意向は高島屋経営陣の中で固まっていたものと思われる。このように，高島屋はこのとき，殿井仁三郎からもたらされた南海鉄道難波駅案件から 10 日程度という短期間で，非常に迅速な判断で出店方針を決定している。この経営判断の背景には，難波駅での百貨店経営が立地として有望である，という取締役会での決議事由だけでなく，同時期，同業他社の三越も難波駅出店を企図していたことがあげられる。

　これより 1 か月半ほど後になるが，1928 年 6 月 27 日付で大阪朝日新聞は，「新築の南海ビルに設ける百貨店市場の争奪戦　勝利は三越か高島屋か　猛烈な賃借の競争入札」との記事を掲載している。この記事によれば「建築関係者の縁故を辿つて先づ三越が借受方を申込み，引続いて高島屋その他の商人から続々として申込みがあり，小商人は取るに足らぬにしてもその中の二大百貨店たる三越と高島屋が端なくも猛烈な借受競争となり火花の散るやうな激しい運動が開始された」とあり，「それに就て南海社長を始め重役連の意向では三越は相当に儲けても居り此の上南大阪まで出張つて来やうといふのはチト厚面ましいかの観があ

　399 頁，高島屋史料館所蔵。

9)　「第百六十四回取締役会議決議録」1928 年 5 月 11 日『取締役会議決議録　昭和二年一月二十二日～昭和六年十月十九日』，高島屋史料館所蔵。

124

る。一方高島屋はその地理の関係からでも此処に一店を設ける事に無理がなく，若し三越が長駆一番して南海口を扼するときは全く高島屋の立場が無くならうとの同情もあつて，成可くならば高島屋に貸して遣りたい気ではあるが，然し勝手にも行かぬ」との見方が示されている[10]。大阪朝日新聞が報道している高島屋びいきの言説は差し引いて考える必要があるにしても，殿井仁三郎の高島屋への接触は，南海鉄道側がビル賃貸借契約交渉を三越に一本化していたわけではなかったことを意味しており，後述するように両社を天秤にかけていた節がある。高島屋側としても三越との大阪における競合から，同所が三越に取られるよりは進んで高島屋が出店する，という経営判断を取ったものと思われる。

　さて取締役会の決議を受け，その後5月中は高島屋が難波駅のターミナル・ビルを借り受けることが出来るよう，政財界の様々なチャネルに働きかけを強めていくことになる。5月14日飯田直次郎は大阪瓦斯会長で阪神電鉄の監査役を務めていた片岡直方から意見を聴取，5月19日には田中信吉が大阪市会議長の白川朋吉を，同月21日には新日報社社長の野田廣二をそれぞれ訪問し対策方を依頼，白川は5月23日段階で関一大阪市長にも取り次いだことを田中に告げている。5月24日から28日まで飯田直次郎は上京，5月26日には，折に触れて高島屋の経営に関し相談に乗っていた日本銀行総裁井上準之助をたずねている。このほか飯田直次郎は上京中，5月27日には高島屋飯田株式会社専務の飯田藤二郎とともに立憲民政党の政治家江木翼，28日には青木周三元鉄道次官にも面談している[11]。井上は当時南海鉄道株式会社社長を務めていた渡辺千代三郎と知己であり，井上を通じて本案件が円滑に進むことの斡旋を依頼したと思われるが[12]，直接渡辺千代三郎とのパイプをつないだのは，江木翼であったようで，5月31日飯田藤二郎を介して江木翼から連絡があり，

10)「新築の南海ビルに設ける百貨店市場の争奪戦　勝利は三越か高島屋か　猛烈な賃借の競争入札」1928年6月27日付大阪朝日新聞『高島屋営業史補遺資料』1943年，204頁，高島屋史料館所蔵。

11)　青木周三は鉄道官僚で1926年まで鉄道次官を務め，退任後は貴族院議員となり，1929年にも鉄道次官を再任。江木翼は1929年濱口雄幸内閣時に鉄道大臣となり，第二次若槻内閣においても引き続き鉄道大臣を務めている。

12)『高島屋135年史』編纂時にまとめられた『135年史補遺項目別詳細記録』では，飯田直次郎専務，田中信吉常務が井上準之助を訪問した際，井上からは「貴族院で渡辺とよく話すから安心しておれ」との

同日中に飯田直次郎と渡辺千代三郎との面会が実現した。ここで高島屋側は，南海鉄道における三越との交渉担当である後藤佐彦取締役（技師長）の紹介と，その進捗状況についての情報を得ることとなる。

　翌 6 月 1 日田中信吉は殿井仁三郎と面談し，三越側と後藤左彦との関係に注意を払うことが話し合われており，6 月 4 日から 5 日にかけて飯田直次郎高島屋専務は，渡辺千代三郎南海鉄道社長，後藤佐彦取締役らと面談し，1 両日中に高島屋側の賃借条件を示すこととなった。6 月に入って高島屋は先行する三越をにらみつつ，条件交渉を本格化していくことになるのである。6 月 6 日には飯田直次郎専務，田中信吉常務，細原和一取締役，村松善次郎取締役，三宅清二郎取締役，林田楢次郎理事，前川梅吉 [13]，川勝堅一，大谷友之進，小瀬竹松による臨時本店会議が開催された。前川以下は通常取締役会の構成メンバーではなかったが，前川は当時大阪長堀店支配人の立場にあり，川勝は翌 1929 年に大阪長堀店支配人を務めることになる人物で，大谷，小瀬は 1928 年に欧米視察を命ぜられ，帰国後大谷は川勝の後を受けて 1933 年に大阪南海長堀両店支配人，小瀬も 1930 年には東京店支配人となりその後取締役となっていく。臨時本店会議は大阪における事実上の舵取りを担っていた店員で構成されており，ここで高島屋側の賃借条件が審議されたものと思われる。

　6 月 7 日飯田直次郎は南海鉄道本社にて後藤取締役と面会，高島屋の賃借条件を口頭で伝達することになる。これとは別ルートとして 6 月 9 日平賀義美が，渡辺千代三郎南海鉄道社長と面会，その成行きを細原和一高島屋取締役に伝えている。平賀は，工学博士の学位を有する応用科学者である一方で，大阪織物株式会社社長を務めるなど，関西における実業家としての顔も有しており，渡辺千代三郎や，片岡直方などとも知己の関係にある人物であった [14]。また同日には野田廣二新日報社社長も高島屋長堀店に訪れている。関西のメディアや

　回答があり，「かくて渡辺社長との第 1 回公式会談の道が拓かれた」と井上準之助の役割を評価している。「長堀―南海―両店統合」『135 年史補遺項目別詳細記録』1968 年頃作成カ，高島屋史料館所蔵。

13）梅川梅吉は 1900 年に高島屋に入店，1922 年に経理部長，1926 年に大阪長堀店支配人，1933 年均一総本部相談役，1938 年に丸高均一店設立に際し取締役となり，丸高均一店解散後は本社嘱託となり，1948 年退職。高島屋 135 年史編集委員会編『高島屋 135 年史』1968 年，138，266，267 頁。

14）大林芳五郎傳編纂會『大林芳五郎傳』大林芳五郎傳編纂会，1940 年。

126

実業界のチャネルも利用しながら，高島屋側は交渉を有利に進めようと努めていたことが分かる。6月10日にも飯田直次郎専務と細原取締役は平賀邸を訪ね，渡辺千代三郎南海鉄道社長への働きかけを依頼している。

　6月11日には田中信吉も含め，飯田直次郎と後藤南海鉄道取締役との間で再度会談の場が持たれた。この時高島屋側が提示した賃借額は契約希望の建物4000坪1年当たり40万円，というものであった。田中の記した交渉始末記録『戊辰戦跡』には「四千坪四拾万見当迄切り込み」とある。後述するように高島屋が梅田に進出する際，阪神電鉄側との交渉で想定されていた賃借条件は，総床面積約42900平方メートル（13000坪）を半期で45万円，年額1坪当たり69.2円の計算であったのに対し，難波における賃借額は，この時点で年額1坪当たり100円換算となっていた。また6月14日付で東京店にあった村松善次郎取締役から，松屋銀座店の賃借料調査の情報がもたらされているが，これによれば年当たりの賃借額は57万5,000円，当時松屋銀座店の総床面積は23575.2平方メートル（7144坪）であったから[15]，1坪当たりの年額は約80.5円，銀座の一等地での百貨店経営という同業他社の状況と比較しても，高島屋側はかなり大きな賃料を払う覚悟を持っていたことが分かる。この間6月8日に開催された第165回取締役会では，飯田直次郎専務より南海電鉄との交渉経過および対策について報告がなされているが[16]，田中信吉常務の記録によれば飯田直次郎の報告は追認されている[17]。決議の状況からして，取締役会は大阪での交渉について，飯田直次郎を中心とした執行部に事実上一任していたといえよう。

　しかし，高島屋の賃借料提示額でもっても，なお三越の方が6月中旬までにおいて交渉は有利に進めていたようである。これまでは口頭による条件提示であった高島屋は，6月14日飯田直次郎専務以下，田中常務，細原取締役，林田理事による協議の上，第一回覚書を作成し，文書をもって条件提出の方針

15）松屋社史編集委員会『松屋百年史』株式会社松屋，1969年，188頁。
16）「第百六十五回取締役会議決議録」1928年6月8日『取締役会決議録　昭和二年一月二十二日〜昭和六年十月十九日』高島屋史料館所蔵。
17）前掲「戊辰戦跡　昭和三年七月四日（南海ビルヂング交渉始末）」402頁，高島屋史料館所蔵。

を決定し，渡辺南海鉄道社長に覚書写を郵送，6 月 19 日飯田専務，田中常務が後藤取締役に対し，覚書の説明のため南海鉄道本社を訪問することになる。しかし，このとき後藤取締役の態度は「三越の先願権，提出金額の差等に付不利なる挨拶あるのみ」というものであった。この日飯田直次郎，田中信吉，林田栖次郎，前川梅吉が大阪長堀店で「本件最後の決意を定べく」協議，翌 20日には京都において臨時本店会議が開催され，飯田新七社長以下 10 名が集まり「南海最後の相談」がなされた [18]。田中の記録にはいずれも「最後」と記されており，次の交渉で不調の場合は交渉打ち切りとなるであろう，という高島屋側が提示し得る賃借契約額上乗せの限界が定められたものと思われる。

　当時報道された大阪朝日新聞の記事によれば，南海鉄道は三越，高島屋「両店をして入札的に賃貸料を申出さしめる事としたので，双方ギリギリ決着といい処まで算盤を採り三越の如きは大事をとつて最初のものを撤回し改めて提出する等なかなか激甚な争奪戦が行はれてゐるが，目下会社が経営して年に十万円の利益を揚げてゐる食堂なども勿論この百貨店内に含まれるのであるから，開札の際は大阪一の家賃として「レコード」を造られる事であらう」という状況であった。南海鉄道が三越，高島屋を競わせる構図となっており，三越も対抗的に賃借料を上乗せして提示するなど，交渉は佳境に入りつつあった [19]。

　6 月 20 日の臨時本店会議の後，同日中に，飯田直次郎と林田栖次郎は東京に向かい，6 月 22 日飯田藤二郎とともに江木翼邸を訪問し，交渉が有利に進むよう支持を懇願，大阪においても，6 月 20 日細原和一が平賀義美と面会し，渡辺千代三郎南海鉄道社長に再度掛け合ってもらうことを懇願，6 月 21 日には田中信吉が岡田意一南海鉄道専務と面談，高島屋側の決意を力説している。このうちどのルートからの流れかは判然としないものの，6 月 23 日に飯田直次郎専務が渡辺千代三郎邸を訪問する機会を得ることが出来，賃借条件についての直談判を行うことになる。結果は「レント条件に付有利なる暗示を受

18) 前掲「戊辰戦跡　昭和三年七月四日（南海ビルヂング交渉始末）」404 頁，高島屋史料館所蔵。
19) 前掲「新築の南海ビルに設ける百貨店市場の争奪戦　勝利は三越か高島屋か　猛烈な賃借の競争入札」
　　1928 年 6 月 27 日付大阪朝日新聞『高島屋営業史補遺資料』1943 年，204 - 205 頁，高島屋史料館所蔵。

く，之にて事態一変す」るというのもので，交渉局面は高島屋有利の展開となっていく。後に妥結することになる契約条件は，4000坪について1年当り489,600円ということになるから，ほぼこの水準で最後の交渉に臨んだとすれば，6月11日案に比べて2割以上，賃借額を上乗せする条件提示であったことになる。さっそく高島屋長堀店で，飯田直次郎，田中信吉，細原和一，林田楢次郎，前川梅吉により覚書が作成されたが，6月23日案で交渉において有利に立ったという連絡は，同日岡田意一南海鉄道専務からももたらされることになる。おそらくは渡辺と岡田がそれぞれ伝えてきた勘所が微妙に異なるものであったのであろう。それらの情報を加味して，高島屋では，結局2種類の覚書を作成し，これを23日中に飯田直次郎が岡田に提出することとした。またその足で飯田直次郎と田中信吉は京都へ向かい，飯田新七社長，飯田新太郎取締役[20]，三宅福太郎監査役，渋谷弁治郎理事に状況報告および対策協議を行った。このように高島屋と南海鉄道との交渉は6月23日が画期であった。

　6月24日から27日にかけては殿井仁三郎南海鉄道顧問，野田廣二新日報社社長，白川朋吉大阪市会議長からの連絡や情報交換が続き，6月29日段階においても高島屋有利の状況が確認されていたが，同日後藤佐彦南海鉄道取締役より，30日に確答するので南海鉄道本社に出社してほしい旨電話がもたらされた。6月30日，高島屋の飯田直次郎専務，田中信吉常務，霜田長堀店装飾部勤務の3名と，南海鉄道側の岡田意一専務，後藤佐彦取締役とが面会し，南海鉄道より契約締結に関する覚書原稿が渡された。ここにおいて高島屋が南海鉄道難波駅の新ビルディングを賃借することが事実上確定することとなる。この情報はすぐさま東京の飯田藤二郎監査役，村松善次郎取締役にも伝えられ，同日京都で飯田新七社長，飯田直次郎専務，田中信吉常務，飯田新太郎取締役，三宅福太郎監査役，渋谷弁治郎理事，小沢直次郎京都店支配人が集まり，賃借妥結の件が報告された。翌7月1日，大阪で前川梅吉長堀店支配人以下幹部店員にも本件が伝えられるとともに，大阪にあって交渉を支援した殿井仁三郎，野田廣

---

20) 四代飯田新七の長男で，欧米百貨店事情視察中であったが，6月22日に帰国していた。前掲『高島屋135年史』1968年，139頁，前掲「戊辰戦跡　昭和三年七月四日（南海ビルヂング交渉始末）」405頁，高島屋史料館所蔵。

二，白川朋吉にも解決方報告を行い，また白川には南海作成覚書原案の内容確認を依頼した。そして7月2日，南海鉄道本社において高島屋の飯田直次郎専務，田中信吉常務，霜田長堀店装飾部勤務と，南海鉄道側の渡辺千代三郎社長，岡田意一専務，後藤佐彦取締役との間で，覚書の相互調印が完了する。その後7月8日開催された高島屋の第166回取締役会において「南海ビルディング賃借契約に関し南海鉄道株式会社と当社との間に覚書調印交換追認の件」が議題にあげられ，飯田直次郎専務より交渉経過始末の報告がなされた上で，南海鉄道との「賃借覚書調印交換の件に付ては追認可決」された。合わせて「南海ビルディングに於ける営業開始準備及建築設計交渉準備委員選出の件」が諮られ，準備方針について長堀店総務部において決定された計画を田中常務が報告し，準備委員として前川梅吉長堀店支配人，大谷友之進長堀店営業本部長，川勝堅一長堀店支配人代理，倉橋友四郎長堀店装飾部長に委嘱することが可決，同委員会は細原和一取締役が取りまとめることとし，長堀店において進めていくこととされた。次いで「百貨店事情視察のため米国へ店員派遣の件」が審議され，南海経営の準備視察として長堀店より2名派遣すること，人選として1名は大谷友之進長堀店営業本部長とし，他1名は長堀店の支配人以下幹部店員の意向を汲み本店総務部において選任することとされた[21]。ここにおいて高島屋として名実ともに高島屋の南海店進出が決定された[22]。

7月25日の第167回取締役会では，細原和一より「南海鉄道株式会社の建築当事者（後藤技師長，担当技師久野氏，工務課長平瀬氏）と当方の準備委員等との面会協議の成行」が報告され，「当初南海設計原案地上六階建を七階建に変更賃借面積増加に関する件はいまだ確たる設計図面出来上がらざるを以て其完成を待つて賃借面積増加対案を協議決定すること」となった[23]。また高島屋と南海鉄道との交渉において尽力あった関係者について謝意を表することについて8月8

---

21) 大谷以外の1名は前述の通り，小瀬竹松が選任されることになる。

22) 「第百六十六回取締役会議決議録」1928年7月8日『取締役会決議録　昭和二年一月二十二日〜昭和六年十月十九日』，高島屋史料館所蔵。

23) 「第百六十七回取締役会議決議録」1928年7月25日『取締役会決議録　昭和二年一月二十二日〜昭和六年十月十九日』，高島屋史料館所蔵。

日開催された第 168 回取締役会で審議され，本店総務部に一任された[24]。

　その後，1930 年 2 月 21 日付けの会談で，南海鉄道の後藤佐彦より飯田直次郎に渡された賃借料申込書では，全館完成時には，契約済の面積約 13,200 平方メートル（4000 坪, 1 か年当り 489,600 円）に加えて，ビル増築分約 4950 平方メートル（1500 坪）を 1 か年当り 144,000 円（坪 1 か月 8 円），駅構内高架下約 990 平方メートルを 1 か年当り 12,600 円（坪 1 か月 3.5 円），正面玄関脇喫茶店用地約 224.4 平方メートル（380 坪）を 1 か年当り 32,640 円（坪 1 か月 40 円），1 階階段脇売店用地譯 49.5 平方メートル（15 坪）を 1 か年当り 5,400 円（坪 1 か月 30 円）が追加で賃借予定となっており，場所によって坪当たりの賃借料は個別に設定されていたものの，このため合計の年間賃借料は 684,240 円とさらに賃借料は増額となったことがわかる[25]。

　以上みてきたように 1928 年 4 月に高島屋にもたらされた南海鉄道難波駅新ビルディング貸借案件は同年 7 月までに高島屋が進出することで決着となっ

表 4-1　南海鉄道難波駅ビル賃借料（1930 年 2 月 21 日時点）

単位：坪，円

		坪	坪一ヶ月（円）	一ヶ年（円）
全館完成後	内契約済坪数	4,000	10.2	489,600
	追加坪数（ビルヂング）	1,500	8	144,000
	同　　（構内高架下）	300	3.5	12,600
	計			646,200
其の他追加御希望の分	正面玄関脇喫茶店用	68	40	32,640
	一階階段売店用	15	30	5,400
	計			38,040
			合計	686,240
第一期完成後	地下室食堂及料理場	380	6	27,360
	二階及至六階東半	1,000	6	72,000
	一階玄関脇喫茶店用	68	30	24,480
	計			123,840

出所：田中信吉「戊辰戦跡　昭和三年七月四日（南海ビルヂング交渉始末）」『高島屋営業史補遺資料』1943 年，高島屋史料館所蔵。

24)「第百六十八回取締役会議決議録」1928 年 8 月 8 日『取締役会決議録　昭和二年一月二十二日〜昭和六年十月十九日』，高島屋史料館所蔵。

25) 前掲「戊辰戦跡　昭和三年七月四日（南海ビルヂング交渉始末）」407 – 408 頁，高島屋史料館所蔵。

た。高島屋が難波駅への出店を決めた前年，高島屋では他にも出店計画が検討
されている。1927年12月19日の支配人会議では，「東京新宿に適当なる箇
所あるを以て分店設置に付東京店支配人より其調査内容等に付説明」が行われ，
新宿進出案が議題に上っている。しかし，このときの意見は「東京店主体の方
に付更に促進の方法を講じる事を必要とし本体が現在の如き小規模なるに分店
を張ることは不可なるべく又二店を経営する事の不利益高級品取扱を以て称せ
らるる当店が果して純マーケット式経営に依りて果して客を吸収し得るか疑問
とする事等設置を付加とする説」が多数であり，「当会議にては賛成説成立た
ず結局本体の促進に一致」との結論が出されている[26]。

　この事例では，東京において2店体制を取ることについて否定的な見解が
出されている点において，すでに長堀店があるにもかかわらず，難波駅にも店
舗を設けるという大阪における経営判断とは異なっている。一方で，1927年
における新宿分店案は，東京における旗艦店計画を優先すべき，というもので
あり，当該期において大規模な店舗を有していない状況下で，新宿も分店とし
てマーケット式経営による小規模店舗が想定されており，大阪とは条件が違っ
ている。高島屋の東京店は日本橋に置かれていたが，1923年の関東大震災に
より店舗焼失の被害を受け，その後1927年9月に木造2階，一部3階建て
の新店舗を再建したものの，日本橋から銀座にかけては，三越，松屋，松坂屋
などの同業他社がより大規模な店舗を竣工していった中にあって見劣りするも
のであった。そのため，高島屋ではまず本格的な大規模建築による高島屋東京
店を設けることが目指されることになったのである[27]。東京，大阪の2案件
からは，高島屋の方針として，現状よりも規模の大きな店舗を獲得する計画
であれば，既存店舗を有したままで，同一地域での2店舗体制も可とするが，
小規模な2店舗体制を敷く経営判断は行わなかったことが分かる。

---

26)「昭和二年十二月度支配人会議決議録」1928年12月19日『取締役会決議録　昭和二年一月二十二日
　　～昭和六年十月十九日』，高島屋史料館所蔵。
27) 高島屋は日本橋の日本生命のビルと賃借契約を結び，1933年3月8日建て，約29326平方メートル
　　の東京店を構えるに至る。前掲『高島屋135年史』1968年，395, 403頁。

表4-2　南海鉄道と高島屋との交渉経緯

年	月　日	内　　容
1928年	4月30日	殿井仁三郎氏来店（南海鉄道株式会社顧問・昭和日日新聞社客員） 田中高島屋常務面接。南海案の初聴取。九日までに回答要求
	同日	高島屋の飯田直次郎専務（以下、専務）・田中信吉常務・細原和一取締役・林田楢次郎理事が本件協議
	5月1日	本店（大阪本店事務所）にて本件対策協議
		霜田店員（当時大阪店装飾部勤務）による岡田南海鉄道専務訪問・事情精査を決定
	同日	牧野店員（美術部勤務）、殿井仁三郎氏宅を訪問。同氏宛依頼・本件回答の数日延引を発信
	5月5日	本店にて、専務・常務・細原・林田・霜田が南海交渉方法について協議
	5月6日	霜田の明七日岡田南海鉄道専務訪問の打合せ
	5月8日	牧野、殿井氏宅を訪問。明九日の会見延期了承を求める
	5月9日	田中常務入京（註：入洛）。元締にて飯田新七高島屋社長、三宅福太郎監査役らに南海本案の詳細報告
		殿井氏と牧野が会食。本件回答の延期を求める
	5月10日	南海本社にて、専務・霜田が岡田南海鉄道専務に面会。初めて公式に高島屋による貸借希望を申し込む
	5月11日	京都元締所にて当社取締役会を開会。専務より本件成行報告。
	5月14日	片岡直方氏海外旅行送別会に専務出席。本案対策について片岡氏に意見聴取
	5月15日	片岡直方氏指示の方針について、専務・常務が実行案を協議
	5月18日	殿井氏来店につき、田中常務面会
		本店にて、殿井氏促進案を専務・常務・細原・林田・霜田が会合相談。
	5月19日	田中常務、本件対策相談のため、白川朋吉氏（当時大阪市会議長）宅訪問を依頼。
	5月21日	本件対策について、田中常務の新日報社長野田氏訪問を同社に依頼。
	5月23日	白川氏来店につき、田中常務面会。本件を関市長に依頼するよう助言
	5月24日	専務東上
	5月25日	殿井氏来店。南海対策について田中常務面会
	5月26日	牧野、殿井氏宅訪問の手紙を託送
		専務、井上準之助（当時民政党総裁）邸を訪問。南海案を初めて報告、紹介を依頼。
	5月27日	専務、江木翼（当時鉄道大臣）邸を訪問。
		飯田藤二郎（当時高島屋飯田株式会社専務取締役）が同伴し、南海案を紹介、後援を依頼。
	5月28日	本店にて、田中・霜田と南海鉄道課長連中が対策協議。
		専務、飯田藤二郎氏同伴にて、青木周三氏（元鉄道次官）を訪問、紹介依頼。
		専務、中山隆吉課長を訪問。
	5月29日	専務帰阪。常務同伴にて、呉竹庵にて飯田新七高島屋社長に面会復命し、打合せ
	5月31日	飯田藤二郎氏より来電。江木翼より至急渡辺氏（当時南海鉄道株式会社社長渡辺千代三郎）を訪問すべしとの電話
		専務、大阪瓦斯株式会社にて渡辺南海鉄道社長に初めて面会依頼。三越対後藤南海鉄道技師長の交渉成行が判明
		専務・常務・細原・林田が対策協議。

	荒木三郎氏来店につき，細原・霜田面会。
	専務，急行東上。
6月1日	殿井氏来店につき，田中常務面会。三越対後藤南海鉄道技師長の関係を注意喚起。
	専務，後藤氏宛紹介依頼の件で江木翼を訪問。
6月3日	専務，江木翼の紹介状を持参し，後藤氏自宅を訪問するが不在
6月4日	専務，南海本社に後藤南海鉄道技師長を訪問，依頼。渡辺南海鉄道社長遇見。
6月5日	専務，南海本社に後藤南海鉄道技師長を訪問。本件設計の青写真，その他貸借参考書類等を持ち帰る。
	一両日中に条件提出の必要があり，直ちに本店にて専務・常務・細原・林田が協議。明6日に臨時本店会議開催を決定。
	野田新日報社長来店につき，専務・常務面接。
	田中常務，大阪市役所議長室に白川朋吉氏を訪問，依頼。
6月6日	本件について臨時本店会議開会
	専務・常務・細原・村松善次郎取締役・三清清次郎取締役・林田・前川梅吉大阪長堀店支配人・川勝堅一（大阪長堀店勤務）・大谷友之進（大阪長堀店勤務）・小瀬竹松（大阪長堀店勤務）諸氏会合
	専務，常務を同伴し，南海本社を訪問。岡田・後藤二氏に面会。
6月7日	専務，南海本社訪問。後藤氏に面会。条件を口頭で伝える。
6月8日	京都元締所での取締役会にて，提出案について説明，承認を得る。
6月9日	野田新日報社長来店につき，牧野面接。池澤庶務課長対話の件について。
	平賀義美（工学博士元大阪織物株式会社社長），南海訪問での渡辺南海鉄道社長面会成行始末の詳細報告につき，細原面会。
	岡田南海鉄道専務，硫酸遭難事件あり。
6月10日	本店にて，専務・常務・細原・林田協議。
	専務，細原同伴にて，平賀邸を訪問。渡辺南海鉄道社長，明日東上につき，さらに発信を依頼。
	殿井氏来店につき，田中面会。成行報告と対策打合せ。
6月11日	専務，常務二人同伴にて，南海本社に後藤氏を訪問。四千坪四十万見当まで切り込み依頼。
	田中，新日報社に野田社長を訪問。対策について依頼。
6月12日	飯田藤二郎，東京にて渡辺南海鉄道社長に面会の結果，電報にて要項報告を受ける。
	南海案貸借詳細対照表を作成し，これに基づいてさらなる対策を研究。
6月13日	飯田藤二郎より渡辺南海鉄道社長・江木翼との面会の成行詳報が来着。村松作成の飯田藤二郎へ提出する南海案採算表写が到着。
	南海食堂〔当時南海鉄道が難波駅の一隅に経営〕収支計算表を入手。
6月14日	村松氏より，問合せ中の東京銀座松屋の貸借調査について来電，情報入手。
	本店にて，常務・専務・細原・林田が協議の上，覚書（第一回）を作成し，文書での条件提出に決定。
	専務，常務同伴にて，覚書を持参して南海本社に後藤氏を訪問。同氏不在にて交付依頼。
	専務，岡田氏邸に遭難お見舞い。
	細原，平賀邸を訪問。南海へ提出の覚書写を渡す。
6月15日	専務，常務同伴にて，南海本社に後藤氏を訪問。同氏，昨夜東上にて不在中。
	飯田藤二郎宛の南海へ提出の覚書・計算書写を送付，後藤氏東上を報告。

		渡辺南海鉄道社長宛に，専務から覚書写を郵送。
	6月19日	専務，常務二人同伴にて，南海本社に後藤氏を訪問。提出の覚書について説明を求められるが，三越の先願権，提出金額の差などについて不利との挨拶があるのみ。
		本件最後の決意を定めるため，本店にて専務・常務・林田・前川が協議。
	6月20日	京都元締所で臨時本店会議を開く。
		社長・専務・常務・細原・三清・林田・三宅・渋谷弁治郎監査役・前川・小澤直次郎京都店支配人の十人で南海案の最後の相談をし，その結果，専務・林田二氏が今夕に急行東上。
		細原，平賀邸を訪問。再度，渡辺南海鉄道社長訪問を懇願。
	6月21日	田中・霜田同伴にて，岡田氏邸を訪問するも病中にて，明日会社での面会を約す。
		専務・林田が東京到着。飯田藤二郎同伴にて江木翼を訪問するも不在。
	6月22日	田中，霜田同伴にて，南海本社に岡田南海鉄道専務を訪問。当店の決意と懇願を力説。
		専務・飯田藤二郎氏，江木翼邸を訪問，懇願。江木翼，今夕に急行名古屋行。
	6月23日	専務・林田二氏，今夕に帰西。林田，京都元締所に立寄り復命。
		専務，渡辺南海鉄道社長邸を訪問，面会。貸借条件について有利な暗示を受けたことにより，事態は一変する。
		本店にて，専務・常務・細原・林田・前川が集合し，最後案を協議，第二覚書を作成。
		岡田南海鉄道専務よりの召電により霜田出社。貸借について有利な暗示を受ける。これにより，第三覚書を作成。
		この二つの案を覚書二通とし，専務，霜田同伴にて南海本社を訪問し，岡田専務に提出。
		専務，常務同伴にて上京（上洛）し，元締において社長・専務・飯田新太郎氏（欧米百貨店事情視察中の処六月二十二日帰朝）・三宅・渋谷・常務の六人が集合し，今日までの状況を復命。今後の対策を協議する。
	6月24日	専務，名古屋に江木翼を訪問，面会を得ず。
		殿井氏来店につき，田中面接。経過報告。
	6月26日	新日報夕刊紙上に南海ビルヂング争奪戦の記事掲載について，同社野田社長より電話あり。
	6月27日	白川氏来店につき，田中面接。新日報記事とその対策について打合せ。
	6月28日	専務，今夕に急行東上。
	6月29日	専務，今朝東京に到着。
		霜田，南海本社に提出の覚書の結果に関する情報を視察。有利な状況にあることが判明。
		後藤南海鉄道技師長より明30日に確答するため，専務，常務，霜田同伴にて出社を求める電話あり。
		今夕，専務に帰西を求める発電。成行を電話する。
	6月30日	専務，常務，霜田同伴にて南海本社を訪問。本件最後の解決について，岡田南海鉄道専務・後藤南海鉄道技師長より懇話。
		契約締結に関する覚書原稿（南海作成案）を受け取る。
		渡辺南海鉄道社長に面会し，お礼言上。
		本件決定の旨を飯田藤二郎・村松宛に発電して通知。
		専務，常務同伴にて上京し，元締において社長・専務・新太郎氏・新三郎氏・

	7月1日	三福・小澤・常務が集合。 南海本件解決を報告。 田中常務，白川氏邸を訪問。南海作成覚書原案の検閲を依頼し，解決の旨を報告。 殿井氏・野田社長来店につき，田中常務面接し，南海案解決の大要を報告。 飯田新七高島屋社長，平賀義美を訪問し，御礼言上。 大阪店幹部店員（前川支配人以下八人）を本店に集め，本件解決の概要を発表。
	7月2日	専務，常務，霜田同伴にて南海本社を訪問。岡田・後藤二氏，渡辺南海鉄道社長に面接。本覚書に相互調印し，完了。

出所：田中信吉「戊辰戦跡　昭和三年七月四日（南海ビルヂング交渉始末）」『高島屋営業史補遺資料』1943年，高島屋史料館所蔵。

2.　阪神電気鉄道梅田駅賃借交渉と高島屋

　1929年5月27日，京都飯田元締所において，高島屋の第180回取締役会議が開催された。前年の南海鉄道難波駅交渉が一段落した中，飯田直次郎専務，田中信吉常務より新たに大阪梅田における，阪神電気鉄道株式会社（以下阪神電鉄）の百貨店経営に関する動向が報告された。取締役会議で報告された時系列によれば，阪神電鉄の百貨店経営に関する動向を高島屋側にもたらした窓口は，建設会社大林組の大林義雄社長であった。大林と高島屋側とは少なくても1929年5月12日以前より会談の場を設けていたが，5月13日取締役であった細原和一が大林義雄を訪問，取締役級による接触が持たれた。5月19日には田中信吉常務に状況報告があがり，5月20日には飯田直次郎専務が大阪瓦斯会長で阪神電鉄の監査役を務めていた片岡直方に面談，5月22日，さらに飯田直次郎専務は阪神電鉄の今西與三郎専務とも面談を行い，百貨店経営に関する「プランを受取」った。取締役会決議録にはこのプランの詳細は記録されていないものの，当該案件を「梅印」と記載しており，阪神電鉄による梅田における百貨店経営案件であったことがわかる。また後述するように，この時の計画は高島屋が，阪神電鉄が建設する建物を賃借し，百貨店として経営するというものであったと思われる。以上の報告を受けて，取締役会では協議が行わ

れ，当該案件は「頗る重要事項に属する[28]」ものであり，高島屋の顧問を務めていた井上準之助等に意見を徴し了解を得たうえで再度審議することとなった。

　飯田直次郎専務および田中信吉常務は取締役会での協議を受けて上京，6月19日の第181回取締役会で井上準之助の意向について報告を行った。この時社長の飯田新七が欠席であったことから結論は翌月に延ばされたが，協議は継続とされていることから井上の了解が得られたものと思われる。その後，飯田直次郎専務が今西與三郎阪神電鉄専務と会見した際，阪神電鉄の方から，梅田における高島屋による百貨店経営について，文書による取り決めにしておきたい旨，要望が出された。これに基づき7月2日に開催された第182回取締役会において「当社の申込を確実ならしむる為以文書当社の希望を開陳し先方よりも亦以文書予約的承認を得る目的に此際一書提出の事[29]」が決定された。この時の取締役会においても，飯田新七社長は再度欠席であったため，最終的には飯田新七社長の同意を得て決行することとなった。飯田新七社長は当初案の文面には同意しなかったようであるが[30]，取締役会の決定に基づき8月1日から8月3日にかけて，高島屋と阪神電鉄側との間で，賃貸借依頼及承諾の文書交換が行われ，高島屋の梅田進出方針が確定した[31]。

　その後は賃料の交渉が水面下で続けられていったが，1929年12月19日に阪神電鉄は大阪市に対し，大阪駅前建築敷地造成区域の東北部2300坪を1坪当たり1400円での分譲を要請，非公式ながら1月14日大阪市との間で，1932年中での引き渡しについて合意がなされることになる。この結果を受けて1930年5月以降阪神電鉄はビル建設計画を具体的に進めていくことになる[32]。その一環として，高島屋との間でも前年度の貸借依頼及承諾の文書交換から，さら

---

28)「第百八十回取締役会議決議録」1929年5月27日『取締役会決議録　昭和二年一月二十二日〜昭和六年十月十九日』，高島屋史料館所蔵。

29)「第百八十二回取締役会議決議録」1929年7月2日『取締役会決議録　昭和二年一月二十二日〜昭和六年十月十九日』，高島屋史料館所蔵。

30)「第百八十三回取締役会議決議録」1929年7月16日『取締役会決議録　昭和二年一月二十二日〜昭和六年十月十九日』，高島屋史料館所蔵。

31)「第百八十四回取締役会議決議録」1929年8月6日，「第九十六回取締役会決議録」1930年8月14日『取締役会決議録　昭和二年一月二十二日〜昭和六年十月十九日』，高島屋史料館所蔵。

32)『阪神電気鉄道百年史』阪神電気鉄道株式会社，2005年，179頁。

に進んで賃貸借予約覚書を取り交わすことが図られ，1930年7月18日この件について高島屋では臨時協議会が開催された。この臨時協議会は『取締役会決議録　昭和二年一月二十二日～昭和六年十月十九日』に綴じられており，参加者も取締役会構成員と同様であることから，臨時取締役会議に相当するものであったと思われる。この臨時協議会では下記の決定事項をみることになる。

> 「一，阪神電鉄ト当社トノ間ニ取交ス覚書ハ土地買得ノ上ニテ効力ヲ発生スルモノニ改訂サレタルニ付キ守屋弁護士ノ諒解ヲ得タルヲ以テ更ニ井印ノ御諒解ヲ得タル上ニテ覚書ニ調印交換スルコト
> 　二，梅印ニテ営業ヲ開始スル場合ニハ当然長堀店ノ営業ヲ廃スルコト
> 　三，梅印営業遂行ニ関シテハ効力発成即チ土地買得迄ニ於テ至急其営業計画ノ案ヲ確定スルコト[33]」

　覚書締結は，阪神電鉄による百貨店用地取得を前提とし，用地取得が見込まれる1932年までに営業計画を策定することが決められているが，高島屋長堀店の閉鎖と梅田進出は一体的に位置付けられていたことが着目される。当時高島屋は，南海店の開店目前の時期にあり，地下鉄御堂筋線での南北のターミナルを軸にした新たな2店舗体制が企図していたのである。1928年時点で高島屋が南海鉄道難波駅への出店交渉を南海鉄道側と行った際，高島屋側での経営方針として，長堀店の閉鎖に踏み込んだ議論は行われていない。高島屋としては，店舗規模も鑑みて，大阪に百貨店の店舗を3店構えることまでは過剰と考えていたようである。

　また井印とあるのは，井上準之助を指し，この決議後即夜，飯田直次郎専務ほか，林田楢次郎取締役，竹田量之助（取締役会議列席）の3名が上京している。井上は「渡邉氏をして阪神の事情を調査したる上にて考慮する」という態度で，関西実業家の意見を徴する必要性を示した。渡辺氏は，南海鉄道社長を

---

33) 「臨時協議会記録」1930年7月18日『取締役会決議録　昭和二年一月二十二日～昭和六年十月十九日』，高島屋史料館所蔵。

138

詰めていた貴族院議員の渡辺千代三郎であったと思われる[34]。渡辺は大阪瓦斯の経営にも関わったことがあり，前述の通り片岡直方とも知己であった。井上準之助との面会での意向を受けて，飯田直次郎専務は，その後渡辺，片岡両氏を訪問したところ「両氏共至急覚書調印の必要を力説[35]」，高島屋，阪神電鉄の覚書取り交わしを後押しした。これらは7月30日の高島屋臨時協議会で報告され，8月14日の取締役会議において，覚書取り交わしについて決定された。この覚書の内容は，『阪神電気鉄道八十年史』によれば，ビルは地上7階，地下2階，契約期間は10年と定め，賃貸料は最初の3年間について，1坪当たり7円50銭というものであった[36]。高島屋は梅田に店舗を設けるにあたり，阪神電鉄との直接の交渉だけでなく，関西実業界の意向を十分に踏まえた上で進めていったことが分かる。

3. 高島屋による大阪の店舗網構想とその後の経緯

　7月18日の協議会においても梅田店の営業計画策定の必要性が共有されていたが，7月30日の協議会でも「当社の将来の計画遂行上南海，東京，京都，阪神，個々の営業の予想資金関係，其他計画目論見の順序成算等に就き原案を作成し審議の要ある」ことから至急本店において原案作成方が決定された。この決定に基づいて1930年下期から1934年下期までの「進出計画目論見書」が8月14日までに作成された。この進出計画目論見書には，梅田店舗のことについても言及されている。以下，高島屋梅田店の進出計画を確認してみたい。

　高島屋梅田店は1934年下期または1935年上期での開業が想定されていた。総床面積は約42900平方メートル（13000坪）その内，約9900平方メートル（3000坪）は映画館という規模で計画されていた。出店費用は150万円（営業用什器設備80万円，流通資本70万円）で，払込金剰余金から70万円を捻出し，

34）渡辺千代三郎は1924～1931年まで南海電鉄社長。
35）臨時協議会記録」1930年7月30日『取締役会決議録　昭和二年一月二十二日～昭和六年十月十九日』，高島屋史料館所蔵。
36）財団法人日本経営史研究所『阪神電気鉄道八十年史』阪神鉄道株式会社，1985年，217頁。

80 万円分は 1 株 5 円の新株 16 万株を発行して充当することとされた。

　収支計算予想もこの進出計画目論見書には記載されている。収入について，売上高は半期で 1,250 万円（商品売上高 1,210 万円，食堂売上 40 万円）と見積もられ，商品利益 237 万 6,000 円（商品利益 217 万 8,000 円，食堂利益 14 万円，雑収入 5 万 8,000 円）と予想された。また，支出に関しては，半期で営業費は 213 万 5,000 円（内，賃借料 45 万円，本店費 6 万円）で純益は 24 万 1,000 円とされた[37]。

　この梅田店に求められた店舗規模が高島屋にとってどのような位置づけであったのか，進出計画目論見書に記されている高島屋各店と比較して検討してみたい。1930 年段階では南海鉄道難波駅に進出する高島屋南海店は 1930 年 12 月 1 日に第 1 期として一部を先行して開店し，その後全面開店という 2 段階での開業が見込まれており，1932 年 2 月 1 日に南海店第 2 期営業開始が想定されていた。南海店第 1 期開店後，1931 年上期（半期）で売上高 250 万，商品利益 52 万 4,600 円，営業費 45 万 3,620 万円，純益は 8 万 980 円，南海店第 2 期営業開始後の 1932 年上期（半期）の売上高 690 万円，商品利益 136 万 2,500 円，営業費 127 万 3,120 円，純益 12 万 4,380 円が見込まれていた。また出店費用として第 1 期では 50 万円（営業用什器設備費 35 万円，流動資本 15 万円），第 2 期では 70 万円（営業用什器設備費 40 万円，流動資本 30 万円）とされた。ところで実際に全館開店した際の南海店の総床面積は約 3 万 3000 平方メートルであったが，進出計画目論見書には第 2 期営業の総面積は「5800 坪」と記載されており，計画は約 19140 平方メートル分にかかるものと思われるから[38]，第 1 期，第 2 期を合算した規模が高島屋南海店全館開店において想定された店舗規模であったと推定できる。

　次いで 1932 年 10 月 1 日に予定されていた東京店新店舗についてみてみたい。東京店新店舗の総床面積は約 2 万 7,324 平方メートルで，1933 年上期（半

---

37)「進出計画目論見書」1930 年 8 月頃『取締役会決議録　昭和二年一月二十二日〜昭和六年十月十九日』，高島屋史料館所蔵。

38) 実際に全館開店時の総床面積は約 3 万 3000 平方メートル。

期）で売上高は 1,220 万円，商品利益 223 万円，営業費 199 万 3,760 円，純益 28 万 1,240 円とされている。また，出店費用として計上されていた金額は 150 万円（営業用什器設備費 80 万円，流通資本 70 万円）であった。その後 1933 年 10 月 1 日には総床面積 13200 平方メートルでの京都店増設開店も計画されており，1934 年上期（半期）で売上高は 500 万円，商品利益 87 万 5,000 円，営業費 80 万円，純益 10 万円と見込まれていた。

この進出計画目論見書には高島屋店舗網のうち，大阪の長堀店に関する計画は見られない。1930 年 7 月 18 日における高島屋臨時協議会において梅田店開設と長堀店閉鎖はセットとして捉えられており，大阪における 3 店舗体制はそもそも想定されず，梅田店，南海店に経営資源を集中させる方針であったといえよう。このため，長堀店の 1930 年代における営業構想については比較できないが，少なくても梅田店は，総床面積，売上高，純益いずれにおいても，1932 年までに全面開店予定であった南海店よりも大規模な店舗構想であり，東京店や京都店を含めても，高島屋店舗網としては最大規模の店舗として位置づけられていたのである。

しかし，その後高島屋梅田店が出店する阪神電鉄の建物建設は進まなかった。1928 年に大阪駅前建築敷地造成計画について認可を受けた大阪市は，当初建築敷地造成方式による開発を想定していたが，旧都市計画法第 16 条を法的根拠とする超過収用制度の適用を断念し[39]，1932 年には旧都市計画法第 13 条を法的根拠とする土地区画整理方式に切り替え[40]，1934 年に認可を受けることになる。この大阪市の方針変更等もあり，阪神電鉄が計画敷地の買収取得は

---

39) 鈴木栄基「1919 年都市計画法における建築敷地造成土地区画整理制度の成立に関する研究」日本建築学会計画系論文報告集 408 (0)，1990 年，鶴田佳子，佐藤圭二「近代都市計画初期における京都市の市街地開発に関する研究：1919 年都市計画法第 13 条認可土地区画整理を中心として」日本建築学会計画系論文集 59 (458)，1994 年。

40) ［1919 年都市 計画法］

　第 13 条　都市計画トシテ内閣ノ認可ヲ受ケタル土地区画整理ハ認可後一年内ニ其ノ施行 ニ着手スル者ナキ場合ニ於テハ公共団体ヲシテ都市計画事業トシテ之ヲ施行セシム

　前項ノ規定ニ依リ公共団体ノ施行スル土地区画整理ニ付耕地整理法ヲ準用シ難キ事項ニ関 シテハ勅令ヲ以テ必要ナル規定ヲ設クルコトヲ得

　第 16 条　道路，広場，河川，港湾，公園其ノ他勅令ヲ以テ指定スル施設ニ関スル都市 計画事業ニシテ

1937 年までかかることになり，同年 2 月，梅田阪神ビルの建築認可をようやく受けることになる。この間，1932 年中には見込まれていた用地取得が難しくなったこと，また中小小売商との摩擦や商工省による百貨店法案立案の動きなどを受け，同年当分の間の百貨店新設を禁止することなどを骨子とする日本百貨店協会による自制協定の発表などもあって[41]，1932 年から 1934 年にかけて阪神電鉄側より高島屋へ梅田店進出の意思確認が行われた[42]。

　これに対する高島屋の回答について，1934 年 3 月 10 日の第 252 回取締役会決議録に記録が残されている。取締役会では以下のような決議を見ている。「昭和五年八月十二日附当社と阪神電気鉄道株式会社との間に交換せる覚書に依り予て同社にて計画進行中のビルディングを建築し当社にて賃借する件は百貨店協会自制案に依り商工省の了解承認を要するものにして未だ確定に至らず為に同社より既定計画にて進行するも覚書通り実行出来難き場合を想到して計画の上に考慮を要するを以て用地買収及建築設計着手の関係上来る三四月の頃迄に確答を要求され居るものなるが此将来有望なる好条件の備へる新営業所を捨つるに忍びざるものあるを以て当社としては此際如何なる方法に依りても既定の計画にて遂行することに腹を定め商工省の承認に就ては用地の全部買収を了へ条件の具備するを待ち長堀店の営業を移転するの方策にて時期を見計らひて承認を求むることとし若し目的の運び難き場合は別個の会社を創設して事業を遂行するの決心を確むることに意見の一致を見たるを以て同社へは既定計画にて進行さるる様回答することに決定す[43]」

　　内閣ノ認可ヲ受ケタルモノニ必要ナル土地ハ之ヲ収用又ハ使用スルコトヲ得
　　前項土地附近ノ土地ニシテ都市計画事業トシテノ建築敷地造成ニ必要ナルモノハ勅令ノ定ムル所ニ依リ
　　　之ヲ収用又ハ使用スルコトヲ得
　　［同法施行令］
　　第 22 条　都市計画法第 16 条第 2 項ノ規定ニ依ル収用又ハ使用ハ土地区画整理ヲ施行スル必要アル場合
　　　ニ限リ之ヲ為スコトヲ得
41) 1932 年 8 月，三越，松屋，白木屋，松坂屋，高島屋，大丸，十合，ほてい屋，野沢屋，阪急百貨店，京都物産館の 11 社からなる日本百貨店協会が自制協定を発表，商工省による商品券供託措置の容認，出張販売の禁止，廉売の禁止，当分のところ百貨店の新設の禁止，無料配達の範囲の縮小，など 8 項目にわたる百貨店の自主的営業統制規定であった。
42) 前掲『阪神電気鉄道八十年史』阪神鉄道株式会社，1985 年，217 頁。
43)「第二百五十二回取締役会議決議録」1934 年 3 月 10 日『取締役会決議録　昭和七年一月十四日〜昭和十四年十二月十九日』，高島屋史料館所蔵。

　1934年時点において高島屋はなお，既定方針の変更は行わない，という判断をとっていたことになる。この方向性に沿って1937年には，阪神ビル竣工時には高島屋が百貨店として経営する契約ではあるが，便宜上阪神電鉄において阪神百貨店たる別会社を設立し3社間での覚書に切り替えることとなり，高島屋では同年1月19日第286回取締役会で承認，1月22日には阪神電鉄の今西与三郎が社長を務める株式会社阪神百貨店が設立された。

　しかし，日中戦争以降の鉄鋼工作物築造許可規則に対する統制や，臨時資金調整法による資金制約などもあり，ビル全体計画は3分の1の規模に縮小することとなり，百貨店としてのビル工事は難しい状況となっていく。その結果，阪神電鉄側から1930年8月12日締結の覚書，およびその後両社間で交換した諸文書について履行の時期が不透明になったことから，白紙にしたいとの打診がなされ，高島屋では1938年9月19日第307回取締役会において「梅印申出に付き対策に関する件」が審議されることになる。取締役会では「同社の来意は無理なきものと考へられる」として阪神電鉄側からの打診に理解を示したものの「全然白紙に立戻ることは今日迄の関係もあり将来建築達成の時機到来するときは一応当社へ協議するの義務ある位の程度は残し置き度しとの希望」も合わせて回答することとなった[44]。事実上の白紙承認ではあったが，なお梅田進出には未練があったものと思われる。

　もっとも，実際，1941年4月に梅田阪神ビル第1期工事が完成するものの，阪神映画場，食堂，喫茶室と共に売場として充てられたのは，地下1階部分3872平方メートルに過ぎず，それも百貨店形式ではなく「阪神マート」としての開設に留まった[45]。当初計画通りの百貨店構想は戦前期において実現することはなかったのである。

---

44)「第三百七回取締役会議決議録」1938年9月19日『取締役会決議録　昭和七年一月十四日〜昭和十四年十二月十九日』，高島屋史料館所蔵。

45) 阪神百貨店社史編集委員会『再成長へ向けて　阪神百貨店30年のあゆみ』株式会社阪神百貨店，1988年，13頁。

おわりに

　1920 年代後半，高島屋は南海鉄道難波駅でのターミナル・デパート経営を決断するとともに，合わせて阪神電鉄梅田駅への進出も経営方針として掲げられ，高島屋梅田店と，高島屋南海店（難波）という商業エリアの北部，南部を抑える戦略が企図されていた。また長堀店の閉鎖は梅田進出計画と一体的な構想であり，長堀店より南海店，南海店よりも梅田店と，後継店舗は既存店舗よりも大規模化が目指されていた。

　また高島屋がターミナル駅ビルの賃借交渉において，同業他社を出し抜いた要因として，大阪経済界や政財界とのつながりも見逃せない。高島屋が南海鉄道や阪神電鉄と交渉するにあたっては，井上準之助，江木翼，白川朋吉，片岡直方，平賀義美，野田廣二，殿井仁三郎，大林義雄などの協力を得ており，交渉を有利に進めた。従来研究史上では，戦前期の百貨店進出について中小小売商との対立が論点になることが多いが，こうした経済界と百貨店との密接な関係は百貨店の全国的展開や支店網形成を考える上で，重要な論点といえよう。

　もっとも，高島屋は当初から大阪における梅田，難波のターミナル・デパート経営を志向していたわけではなく，電鉄会社の駅ビル建設計画が高島屋側にもたらされてから，出店を社内で吟味する，という流れを取っている。これは高島屋京都店や東京店が，そもそもの経営方針として，店舗規模を拡大するための用地選定を続けていたこととは異なる対応であった[46]。しかし，高島屋は大阪における南北のターミナルでの百貨店経営の重要性は当初から認識しており，取締役会において難波駅は「其有望なる地点」，梅田駅は「頗る重要事項に属する」とされ，賃借交渉に乗り出す決断は迅速であった。高島屋が難波駅賃借交渉を進めていた 1928 年時，大阪においては，1920 年に白木屋が阪急梅田駅に出張店を設け，1926 年には上本町に三笠屋百貨店が開設されるな

---

[46]　高島屋京都店や東京店は関東大震災や火災等から，大正期に店舗を焼失したことを逆手にとって，より店舗規模の大きい新店開設を昭和期に模索していくことになる。

144

ど，先行するターミナル・デパートの萌芽的な事例は存在していたが，難波駅のビルディング規模のターミナル・デパートは存在していなかった。また，阪神電鉄と梅田進出交渉をしていた1929年時も，同年4月に梅田の阪急百貨店が開業したばかりという時期であった。当時百貨店業界最大手の三越は難波駅ビルの賃借交渉において高島屋と競り合うことになったが，その後戦前期の支店網形成においてターミナル・デパートを展開することはなかった。また三越に次ぐ松坂屋も静岡支店など店舗網を形成するが，同じくターミナル・デパート経営には乗り出していない。高島屋は三越との賃借交渉において，かなり高額な賃借料負担をしてまで契約を決断し，その翌年に梅田への進出も決定するなど，呉服系百貨店においてターミナル・デパートの重要性を強く意識していた百貨店であったといえよう。地下鉄延伸と御堂筋拡幅による更なる発展も織り込みながら，大阪における高島屋の営業展開は鉄道網と密接な関係を有しながら構想されていったのである。

（コラム 4）阪神電鉄の電灯事業における顧客対応

谷内 正往

　戦前，阪神の電灯事業は沿線の電灯利用の一般客が多かった。当初，阪神の顧客対応はすこぶる悪いものだった。当時商店の経営指導で全国的に有名だった清水正巳が商店雑誌でその点を詳しく紹介している（清水正巳「かくして優秀なる外交販売係は出来上がつた」清水正巳編輯『商賣』第 4 巻第 6 号，商店経営研究所，1938 年 6 月，筆者所蔵）。まず，阪神の課長が友人から次のように言われたという。

　　「どうも君の会社の人不親切だね」
　　「何かあったのかね」
　　「昨夜さ，電気が消えた，停電かと思つたらそうぢやない，よそは點いてゐる。そこで会社の営業所へ電話をかけた。がなかなかやつて来ない。何度催促の電話をかけてもケンもホロロだ。家内が怒つとつたよ。とうとう懐中電灯をつけながらうちでヒユーズの飛んだのを直したワケさ，あれはも少し訓練が出来んものかね」

　他にも苦情の手紙が来たり，あげくに重役にまで苦情が届いたりした。例えば苦情の手紙は「あなたの会社の修理係の人たちはまるでお役人見たいボンボン云ひますね。電気を供給する会社だつて，矢張り商人ではないですか。も少し商人らしくしては如何ですか」「家に上がり込んでまるで刑事が犯罪を発見するかの如く盗用電気はなきかと物色する態度は実に不愉快に候」などと手厳しい。

　そこで阪神の課長の要請を受けて清水が同社へ三日間講演に行った。課長は「家庭のお客様に親切にサービスすると云ふ點に特に力を入れて貰ひたい」と依頼した。

　結果はすこぶる好評で従業員からも感謝されたという。そこで課長は「営業十則」なるものをこしらえた。

　一，親切第一，応対は愛想よく
　二，電話では「阪神でございます」と眞先に
　三，「毎度有難うございます」を口癖に
　四，深く正確に，仕事は其の日に
　五，工事は完全，丁寧に

　六，粗末に使うな器具と材料

　七，常に忘るな商品知識と営業案内

　八，勧誘は熱と努力で

　九，集金は足を運んで根気で受取れ

　十，営業所は整頓，制服は小奇麗

　これを会社のいたる所に，営業所のいたる所に貼りだした。そして，毎朝会社の始まる時間に各勤務場所で従業員が一斉に音読するようにしたのである。これが「実によく効いた」という。

　例えば九の集金である。これまでは「実に横柄で，家庭へ行つても玄関から這入つて行つて『電灯会社デス』と云つたやうな調子で‥『今日は一寸都合が悪いのですが‥‥』と云ふやうな返事をすると，『あんたとこはいつもそんな事ばかり云つてるね』なぞと云つて細君をカツとせしめる」。それが「足を運んで根気で受取れ」と訓練するようになってから，嫌み，嫌がらせを言わなくなった。都合が悪いと言われると「有難うございます。では亦此次の廻りにお寄りいたします」と言い，何度も何度も足を運ぶようにした。すると，集金率がかえって高くなったのである。

　実は1935年頃の電気事業の収入は運輸収入の5，6割程度で，なんとか運輸収入の水準にまで高めたいと関係者は熱望していた（福西清「配電事業への郷愁」『輸送奉仕の五十年』阪神電気鉄道，1955年，114頁）。しかも，電気のうち電熱はガスの値段に勝てず，電灯を主にするしかなかったからである。「当時の需要家はたしか一四万戸，そのうち定額灯十一万戸，メートル（従電灯）三万戸程度くらいだが，この電灯需要の増大に主力をそそいだのであった」（同前）。

　こうした事情から阪神の接客サービスの改善運動が展開されたのだろう。図は1940年度の関西私鉄の電気事業収入を表したものであるが，全収入（電鉄収入・兼業収入）に占める電気事業の比率を見ると，阪神が35.2％でトップであり，次に京阪（30.2％），南海（29.4％）が続く。一番低いのは阪急（17.3％）である。ここから阪神が電気事業に力を入れており，接客サービスの向上も収入の増加に一役買っていたと思われるのである。

（参考文献）谷内正往『戦後大阪の鉄道とターミナル小売事業』五絃舎，2020年，第4章。

図　関西私鉄の電気事業収入（1940 年度）

（単位：千円）

	電気供給 事業収入	電鉄収入・ 兼業収入	電気事業 比率（%）
南海鉄道	7,145	17,118	29.4
阪神急行電鉄	5,500	26,244	17.3
京阪電気鉄道	6,120	14,178	30.2
大阪電気軌道	3,388	17,340	16.3
阪神電気鉄道	7,989	14,739	35.2
山陽電気鉄道	932	3,070	23.3
計	31,074	92,689	25.1

出所：関西地方電気事業百年史編纂委員会編『関西地方電気事業百年
史』同会，1989 年，469 頁より抜粋。

第5章　私鉄の流通事業参入
―南海電鉄を中心として―

谷内　正往

はじめに

　本章では前章の高島屋の南海難波駅ターミナルビルへの進出状況を受けて，南海側の動向をとり上げてみたい。そのために，まず戦前大阪のターミナルデパートの創立事情について一瞥し，南海電鉄がなぜ難波駅ビルに高島屋入居を認めたのか，そもそも南海独自の流通事業はなかったのか明らかにできればと思う。

1.　戦前大阪のターミナル・デパート [1]

　鉄道会社のデパート事業の嚆矢は阪急百貨店である。阪急（阪神急行電鉄）は本業の運輸事業に加えて電灯事業や自動車，不動産や遊園地，百貨店を兼営することで経営の安定を図ってきた。いわゆる「阪急商法」である。1929 ～ 1935 年の運輸収入の1日平均は約1万 8,000 ～約2万円であったが，阪急百貨店の1日平均売上高（推定）は 1929（昭和4）年の開店時約2万円で，その2年後（1931 年）の第2期増床時には約3万円，さらに 1932 年の第3期増床期には約5万円まで増加した。利益額は本業の運輸に次いで第2位だった。

　阪急の成功に刺激されて，京阪デパート，（三笠屋の後の）大軌百貨店，大

---

1)　この節，谷内正往『戦前大阪の鉄道駅小売事業』五絃舎，2017 年，序章による。

鉄百貨店が開業した（阪神百貨店は戦前未設）。呉服系百貨店では南海電鉄難波駅に高島屋が出店した。これらは鉄道の終着駅（ターミナル）に出店したので，一般にターミナル・デパートと呼ばれる。デパートの経営形態は直営，共同経営，賃貸方式などさまざまあるが，共通点は各社とも路線拡張によるターミナル・ビル建築時にデパートを開業していることである。すなわち，沿線の乗降客を増やす（沿線培養）ためにデパートが利用されたのである。乗降客がターゲットなので，繁忙期は平日の夕方ラッシュアワー時であった。ここにターミナル・デパートの特徴がある。

　阪急の場合，百貨店事業の起源は宝塚少女歌劇石鹸の販売（大正末頃）にまでさかのぼる。石鹸の広告には「1圓のものが45銭で買へる　買へば買ふほど利益がある」「お客様方の御利益のみを考へて全くの原価で賣つてゐる」とある。阪急は石鹸に加えてシュークリーム，ミルクキャラメルも廉価で販売した。石鹸のチラシには（わざわざ宝塚に来てくれたお客様に対して）「電車賃が只になった位の何かお埋合せをしなければすまない，それには出来る丈お土産をお安く差し上げるのが一番便利で実用的であると考へまして，この石鹸をこしらへて発売いたしましたのです」と理由を説明している。当時，雑誌『ダイヤモンド』主幹の石山賢吉はこれを高く評価して，宝塚少女歌劇石鹸を複雑化・大規模化したものが阪急マーケット（後の阪急百貨店）であると誌面に書いた。

　一方，大軌百貨店（現，近鉄百貨店上本町店）の場合は，本体の大軌（大阪電気軌道，後の近鉄奈良線，大阪線）が姉妹会社の参宮急行電鉄の伊勢延伸，次いで伊勢電合併と関西急行電鉄設立による名古屋進出を果したこと，沿線住民が増加したことによって乗降客へ便宜を図る目的で設立された。大鉄百貨店（現，あべのハルカス近鉄本店）の場合は，本体の大鉄が再建途上で，経営者の佐竹三吾が阪急から兼業のノウハウを直接吸収して別会社で設立された。

　こうした電鉄系百貨店に対して，呉服系百貨店はどのように対応したのだろうか。阪急が約5万円の売上高をあげた時，白木屋大阪本店が閉鎖された。三越は鉄道ターミナルへの出店を探っていたようだが果たせず。松坂屋は店舗を増床して集客につとめた。

　一方，1933年の地下鉄開通（梅田―心斎橋間）を機に，そごう，大丸は心斎橋筋側だけでなく，御堂筋側にも店舗を拡張し入口を設けた。さらに地下鉄心斎橋駅に地下入口を設けて，そこからも乗降客を吸収しようとした。つまり，鉄道駅の近くに店舗を構える努力をしていたのである（ただし，そのような努力は東京の呉服系百貨店の方が先行していた）。

　このように，戦前の大阪では，阪急百貨店の大規模化に刺激を受けて，私鉄各社が（乗降客が増える）鉄道ターミナル駅・主要駅に競ってデパートを（いろいろな経営形態で）開業したのである。

2.　南海電鉄の流通事業

2－1　流通事業への参入

　『南海商事のあゆみ』（同社，1988年）によると，南海電鉄の駅売店，食堂，喫茶店は，1906（明治39）年12月同社が難波―和歌山間の急行列車の一等室に喫茶室を直営したことに端を発するという。これは当時の私鉄の旅客サービスとしては先進的な事例として有名である[2]。

　さらに，大正期に職員の相互扶助を目的に共済会が設置されその資金の原資を得るため，1930（昭和5）年12月，南海難波駅構内にて新聞夕刊の販売が開始された。売上高は翌年7～12月の半年で7,400円，仕入代金4,400円，売子手当1,600円を差し引いても1,400円の利益があり，それは共済会の会費2,300円の約6割に相当する。また，1938年ごろの売店は，難波駅6店（女子・計15名），ホーム呼び売り（女子4名），夕刊立ち売り（男子4名，女子10名），岸和田駅（女子・計6名），和歌山市駅（女子・計6名），汐見橋駅（女子3名），住吉東駅（同），恵美須街駅（同）にあり，ほかに海水浴シーズンに浜寺公園駅（臨時）にも開店した（同書）。

　南海電鉄の流通事業は戦後本格化するのであるが，このように，ささやかな

---

2)　武知京三「南海鉄道の新商法について」（『明治期鉄道史資料（第Ⅰ期）月報』第7号，日本経済評論社，1980年10月20日）。

がら戦前から従業員の福利厚生目的で売店事業が行われてきたことがわかる。

　この時期，国鉄も鉄道弘済会を組織して売店事業を行っていた。従業員が退職したり，業務中にケガや病気をしたりした場合，十分な補償が得られないため，駅施設で売店事業や喫茶事業をしていたのである。国鉄の場合，戦後もその数が増えて，1970年代には全国小売企業売上高の上位10位以内に入る躍進を示したのである[3]。

　その点，南海の売店事業は相互扶助を目的に規模の拡大はしないまま推移したようである。

2－2　戦前の南海[4]

　まず南海電鉄の簡単な沿革を記しておくと，南海電鉄は1884年6月大阪財界の有力者が集まって大阪堺間鉄道（後，阪堺鉄道）として敷設され，1888年5月難波―堺間を全線開通した。（官営釜石鉱山の）払い下げの蒸気機関車を使用したので初期投資が少なく，一方で交通需要が大きかったので当初から儲かった。その後，いろいろあって難波―和歌山市間が全通し（1903年），会社名も南海鉄道となり，鉄道国有化からも免れ，電化してからは南海電気鉄道と改称した。

　同社には浪速電気軌道や阪堺電気軌道など競争路線が多くあり，それらを合併して路線を拡大していった。合併の際には（規模の小さな）相手方の会社を社長に迎えるなど合併される会社への配慮が行き届いていた[5]。

　昭和初期には阪和電気鉄道[6]（現，JR阪和線）との激しい競争もあったが，戦

---

3) 谷内正往「駅ナカ・ビジネスの源流―鉄道弘済会を中心として」『交通史研究』第91号，交通史学会，2017年10月，56-57頁。

4) 南海については同社社史のほか，武知京三氏の詳細な研究がある。最近では「新生『南海電気鉄道』の諸動向」（『大阪商業大学商業史博物館紀要』第17号，2016年10月），「社内誌にみる南海電鉄史の1断面」（同，第18号，2017年），「南海電気鉄道創設の『南海高等学校』（定時制）ノート」（同，第19号，2018年12月）がある。さしあたり，武知京三『都市近郊鉄道の史的展開』（日本経済評論社，1986年），同「南海電気鉄道―戦前期における事業展開とその特質―」（宇田正・浅香勝輔・武知京三編著『民鉄経営の歴史と文化〈西日本編〉』古今書院，1991年）を参照のこと。

5) 同前，105-106，110頁。

6) いったんは南海と合併する（1940年12月）も戦時中ということもあり国有化（1944年5月）される。戦後は南海に戻らなかった。詳しくは武知京三『日本の地方鉄道網形成史』柏書房，1990年，第7章参照。

時統合によって，一時近鉄と合併することになる。戦後は独立して今日に至る。

難波駅南海ビル建設の頃

　昭和初期難波駅に南海ビルが建設される直前（1929 年 3 月）の状況は次のようであった[7]。

　　　‥（南海は―引用者）難波，天下茶屋間を高架複々線とし，難波駅ビルヂイングは面積一千坪，地下地上八階建で，乗降場は八両連結の列車を，同時に十列車発着出来る設備とするもので，工事は来る四月より本館の基礎工事に着手する‥‥本館の工事には二期若しくは三期に分つて建設を進める予定であるが，同時に同ビルヂングは大百貨店として高島屋の進出をみることゝなるは予ねて屢報した所であるが如く，同ビルヂングの建設に対しては高島屋の希望条件も多分に加味して欧米百貨店建設の粋を抜き，ルネツサンス式白亜の大殿堂たらしむる計画である

　この時期南海は交通量の増加に対応すべく，各種の路線改良を進めており[8]，難波―天下茶屋間を高架複々線化し，終点（ターミナル）の難波駅のホーム（乗降場）を 8 両，連結車を 10 列，発着できるように改築しようとしている。ビルは地上 8 階建として，高島屋に賃貸するとしている。この点について，当時の専務取締役岡田意一[9]（後，社長）はあるインタビューに次の通り答えて

7)　「南海鉄道会社の今期と前途」『株主協会時報』第 7 巻第 3 号，1929 年 3 月 20 日。社史によると，まず 1922 年大阪高野鉄道と高野大師鉄道の合併により高野線が生まれ，1925 年 3 月には岸の里駅で南海本線と高野線の連絡工事が竣工し，難波駅まで直通することになった。本線では，1926 年 12 月に天下茶屋―粉浜間を複々線とし，これにともなって特急列車を新設し，従来の難波―和歌山市間 1 時間 30 分運転を 1 時間 15 分にスピードアップした。つまり，こうした輸送力の増強により難波駅が手狭になってきたことが南海ビル建設の理由であるが，一方で，大阪市の御堂筋計画や在阪他社のターミナルビル建設に触発された面もあるという（『南海電気鉄道百年史』同社，1985 年，216 頁）。

8)　例えば，高野線の複線化（堺東―西村駅間，1928 年 5 月完成，西村―北野田間建設中），高野線汐見橋駅，阪堺線恵比須町駅の拡張，上町線の阿部野駅（天王寺駅）より平野行電車の増発工事，本線の特急電車のため（省線と同じタイプの）大型電車および付随車 20 両の新造などである（同前）

9)　岡田意一は栃木県出身で 1907 年東京帝大（独逸法学科）を卒業し，大蔵省から鉄道院（後，鉄道省）へ移り以後昇進を重ね鉄道管理局長として 12 地方に出仕し，最終は本省の監督局長となった（川畑伊太郎『昭和新體人物評傳』新人物評論社，1928 年，131–132 頁）。

154

いる[10]。

　井尾　「御社の建築（南海ビル―引用者）も進んで居るやうですね」

　岡田　「之れはビルヂングにして間貸をして行くから別に配当の方に影響しない訳です」

　井尾　「然し大きな建築をされたり，高架にされたりするには相当金が入りませう」

　岡田　「‥兎に角株主の方では配当を多く貰ふことを欲して居るが，之れは半ば公益事業であるかに，そうもゆかぬと，却々その辺が六ケ敷い処です，まア大体から言つて日本の鉄道でも電鉄でも乗客がまだ〳〵多くなる傾向は持つて居るが，只此の頃な不景気であるため減収を見て居るかも知れぬが‥，要するに何事業に依らず最初ウンと金をかけた当座は随分苦しいが，夫れが段々儲かつてゆくやうになるまでの辛棒が肝心です」

　つまり，南海難波駅はビルにして高島屋に「間貸」をするので，会社の株式配当には影響しないと考えている。つまり自社で百貨店を直営しないというのである[11]。（この時期，南海には百貨店を直営する意思はなかったようである）。

　さらに当時の拡大投資については，鉄道が公益事業であるため，収支を合わせるのに難しい面もある，また最近の不景気（昭和恐慌）もあるが，乗客が増えていることに希望をもっているからだという。要するに，まずは本業の輸送事業に注力し，百貨店等の兼業にはそれほど関心がなかったのであろう。

　当時，雑誌『実業之大阪』が阪急と対比させる形で南海の経営的特徴を明らかにしている[12]。同誌によると，第1に路線網である。「南海は一方の終点に和歌山市をもつてゐるが，到底それは阪急の神戸に及ばない，南海は霊地高野

10)「名士座談　南海専務岡田意一氏を訪ふ」『株主協会時報』第7巻第2号，1929年12月20日，34頁。

11) 同じことは阪神電鉄にもあって，阪神の社史には当時高島屋入居の覚書が紹介されている。しかし，1938年具体的に阪神ビルが設立される頃，阪神直営の株式会社「阪神百貨店」を設立している（ただし戦時統制で建物は2階までしか出来ず結局未設で終わったが）。

12)「南海と阪急の比較検討」（『実業之大阪』第8巻第8号，1932年8月）。

山をもつてゐるが阪急の娯楽の町宝塚とは比較してどうであるか」という。

　第2に娯楽施設である。南海は宝塚のような娯楽施設はもつていないが，「海へ海岸へと行く南海ではいたる所に海水浴場をもつている」。これに対して阪急は宝塚にプールを設け，5000人（第2期工事で1万人）の観覧者を収容するという。両社はそれぞれ競争路線があり（阪急 vs 阪神，南海 vs 阪和），自社の娯楽施設が競争相手を利する可能性を懸念しているという。

　第3に事業利益の中身である。（昭和恐慌の影響もあり）元々両社の株主配当は1割3分だったが，阪急が1割1分，南海は1割配当になった。この辺の事情を事業利益の中身の違いから次のよう記述する。やや長文になるが，本題に関わることなのでそのまま引用する。

　　‥南海では今度の南海ビルの完成によりてその家賃収入が払込資本に対する，一分弱の配当力を増してくれる（傍線引用者，以下同じ）ことになつてゐる。阪急では前期の決算に於て電鉄では減収をしてゐるが百貨店で儲けてゐると云つてゐる，百貨店と云ふものが果してどれだけ儲かるものであるかといふことに疑問を抱かれてゐはするけれども，たしかに阪急百貨店は繁昌してゐる，直営勝つか，賃貸勝つかといふことも南海と阪急とを対象して検討の歩を進めて行く以上，大なる興味はあるが要するにそれは経営者の態度1つであり，南海としては矢張り賃貸の安全性十分なるものをとつたことに強みがある。

　　然らばこの2つの電鉄の将来はどうか運命線はどうかといふことになる訳であるが，それは電鉄としては南海に堅実性があり副業的には阪急に軍配をあげなければならぬ，では南海は何故に副業をやらないかと云ふに，これは地理的関係からして到底阪急の真似をすることは出来ないのであつて，実をいふと阪急の乗客といふものには遊覧気分が相当漂ふてゐるのであるが，南海では遊ぶといふよりも実用商用といふ気分が漂ふてゐるのだから，南海で阪急を学んであゝした娯楽的な副業をしても第1何処に土地を求めるかと云ふことが問題になり，とても阪急のようには人気が立たないのである。

　阪急では更に宝塚線の沿線に於て大産業計画をやつてゐるといふことであり，それには養鶏をやり養豚をやりその他都市即ち大阪へ販路を求める蔬菜の栽培をやり，第1には沿道に対する自給自足をやると云つてゐるがこれは山のと田園の関係でさうにもなるのである。それに対して南海の沿道といふものは工業的に非常に発達してゐる，泉州から紀州にかけても綿織物工業の如きこれは日本第一と云つてもいゝのであり，その他瓦とか煉瓦とか紡織会社があるとか，可なり近代工業的発展をしていゐると同時に農事に於ても樺太までに行つてゐるといふ泉州玉ネギがある。だから南海としてはどうしても一般的に景気がよくなつて綿業が盛大にならなければならぬ。そうして小さい問題のようであるが玉ネギの値が出る（上がる？―引用者）ことに於てもグンと運賃収入を増すのであつて，一見して南海は乗客の電鉄のようにも思はれるが実は荷物収入を書き入れとすべき電鉄でもあるのである。‥南海としては世間の景気が好くなると沿道そのものが南海を肥やしてくれるのである。遊覧でなくてそれは実業的である。

　ここから駅ビルを南海は賃貸し，阪急は（百貨店）直営をやる，それは南海の経営者が賃貸の安全性を優先したことによるという。さらに，阪急には「遊覧気分」があるが，南海には「実用商用気分」があって，南海が阪急の真似をしてもうまくいかない。阪急は沿線に養鶏場，養豚場を経営して自給自足を構想しているが，南海は沿線に（煉瓦や綿業，紡織など）近代的な工業が発達しており，一方で泉州玉ネギなど特産品もありその貨物収入もばかにならない。結局，南海の事業利益は景気と連動しており，それは阪急の「遊覧的」ではなく「実業的」なものだというのである[13]。

　第4に互いの経営者である。南海の岡田意一は元鉄道省の役人であったが，阪急の小林一三や上田寧は創業時代から阪急におり役人経験がない。「更に大

---

13) これはすでに同時代のジャーナリスト・北尾鐐之助が「南海の高島屋は，はじめ阪急を手本としようと試みて失敗した。北と南とでは，周囲の社会層が著しく異つてゐる」（北尾亮之助『近代大阪』創元社，1932年〈復刻版1989年〉，252-253頁）と指摘した内実を表しているようにみえる。

きな問題として阪急は小林社長が大株主であつて小林社長は社員を株主たらしめる方針をもつてゐる」ことであり，社員から重役になつた者がいる。つまり経営者としての権限が存分に振えるのである。

　一方「南海では社外重役に根津（嘉一郎）や寺田（甚吉）とかいふ大株主があり岡田社長にしても村山専務にしても常にこの大株主から左右されがちである」。阪急の小林のような権限がないという意味で「南海は常務重役の実力が阪急の常務重役の如く有力で無いと云ふ欠点がある」のである。

　以上，「要するに阪急と南海とは非常にその形に於て酷似し内状に於ては相反的なものが多い」という。同じような電鉄経営で事業利益を得ているように見えてその実，ビル経営，沿線の産業，経営者の権限などが違っているため，そのビジネス展開も異なっているというわけである。

　いま，先行研究によって戦前南海の経営的特徴[14]を見ておくと，第1に，同社は歴史が古く建設費が安かったので「高配当」を維持することができた。また競争線の合併により収益の悪化を避けることもできた。第2に，意外と貨車収入の比重が高かった。すなわち，泉州の玉ねぎや牛，繊維類の輸送が好調であった。第3に，定期券利用客の多さが群を抜いていた。大正末年の調査によると，定期券を利用して大阪市内に流入してくる者は，国鉄私鉄合わせて約7万人であるが，そのうち南海鉄道は2万5000人，36％を占め，圧倒的に多かった（阪神・京阪・阪急や国鉄線は南海の3分の1，それぞれ12％前後）。当時は乗車時間30分が定期券利用の限界であったようで，私鉄の中で南海は近距離が最も多く，5マイル（約8km）以内に80％，10マイル（約16km）以内だと95％余が含まれていた。一方ミナミの繁華街では，大正末期からカフェーやバーが増え始め「赤い灯青い灯」の女給さん達が終電車を賑わせた。

　結局のところ，南海は（競争相手を合併して営業キロを伸ばして）本業による増収が見込めたので，兼業（百貨店直営）への動機が抑制されたのであろう。

---

14) 前掲「南海電気鉄道—戦前期における事業展開とその特質—」114–116頁。

２－３　戦後の南海

　戦後，南海電気鉄道は流通部門にも積極的に進出する[15]。（他社と比べると）「やや立ちおくれの感があったとはいえ，南海商事㈱，㈱新南海ストア，南海道流通開発など，関連会社の経営により，電鉄沿線で販売店を主とするもの，あるいは電鉄の駅施設を離れてストア，マーケットを営むものなど」をスタートさせた。

　その理由として，「昭和40（1965）年代以降，鉄道線貨物営業の順次廃止などから生じる駅周辺遊休地の効率的活用が，経営上の大きな要請となってきた」からである。「このため，不動産部門を中心に貸ビル，貸店舗事業の開発に取り組み[16]，付帯事業収入の増加と安定収益源の確保につとめ」た。以下，同社の流通事業の概要を見ておきたい[17]。

　第１になんばCITYの建設である。1965年以降の泉北ニュータウン（大阪府堺市）や橋本林間田園都市（和歌山県橋本市），大阪府南部・泉南地域の住宅開発などによる旅客の増加に対応するため，同社は1972年５月難波駅の大改造に着手した。

　工事の概要としては，３階部分にプラットホームを建設し，併せて地下３階，

図 5–1　難波駅改造整備建設工事の変遷

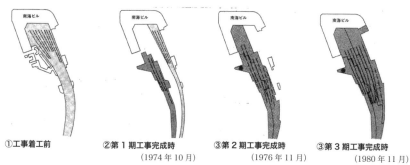

　①工事着工前　　②第１期工事完成時　③第２期工事完成時　③第３期工事完成時
　　　　　　　　　　（1974 年 10 月）　　（1976 年 11 月）　　（1980 年 11 月）

出所：『南海の駅』南海電気鉄道株式会社，1980 年，9 頁。

---

15) 以下の記述はことわりのない限り，前掲『南海電気鉄道百年史』431 –450 頁による。

16) 事業としてはビル経営，土地の賃貸，高架下や駅周辺用地の有効利用に分けられる（同前，441 –450 頁）。

17) 多くは大家として家賃収入を得るものであるが，中には「無印良品ショップ」や居酒屋，中華レストランの直営化の試みもあった（同前，440 頁）。

地上 3 階建ての難波ターミナルビル（敷地面積 4 万 3007㎡，延床面積 13 万 4834
㎡）を建設し，駅施設とショッピングスペースを結びつけるものであった [18]。

　図 5-1 は難波駅改造前から，第 1 期工事（1974 年），第 2 期工事（1976 年），
そして第 3 期工事（1980 年）の完成までの経過を示している。

　図 5-2 は，第 3 期の新聞広告で，取締役社長の川勝傳は次のように「ごあ
いさつ」をしている [19]。「難波駅改造整備工事建設中は，皆さま方にご不便を
おかけしましたが，温かいご理解とご支援をいただき，ここに全工事が完成で
きました。心から厚くお礼申し上げます。新しいなんば駅は，将来の輸送力増
強に対処できる態勢を整え，運転保安設備も最新の機能を備え，近代的な大ター
ミナルに生まれ変わりました。ここに「なんば CITY」とともに新しい「ミナ
ミの時代」が始まります。私どもは，これを機に決意を新たにして，南大阪の

図 5-2　なんば CITY 第 3 期開業（新聞広告）

出所：『南海の駅』南海電気鉄道株式会社，1980 年，9 頁。

---

18) 屋上＝駐車場，3 階＝駅施設（プラットホーム，コンコースなど），2 階＝駅施設，準駅施設，店舗（な
　んば CITY），1 階～地下 2 階＝店舗（なんば CITY），地下 3 階＝納品・荷捌場，倉庫などの後方施設（な
　んば CITY）（同前，433 頁）。
19)『朝日新聞（大阪版）』1980 年 11 月 23 日付。

図 5-3　なんば CITY の図面

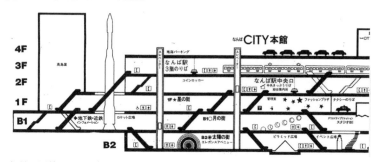

出所：同前，6-7頁。

発展により一層尽力してまいる所存でございます」。

　建設は（前出）南海道流通開発の経営で，提携関係にあった西武流通グループの支援（人材派遣およびノウハウ提供）を受けた。これは，当時の南海社長川勝伝と西武の代表堤清二がともに（経済同友会）財界人として日中友好を推進したことを機に交流が深まったからである [20]。

　そうなると戦前からのターミナルビル店子の高島屋との関係はどうなるのか。川勝は「百貨店中心の高島屋に比べて，駅のストア，スーパーからファッションまで，幅広い西武のノウハウこそ，うちに必要だった」という [21]。高島屋とは，なんば CITY 建設を契機に関係が深まっていく。すなわち，川勝が高島屋の非常勤取締役になったり，「南海ホークス高島屋応援会」が結成されたりするのである [22]。

　なんば CITY は，第 1 次（1978 年 11 月 2 日，店舗数 119 店）と第 2 次（1980年 3 月 20 日，店舗数 333 店，総店舗面積 2 万 5000㎡）にわけて完成した。第 1 次はファッション部門が中心で，第 2 次はホビー，スポーツ，レストラン，レジャー

20) 「南海めぐり流通 3 社綱引き」『日経流通新聞』1992 年 6 月 2 日付，第 6 面。南海のテナント選びから CITY の経営，管理，宣伝活動まで，すべて西武の指導，助言があり，見返りに南海は西武へコンサルタント料を払う。また，南海は 1974 年 5 月西友ストアーと共同出資で南海道流通会社をつくり，沿線に「南海西友ストア」を 2 店開いた（朝日新聞大阪本社社会部『関西の私鉄』清文堂出版，1981 年，151 頁）。
21) 同前，150 頁。
22) 同前，148-149 頁。

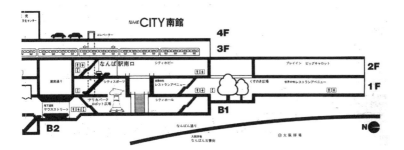

の比重が高まった。具体的には，一般店舗 261 店中，服飾 131 店（紳士服 15 店，キャラクター 20 店，婦人服 52 店，子供服 3 店，ハンドバック 4 店，靴 7 店，呉服 4 店，服飾雑貨 6 店，毛皮・アクセサリー 5 店，ファッションプラザ 15 店），生活文化 48 店（ジュエリー 7 店，メガネ 3 店，書籍・音楽 7 店，雑貨・手芸 11 店，玩具・ファンシー雑貨 9 店，スポーツ用品 11 店），サービス 3 店，飲食 79 店（喫茶 29 店，軽食 19 店，洋食・中華 17 店，和食・酒房 14 店）であった。他に，ミニショップ・銘店街 72 店があった。

　なんば CITY のコンセプトとして「大阪ミナミの復権」「21 世紀を指向するビジョンをもった街づくり」「郊外生活の拠点となるコミュニティセンターとしての街づくり」「デベロッパー主導型の街づくり」が掲げられた。シンボルとして図 5-3 の通り，本館地下 1 階の「ロケット」および地下 2 階の「水のピラミッド」が設置された。

　ミナミはキタにくらべて，文化情報面で量的・質的に不足しているとされ[23]，なんば CITY では店舗導入において，大型書店，ホビーゾーンを設置し，隣接する大阪球場内に「なんば古書街」を開いた。さらに，南館地下 1 階では数々の

---

23) 1975 年 11 月頃，昼間のミナミはキタに比べて人通りが少なかった。例えば，昼間（9—18 時）の地下鉄乗降客数を見るとキタが約 36 万人で，ミナミは約 24 万人と 3 分の 2 程度であった。それはミナミが，キタほどオフィス街がなく，新聞社やテレビ局もない（情報文化の不足），さらにホテルの収容人員もキタより少ないことが原因と見られていた（江本佳隆「なんば CITY を契機に飛躍のチャンスを迎えたミナミ（変貌する大阪キタとミナミ②）」『商業界』第 34 巻第 2 号，1981 年 2 月，121 頁）。

文化催事を開き，本館東側の7階建てビルに「読売なんばCITY文化センター」を開設した。他に南隣の高架下にニューヤング向けの「なんばピア」（1982年）を開業した。

　特に本格的なショッピングセンターとしては，初めて全テナントに端末機を設置し，全館オンラインによる売上集中管理システムを導入した。そこから集まるデータをもとに，賃料（テナント料）計算，客数，客単価坪効率などを割り出し営業活動に活用した。

　テナントの毎日の売上高がオンラインで記録され，売上高に応じて賃料（平均7〜8％）が決定された（歩合制）。歩合制にすることで，テナントの景気の良し悪しが南海の経営に響く形となり「大家とテナントの一体性が高まる」と南海は考えた[24]。

　1980年3月の全館オープン時の最初の月間売上高は28億1,600万円で，予想を13・6％も上回り，南海は年間270–300億円を目標にしていた。これは南海の前年鉄道運賃収入360億円に迫る金額であり[25]，南海の流通事業にかける意気込みがうかがえる。

　第2にショップ南海の展開である。ショップ南海はいわゆるコンビニ型店舗であり，沿線の駅周辺社有地の有効活用を目的に開設された。「主婦層を対象に①スケールメリットを生かしたチェーン展開，②駅前立地の利便性，③地域に密着したコンビニエンス拠点を基本コンセプト」とした。1974年10月北野田店を第1号として多店舗展開を進め，1984年3月には30ヶ所，268店舗を数え，売上高（年間）108億円に達した[26]。業種は，レストラン，ファーストフード，喫茶などの飲食店，ベーカリー，和洋菓子，薬品，化粧品，フラワーショップなど多岐にわたっている。

　店舗は金剛8店，泉大津25店，三国ヶ丘11店，泉佐野6店，忠岡9店，尾崎3店，浅香山3店，住吉鳥居前2店，住ノ江27店，初芝10店，萩原天

---

24) 前掲『関西の私鉄』140–141頁。
25) 同前，146頁。
26) 1995年には37施設，330店に増加した（『南海2世紀に入って十年の歩み（創業110周年記念）』南海電気鉄道株式会社，1995年，82頁）。

神2店，羽倉崎9店，河内長野10店，紀ノ川3店，あびこ3店，泉佐野1店，金剛8店（南海商事へ一括貸店），住吉33店，さやま6店，三日市2店，北助松2店，沢ノ町6店，貝塚1店，浜寺2店，堺東（駅部分）16店，北野田（駅部分）4店，河内長野（駅部分）5店，狭山ニュータウン22店，羽衣16店，粉浜13店である[27]。

第3にスポーツ事業の展開である。80年代以降の消費の成熟化に合わせて健康・文化の各種サービス需要に対応するため，1982年12月スポーツ事業部を新設した。

ところで南海の流通事業は成功していたのだろうか。社長の川勝は（民営化前の）国鉄総裁高木文雄との対談で次のように述べている[28]。

高木「関連事業については，どのようにお考えですか。」

川勝「率直に申し上げて決してよくありません。ほとんどが零細企業で，旅館とかタクシー，そういった仕事が多いですからね。本業の経営を，補完するような関連事業は少ないですね。」

高木「南海電鉄の場合，デパートは‥‥。」

川勝「全然ありません。大阪のターミナルで，建物を高島屋に貸しているだけです。」

高木「建物は，南海電鉄のものですか。それとも，別の会社ですか。」

川勝「いや南海電鉄です。こんどそこの新駅を改造したとき，なんばシティというのをつくりました。約1万坪のショッピング・ゾーンですがね。これでもってやっと流通部門に進出をしたわけなんです。」

（中略）

高木「‥デパートをターミナルのところにつくったり，あるいは不動産事業で住宅開発をやったり，そういうことによって，お客をふやして，そう

27) ここに高石市がないのは，地元の反対運動があったためであろうか（『日経ビジネス』1978年6月5日号，163頁）。
28) 交通協力会編『私鉄経営に学ぶ—高木国鉄総裁・私鉄トップにきく—』同会，1982年，168–169, 171頁。

して鉄道に乗ってもらってというメリットはどうですか。」

川勝「それはいくらかはありますけれども，これはやっぱり乗客と結びつく
　　ということは早急にはちょっと無理ですね。」

　川勝の兼業に関する言葉は歯切れが悪く，鉄道の乗客を早急に増やす効果は
表れていないようである。こうしてみると，戦後南海は流通事業に参入するも
営業ノウハウがないため，西武に頼り，百貨店事業については高島屋が入居し
ているので手をつけずにきたことがわかる。阪急のように自社で「素人経営[29]」
を進めることもなかったようであ
る。

　1970 年万博以降キタの開発が
進み，「阪急村と呼ばれる複合商
業ビル，大規模地下街が建設され，
ミナミとの差を縮めていたが，大
丸梅田店の入居するアクティ大阪
の開業が決め手」となり，1985
年の府下小売業売上高はキタ（北
区）がミナミ（南区）を抜いて 1
位となった[30]。かつてのミナミ
は，同じ盛り場のキタと比べて「ど
う贔屓目に見ても貫禄が違う」と
言われたものだが[31]，商業ベー
スの数字ではこの時が 1 つの分
岐点となった。

図 5-4　大阪・難波の再開発地区

出所：「南海めぐり流通 3 社綱引き」『日経流通
　　　新聞』1992 年 6 月 2 日付，第 6 面。

---

29) 戦前阪急の百貨店事業については，前掲『戦前大阪の鉄道とデパート』第 1-2 章参照。

30)『日本経済新聞』1986 年 2 月 13 日付，第 13 面。当時は「大型ビルを建てて商業集積を高めるキタと，
　土地を平面利用して小粒ながら個性を競うミナミ」と対比された（同前）。キタの地下街，阪急 3 番街に
　ついては前掲『戦前大阪の鉄道駅小売事業』第 6 章参照。

31) 石居邦夫（人事部）「梅田界隈」『阪急（社内誌）』第 10 号，1955 年 6 月，21 頁。「『南』の土をつま
　んで嗅いでみると道楽の臭いがするが『北』の土はとかく事務臭い」（同前）。

　2000 年以降は図 5-4 の大阪球場の跡地をなんばパークス（専門店モール）として開業する（2003 年 1 部開業，2007 年 4 月全館開業）が，これも高島屋の関連会社を通じて開発が進められた [32]。南海の「自前事業」ではなかった。

　近年，インバウンド（LCC）の影響で関西国際空港から多くの海外旅行客が大阪に訪れており，南海電鉄の空港線の乗降客が増加している。2011 年同社空港線の年間輸送人員は 724 万 3,000 人（1 日当り約 19,844 人）で，これが 2017 年には 1,515 万 3,000 人（1 日当り約 41,515 人）と約 2 倍に増加している。また，営業収益（営業利益）を見ると，2011 年は 1,818 億 6,900 万円（182 億 9,400 百万円）で，2017 年には 2,278 億 7,400 万円（339 億 7,100 万円）と約 1.25 倍（1.85 倍）に増えている（営業利益は過去最高額）[33]。

　ただし，なんばパークスとなんば CITY の売上高を見ると，2011 年の両施設の売上高合計は 546 億 7,500 万円から，2017 年には 596 億円と 1.09 倍で微増である。本業の輸送事業ほどインバウンド効果は出ていない [34]。

おわりに

　これまで，戦前大阪のターミナルデパート創立状況を一瞥し，さらに南海を事例に同社の流通事業についてみてきた。そこでは，同社の沿線が阪急とは違っており，通勤・通学の利用，産業的利用が多く南海は本業の輸送事業で十分利

---

32) 前掲「南海めぐり流通 3 社綱引き」。なんばパークスは 1984 年関西国際空港が泉州沖に決まったことから，大阪球場を含む周辺地域を再開発しようという構想が生まれ，1988 年地権者の高島屋，クボタ，ニッピ，大阪スタジアム興業とともに「難波地区開発協議会」を発足し，12ha を超える難波地区の街づくりのあり方や進め方について種々協議を重ねて 1995 年大阪市難波土地区画整理組合の設立認可を得た。敷地面積 37,179㎡，延面積 297,000㎡で，1999 年 11 月に第 1 期工事（147,000㎡）に着手した（「難波再開発　なんばパークス誕生」『都市計画』245 号，2003 年 10 月）。ほかに口野繁「大阪の都市再生をめざして―『なんばパークス』の街づくり」（『新都市』第 57 巻第 5 号，2003 年），「百貨店サバイバル第 3 回」『日経ビジネス』2007 年 5 月 21 日号）等を参照。

33) 『南海電鉄ハンドブック 2018』（同社，HP，http://www.nankai.co.jp/company/handbook.html，2018 年 9 月 15 日アクセス）による。

34) 同前および『同 2012』。ところで，近年，同社はなんば EKIKAN として，難波―今宮戎駅間の鉄道高架下の開発を進めている。この点については，谷内正往『戦後大阪の鉄道とターミナル小売事業』五絃舎，2020 年，第 3 章を参照。

益を得てきたために百貨店事業の直営には至らなかったことを明らかにした。

戦後はなんば CITY など流通事業に進出するも，むしろデベロッパーとして貸しビル等の事業に重点があったようで，流通事業については当初なんば CITY など西武と提携して開発したが，本業の旅客輸送と相乗効果が思うほど上がっていないことなどを見てきた。

ところで，そもそも「南海百貨店という会社は存在したのかどうか」気になったので法務局で調べてみた。すると，1930（昭和 5）年に商号登記があり，現在も生きていることがわかった[35]（会社法人等番号 1200─04─012135）。

一　商号　　　　　南海百貨店
一　営業ノ種類　呉服，太物，洋服，家具，食料品，電気器具，文房
　　　　　　　　　具，化粧品，貴金属，装飾品，玩具，其他一般雑貨
一　営業所　　　　大阪市南区心斎橋壱丁目一番地
一　商業使用者ノ氏名，住所
　　　　　　　　　大阪市西区新町通参丁目参拾一番地
　　　　　　　　　田中新蔵
登記ノ年月日及ヒ登記官印　　　右昭和五年四月拾壱日登記　　印

これは一体どういうことであろうか。「営業ノ種類　呉服，太物，洋服，家具，食料品，電気器具，文房具，化粧品，貴金属，装飾品，玩具，其他一般雑貨」から見てこれは明らかに百貨店である。「氏名，住所」から何か出てこないかと調べてみると，（明治期大阪財界の有力者の 1 人）田中市兵衛，その孫の田中「市蔵」はヒットした[36]が「新蔵」は出てこなかった。南海百貨店の

---

35) 平成 30 年 2 月 15 日大阪法務局にて「閉鎖登記簿（写し）」を確認し，同北出張所にて「履歴事項全部証明書」も取得した。
36) 「財界閨閥 5 十人」『実業之日本』第 31 巻第 1 号，1928 年 1 月，108 頁。同記事によると，「田中市蔵君　関西財界の新進として知られてゐる田中市蔵君の婦人しゆん子さんは，日銀副総裁土方久徴君の長女だ。田中君の祖父市兵衛さんは，大阪商船の社長をやり，大阪財界の名物男だった。田中君は神戸高商の出身でまだ三十五歳の若ざかり，その名を為すのは，けだしこれからだ」とある。「市蔵」は京阪神の長者番付にも前頭として名前がある（「京阪神実業家所得税番附」『実業之日本』第 33 巻第 21 号，

商号使用者の手がかりをつかむことはできなかった[37]。

　ちなみに，登記簿記載の営業場所（心斎橋一丁目一番地）は，現在ユニクロとＨ＆Ｍのある１角の１つ北側（長堀交差点南）で，キュープラザ心斎橋（旧ソニープラザ）の東側で（住宅地図では）心斎橋クラッシックのある場所であった[38]。

　結局のところ，昭和初期の南海難波ビル建設前に「南海百貨店」の商号は登記されていたが，「大規模小売店としての実態はなかった」ということになろうか。

1930 年 11 月，32 頁）。

37）当時の新聞によると，大阪市南区心斎橋詰に「南海マーケット」があったようで，その占有権をめぐって３年越しの係争があり，片方がそこに「カフェーサロン内閣」を設けようと準備したところ，もう片方が押しかけ乱闘沙汰が起こっている。その後和解し「カフェーサロン内閣」ができるという（「深夜の街頭でまた乱闘沙汰―南海マーケットをめぐる占有争ひから」『大阪朝日新聞』1931 年 7 月 24 日付，第 9 面，同 31 日付，第 9 面）。「南海マーケット」と「南海百貨店」の関係も不明である。

38）『ゼンリン住宅地図　大阪市中央区』株式会社ゼンリン，2017 年 4 月，25 頁。

（コラム5）戦後南海の経営者・川勝傳

谷内　正往

　京都の商業高校時代の川勝傳は，学内で桐壺詩社（短歌会）を結成し地元新聞に紹介されるほどの文学青年だった。立命館大学に入ると政治・経済問題に関心を寄せ，自ら大学に頼んで新聞学講座を開いてもらう。昭和恐慌の就職難の時代に，朝日新聞社をうけるも面接で不合格となる。そこで，関係者に泣きついて電通に入れてもらう。同期には（戦後）「鬼の十則」を書いた吉田秀雄（のち電通社長）がいた。電通がまだ広告と報道が未分離の時代に新聞記者として活躍した。その頃は香露園に住み，甲子園に娘をつれて野球を見に行った（当時は阪神ファンで，タイガースの後援会役員もしていたという）。

　記者時代の川勝は，稲畑勝太郎，安宅弥吉，片岡安，山本為三郎，杉道助，吉野孝一など著名な大阪財界人と知り合いになっていた。自身は「神経質で‥自信をもてない男でした」というものの，書物との出会い，人との出会いにめぐまれることとなった。

　戦時期をはさんで紡績連合会への転身，さらに寺田財閥に入ることになる。戦後は1947年近鉄から南海が分離独立する際に（寺田が関係していた）南海電鉄の非常勤取締役にもなる。当時近鉄の社長であった種田虎雄から「新社長は君も心やすい吉村茂君だ。ひとつ役員にはいって新しい南海に新風を吹き込んでもらいたい」と言われた。種田は川勝の新聞記者時代からの知り合いで，吉村は当時南海鉄道の経理部長をしており懇意だったという。

　1967（昭和42）年南海電鉄の三大事故により非常勤取締役から突然社長に就任することとなる。ここに三大事故とは，同年の4月1日午後7時26分大阪府泉南郡泉南町男里の踏切事故（5両編成の下り急行がトラックと衝突），死者5人，負傷者229人，7月24日夜，箱作駅構内にて（4両編成の下り急行列車が）貨物列車と衝突，負傷者131人，翌年1月18日夕，天下茶屋駅構内にて5両編成の臨時急行が回送車と衝突，298人負傷，というものだった（朝日新聞本社社会部編『関西の私鉄』清文堂，1981年，222-223頁）。

　これら事故で監督官庁より「警告」を受け社長（稲次国利）・会長（壷田修）が辞任した。当時の総理大臣は（運輸省出身の）佐藤栄作で，運輸大臣が中曽根康弘だった。当時の南海会長・壷田修は国鉄からの天下りで中曽根の元上司であった。川勝によると中曽根から電話で（後任の社長については）「財界筋から要請があると思うが，ぜひ，引き受けてくれ」と言われたという。

　川勝はその後の南海社長を引き受けて事故防止を第一に経営にあたるわけだが，その際，社員の意識改革のために「南海人五則」を掲げた。

一，仕事と取組み現実の仕事から会社の将来を考えよ

二，仕事に不平を言うな。たとえ仕事が不満であっても，その中で自分の充実をはかれ

三，自分自身の計画をもて。計画をもてば忍耐と工夫と正しい努力と希望が生まれる。

四，自信を持て。自信がないと君たちの仕事に迫力も粘りも生まれない

五，行動力を持て。摩擦をおそれるな。そうでないと君たちは消極的で卑屈になる。

（川勝傳追想録編纂事務局編『川勝傳追想録』南海電気鉄道，1990 年。）

　これは，電通時代の同僚・吉田秀雄の「鬼の十則」を参考にしたものである。以後，川勝の時代は約 20 年続くのだが，歳には勝てず関西新空港の開港を見ることはできなかった。

　最近の南海社内誌には「南海のブランド力」調査が紹介されている（『南海人』（第 645 号，2019 年 3 月 5 日，8-9 頁）。インターネットで 1,200 人（南海 600 人，阪急・阪神・京阪・近鉄・ＪＲ・地下鉄の各 100 人）から回答を募ったところ，南海ブランドの評価は，沿線居住者からは関西鉄道 7 社中第 6 位という厳しいものであった。社員（2,982 人）にも調査を行っており，同社に対する「愛着」は 7 割以上（75％）が感じているものの，「お客様にとって魅力的（37％）」や「同業他社比較で良いイメージ（22％）」の数値が低く，社員が南海ブランドに自信を持っていないことが浮き彫りになっている。しかも現在の南海イメージについては，「古くさい（49％）」とする回答がトップだった。いま新しい「南海五原則」が求められている。

（参考文献）

「私の履歴書－川勝伝」『私の履歴書（経済人 17）』日本経済新聞社，1981 年，ほか。

【川勝傳・年譜】

1901（明治 34）年 7 月 12 日　京都府船井郡八木町に生まれる

1928（昭和 3）年（27 歳）　立命館大学法経学部経済学科卒業，㈱日本電報通信社（電通）に入社，経済記者となる。

1930 年　　　　　　　　　長男泰司生まれる。

1936 年（35 歳）　　　　　社団法人同盟通信社転籍，翌年退社。

1937 年　　　　　　　　　大日本紡績連合会（現，日本紡績協会）企画部長に就任

1938 年　　　　　　　　　大日本紡績連合会理事に就任，東京事務所長

1941 年（40 歳）　　　　　大日本紡績連合会を退任，寺田合名会社に入社，理事。

170

1945 年	敗戦
1946 年（45 歳）	経済同友会結成に参加，日本内燃株式会社常務取締役に就任
1947 年	南海電気鉄道株式会社新発足にあたり監査役に就任。1952 年取締役
1949 年	日本内燃の第二会社として日本スピンドル製造㈱を設立，社長。
1953 年（52 歳）	中国通商視察議員団に参加して中華人民共和国を訪問，日中民間貿易協定に調印
1954 年	日本国際貿易促進協会常任委員に就任，1957 年副会長
1963 年（62 歳）	藍綬褒章　受章
1968 年（67 歳）	南海電気鉄道株式会社社長に就任，南海ホークス，オーナーに就任
1970 年	学校法人桃山学院理事長に就任
1977 年	社団法人日本民営鉄道協会会長に就任
1978 年（77 歳）	㈶日中経済協会副会長，関西本部長，高島屋取締役に就任
1981 年（80 歳）	勲一等瑞宝章　受章
1983 年（82 歳）	南海電気鉄道株式会社会長に就任
1988 年（86 歳）	死去

（出所：川勝傳『反骨と友愛』なにわ塾叢書 9，ブレーンセンター，1983 年，162-163 頁より作成）。

第6章　南海・近鉄とプロ野球
―球団と球場運営の歴史的展開から見た―

廣田　誠

はじめに

　周知のごとく，歴史的にみた関西の鉄道企業とプロ野球の関わりは深い。日本でプロ野球が発足する以前から，在阪私鉄各社は野球とのかかわりを持っていた。その先駆は箕面有馬電気軌道（のちの阪急電鉄）が，1913年に豊中グラウンド（運動場）を開設したことである。また1922年，京阪電鉄が京阪グラウンドを大阪府北河内郡豊野村（現在の寝屋川市）に開設し[1]，1924年には阪神電気鉄道が甲子園球場を開場した[2]。さらにこれらの動きに刺激され，1928年5月27日，のちに近鉄の一部となる大阪鉄道が，住宅地に自然体験学習のための花卉園や果樹園，そしてスポーツ施設を併設した藤井寺経営地へ藤井寺球場を開場した[3]。大正中期に勃興した野球ブーム，とりわけ夏季に開催される全国中等学校優勝野球大会が全国的な人気を博していたことから球場建設に踏み切ったもので，1927年11月着工，1928年5月25日に竣工した。敷地面積約1万3,000坪，収容人員約3万人の規模を有し，関西六大野球のリーグ戦などに使用された。このように在阪私鉄各社は，日本における本格的プロ野球の発足以前より，球場の建設と運営を通じて野球とのかかわりを深めつつ

---

1)　『京阪百年の歩み』（京阪電気鉄道株式会社，2011年）128–129頁，696–697頁。

2)　『阪神電気鉄道百年史』（阪神電気鉄道株式会社，2005年）162頁

3)　以下藤井寺球場に関する記述は，『近畿日本鉄道　100年のあゆみ』（近畿日本鉄道株式会社，2010年）111頁による。

あった。

また在阪大手私鉄五社中四社（阪神，阪急，南海，近鉄）がプロ野球チームを保有した経験を持ち，しかも近鉄を除く三社は戦前期からチームを保有していた。特にリーグの発足と同時にプロ野球に参入した阪神と阪急は，ともに当時としてはずば抜けた規模と内容を持つ本拠地球場を保有し（阪神＝甲子園球場，阪急＝西宮球場），それらは首都圏地域で初の本格的なプロ野球の本拠地球場となった後楽園球場に先駆けるものであった。これらに加え南海が戦後に開設した大阪球場は，阪急の西宮球場と並び関西地域におけるナイター（ナイトゲーム）開催の先駆となった。これらは，鉄道会社をオーナー企業とするチームの少なさも一因となって1970年代まで慢性的な球場不足に悩まされていた首都圏地域との大いなる相違であった[4]。

しかしながら今日，在阪大手私鉄の経営するプロ野球チームはタイガースのみとなり，また在阪大手私鉄が運営する野球場として存続しているのも甲子園球場のみで，その他の球場はショッピングモールなどに転用され姿を消した。

---

4) すなわち以下の新聞記事が示す通り，首都圏地域では，セ・パ両リーグとも多数の球団が少数の球場の使用権を巡って激しい争いが繰り広げられていた。
　　「◇大洋ホエールズのフランチャイズが横浜地区に本決まりとなった。これで現在のプロ野球球団の半分までが，東京を中心とした関東地区に集まった。セ・リーグでは六球団中，巨人，国鉄，大洋の三チーム，パ・リーグでは八球団中，毎日，大映，東映，トンボの四チーム，計七チームが肩をならべたわけであるが，満足に使える球場は後楽園と川崎の二つだけ。駒沢も横浜もまだナイター設備のない・・・球場で，プロ野球の常打ち球場とするには今後バク大な金をかけなかればならない。これが今シーズンにうまく間に合うとしても七チームで四球場と・・・えらい混み方で，今後も球場の振り当てが大変だ・・・」（「球場難に割り込み（木曜放談　プロ野球）」『東京新聞』昭和30年1月13日）
　　「◇先日の大洋ホエールズの川崎球場での初試合には，象をくり出すなどのお祭り騒ぎでその前途を祝った。長年にわたって"フランチャイズの孤児"として転々と渡りあるいていた大洋ホエールズがやっと本拠地にありついて，じっくり腰をすえてゲームをやることができるようになつたのだからめでたいことには違いない。・・・しかし同チームの川崎のフランチャイズについてはちょっと合点しかねるふしがある。たしか今シーズン初め，大洋ホエールズがこちらにフランチャイズを移す時には，はじめ横浜地区と決めたと記憶している。・・・だから，横浜あたりにプロ野球常打ちの球場が新たにできるものだとばかり思っていたが，シーズンに入っても一向にそのことがない。川崎球場は昨年高橋ユニオンズができてこゝをフランチャイズと決めた時に，あすこは巨人国鉄の補助球場だから専用は許さないと文句が出たはずだ。その後パ・リーグでも毎日と大映がこゝを補助球場ときめた。こう千客万来ではなかなか新参が割り込む余地がない。そこで，一応横浜と決めたのであろうが，ほかに球場がないのだから，いきおい，川崎球場を使わざるを得なくなってくる。何でも大洋の川崎進出は最初が同一リーグの国鉄にさえ何のあいさつもなかったという・・・。大洋は結局，ここで五十試合を消化する予定だそうだが，それではまるで他人の家に表札をかけて住んでいるようなものだ。・・・」（「他人の家に表札？（木曜放談　プロ野球）」『東京新聞』昭和30年4月14日）

本章ではこれら在阪大手私鉄のうち，遅れてプロ野球に参入し，また 2 リーグ分裂後はともにパ・リーグに属して球団を運営した南海と近鉄について，球団と球場の運営に関する歴史的推移とその特徴・意義を考察したい。

1.　日本におけるプロ野球の発足と在阪私鉄

　1934 年，日米野球のために結成された全日本軍を母体として，プロ球団・大日本東京野球倶楽部（讀賣ジャイアンツの前身）が創設された。これに続き1935 年阪神電気鉄道により大阪野球倶楽部（大阪タイガース）が設立された。さらに翌 1936 年，日本職業野球連盟が設立され，大日本野球連盟名古屋協会（名古屋軍），東京野球協会（東京セネタース），名古屋野球倶楽部（名古屋金鯱軍），大阪阪急野球協会（阪急職業野球団，通称阪急軍），大日本野球連盟東京協会（大東京軍）の各球団が加盟した[5]。これらのうち阪急軍は，1936 年，阪神急行電鉄の事業課に大阪阪急野球協会として創立されたものである[6]。さらに1937 年，阪急西宮球場が開場した。同場は当時としては最新・最高の設備を備えた本拠地球場で，同年東京に開場した後楽園球場を内容では大きく上回るものであった。

2.　南海鉄道のプロ野球への参入

　さらに在阪私鉄では，南海鉄道が南海軍を設立した[7]。南海鉄道が南海軍の創立をめざしたのは 1937 年のことで，翌 1938 年 3 月 1 日，南海軍（南海野球株式会社）が創立され，同月 29 日，日本職業野球連盟に加盟を申請した。しかしすでに 8 球団が春秋 2 シーズン制のペナントレースを展開，それぞれの優勝球団が王座を争っており，これに南海軍が加わると球団の数が奇数と

---

5)　なお日本職業野球連盟にはその後 1937 年，後楽園野球倶楽部（後楽園イーグルス）が加わった。
6)　『プロ野球　上　日本職業野球前夜からプロ野球興隆 ON 時代へ』37 頁。
7)　以下南海軍の設立事情については，『さらば！南海ホークス——激動の半世紀，浪花にロマンありがとう——』別冊週刊ベースボール冬季号　ベースボール・マガジン社，昭和 63 年 12 月，60 頁による。

なって，日程面で常に1球団は試合をすることができない。しかも遅れて発足した南海軍の陣容は貧弱で，監督[8]のほかに選手はわずか14人しかおらず，南海軍側も申請はしたものの，その行く末には不安を抱いていた。しかし各球団は加盟に賛成し，加盟に反対するものとみられていたジャイアンツも賛成を表明した。これにはタイガースと阪急の根回しがあったと言われている。ただし加盟の条件として，南海軍は選手を補強し，さらにその実力を判定した上で秋のシーズンからペナントレースに出場が許されることとなった。

　1939年8月11日，南海軍の本拠地球場として中百舌鳥球場が完成した[9]。同球場は南海鉄道が百舌鳥駅附近に約5万坪の土地を買い入れ，ここに総合運動場の建設を計画する中で，一万坪を野球場として1937年9月頃より工事に着手していた(建設費50万円)[10]。完成式を半月後に控えた7月28日から3日間，ここで公式戦が行われた。それには日本職業野球連盟に加盟する9球団のうち名古屋軍とイーグルスを除く7球団が参加し，1日3試合の対戦が行われた。しかし同球場は交通の便に恵まれなかったことから，昭和15年は2日間，16年は6日間，17年は3日使用されたのみで，主として南海軍の公式戦は阪急西宮球場と阪神甲子園球場で開催された。

3.　後発ゆえ大胆な手法で戦力強化を図った南海軍

　このように遅れて球界に参入し，さらに連盟からチーム力の底上げを命じられるほど戦力が乏しく，また本格的球場にも恵まれなかった南海軍は，時には

---

8)　南海軍の初代監督となった高須一雄は，慶応義塾大学を卒業後大阪毎日新聞社に入社し，大正末期から昭和初期にかけて社会人野球で"日本一の実力チーム"と言われた大毎野球団で活躍していた。南海鉄道と大阪毎日新聞は浜寺海水浴場の「水練学校」で協力関係にあったため，高須が南海の初代監督に迎えられたのである（『さらば！南海ホークス ——激動の半世紀，浪花にロマンありがとう——』62頁）。

9)　以下中百舌鳥球場の開設にかかわる記述は『さらば！南海ホークス——激動の半世紀，浪花にロマンありがとう——』62頁による。

10)「百舌鳥に野球場，難波駅から二十分百舌鳥駅附近に約五万坪を買入れ綜合運動場を計画内一万坪を野球場(建設費五十万円)にすることとし来る九月頃から工事に着手，明年四，五月頃完成の予定，同時に南海職業野球団を組織する筈」（「月曜特輯会社批判　業績漸次向上の南海鉄道 一割配当は依然安定」『中外商業新報』1937年8月9日）

強引とも言える手段を用いて戦力の向上を図った。そこにおいて特筆すべきは，戦後監督として南海の黄金時代を築き，三原脩，水原茂とともに日本プロ野球の「三大監督」と称されることとなった鶴岡（山本）一人の入団である[11]。

　鶴岡は 1939 年 3 月，法政大学の卒業と同時に南海軍と契約，入団した。鶴岡は，プロ野球の選手となっても 1 〜 2 年後には兵役に服さねばならないため，選手層が薄く多くの試合に出場が可能と思われる南海軍を選んだと後年語っている。一刻も早くチーム力の向上を図りたい球団側と，より多くの出場機会を得たいと願う鶴岡の思惑が一致して，後発の弱小球団南海軍への有力選手入団が実現したのである[12]。

　ところが鶴岡のプロ入りを知った法大野球部の OB 会からは，鶴岡を除名せよとの声が上がった。その理由は「卒業と同時に職業野球に入るとは，鶴岡は“野球芸人”になるつもりか。母校の恥だ」と言うものであった。日本でプロ野球が誕生した 1936 年から鶴岡が南海軍入りする前年の 1938 年までに，大学出身の選手はすでに多数プロ入りしていたが，その大半は母校を中退しており，また卒業した者もまずアマチュアチームである実業団（社会人野球チーム）を経てプロ入りしていた。つまり鶴岡は大学卒業と同時にプロ野球チームに入団した初の選手で，これに OB 会が怒ったのである。このことは，発足当初におけるプロ野球選手に対する世間の評価を端的に示すと共に，参入の遅れを取り戻すためあえてこのように危うい橋を渡らなければならなかった南海軍のチーム事情をみて取ることができる。

　この除名問題は，結局鶴岡の知人のとりなしによって事なきを得たが，さらに問題となったのは契約条件であった。当時，新人選手の支度金（今日の契約金）には 3,000 円の上限が設けられていたが，これを南海軍は無視し，上限の二倍にあたる 6,000 円の支度金を支払い，また月給 250 円。さらに兵役に服した場合は，留守中は毎月 50 円を送金する，との条件で鶴岡に入団を承諾させ

---

11) 以下鶴岡の入団に関する記述は『さらば！南海ホークス——激動の半世紀，浪花にロマンありがとう——』別冊週刊ベースボール冬季号　ベースボール・マガジン社，1988 年 12 月，62 頁による。

12) 鶴岡は入団と同時に主将に就任し，10 本の本塁打を記録して本塁打王に輝き，南海軍に初のタイトルをもたらした。打率も 2 割 8 分 5 厘で六位であった。

ていた。しかしこの問題もまた，南海軍に対し厳しい処分がなされることなく
終った。

　さらに南海軍の選手獲得に対するあくなき姿勢を示すのは，清水秀雄の獲得
である[13]。清水は1937年春から38年秋にかけて明治大学が東京六大学リー
グで4連覇を達成した際，主力投手として活躍し，1940年春には専門部の卒
業を目前に控えていた。大学側は学部への進学を切望していたが，清水自身は
プロ入りを志望しており，しかも鶴岡が属する南海軍への入団を望んでいた。
これを知った鶴岡は，1940年1月清水を大阪へ呼び，南海軍と契約させた。
1年でチームを去る罪滅ぼしとして有力新人投手の清水を入団させた鶴岡[14]
は，明大応援団に呼び出され，学部へ進学するはずの人間をプロへ入団させた
ことを厳しく叱責されたという[15]。

　さらに南海軍は，清水に，鶴岡の場合と同様，規約違反の支度金5,000円
を与えていた。そもそも南海軍は，球団創設の1938年，明治大学の強打者で
あった岩本義之を支度金6,000円で，また前述の如く39年鶴岡を同額の支度
金で入団させ，物議をかもしていた。3年連続の協定破りに連盟は，南海軍に
対し，清水の登録は受け付けず，出場も認めない。その期間は未定とする，と
のペナルティを科した。ところが南海軍は1940年5日の阪急戦で清水を登板
させ，これにより南海軍は勝利をおさめた。「電鉄対抗戦」であるこの試合に
敗れた阪急軍の怒りは格別で，南海軍のマネジャーを呼びつけ，始末書を取っ
たという[16]。

13）以下清水秀雄の南海軍入団に関する記述は『さらば！南海ホークス──激動の半世紀，浪花にロマン
　　ありがとう──』63頁による。
14）鶴岡は1940年2月1日陸軍入りしたため，戦前の南海でプレーしたのは1939年のシーズンのみであっ
　　た。
15）鶴岡の場合は学部卒業とともに南海軍に入団したことが母校OB会の怒りをかったが，清水の場合は
　　学部に進学してさらに野球部で活躍することが期待されていた時の入団で，事態はより深刻であった。
16）清水の出場停止が解禁になったのはそれから10日後であったが，打線の援護を得られなかった清水は，
　　このシーズン11勝23敗と大幅な負け越しの成績に終った。

4.　第二次大戦後―2 リーグ制の発足と在阪大手私鉄の対応

　1939 年，戦時体制への移行にともない日本職業野球連盟は日本野球連盟に
改称した。しかし 1941 年 12 月の日米開戦以降，アメリカを発祥とするプロ
野球をめぐる状況は悪化の一途を辿り，そのため日本野球連盟は 1944 年日本
野球報国会に再度改称した末，同年 11 月 13 日活動休止に追い込まれた。

　終戦後の 1945 年 11 月 6 日，日本野球連盟は復活宣言を行い，11 月 23 日
阪急西宮球場で東西対抗戦を開催，さらに 1946 年 3 月 27 日ペナントレース
を再開した。1949 年 4 月，公職追放となり讀賣新聞社主の座を馬場恒吾に譲っ
た正力松太郎は，日本野球連盟の名誉会長に就任し，わが国初のプロ野球コミッ
ショナーとなった。正力は日本におけるプロ野球の一層の発展を期し，毎日新
聞（社会人チーム・大毎野球団を擁しプロ野球に関心を示していた）に働きかけ，米
大リーグに倣いプロ野球の 2 リーグ化を推進した。その結果，同年末にセン
トラル野球連盟（セントラル・リーグ）と太平洋野球連盟（パシフィック・リーグ）
から成る 2 リーグ制が発足した。

　セ・リーグには讀賣ジャイアンツ（讀賣新聞）のほか，大阪タイガース（阪
神電気鉄道），中日ドラゴンズ（中日新聞），国鉄スワローズ（鉄道弘済会），松竹
ロビンス（松竹），広島カープ，大洋ホエールズ（大洋漁業），西日本パイレーツ（西
日本新聞）の各チームが所属した [17]。一方パ・リーグには，毎日新聞の結成し
た毎日オリオンズの他，阪急ブレーブス（京阪神急行電鉄），南海ホークス（南
海電気鉄道）[18]，近鉄パールス（近畿日本鉄道），西鉄ライオンズ（西日本鉄道），
東急フライヤーズ（東京急行電鉄），大映スターズ（大映）が参加した。セ・リー
グに比べパ・リーグはオーナー企業に私鉄企業が多く，しかもその中心は在阪
私鉄であった。

---

17)（　）内はオーナー企業の名称である。なお本章で言う「オーナー企業」とは，プロ野球チームの経営
　　を担う企業（いわゆる親会社）を意味する。
18) 1947 年，近畿日本グレートリングは，オーナー企業の分離にともない南海ホークスに改称した。

178

5. 南海球団の躍進と大阪球場の開場

1950年9月12日，南海電鉄はホークスのホームグラウンドとして，大阪球場を難波駅前に開場した[19]。両翼91.5 m，中堅115.8 m，左・右中間109.7 mのグラウンドを有し[20]，収容能力31,379人の大阪球場は，開場から1988年まで南海ホークスの本拠地であったとともに，開場してしばらくは近鉄パールス（開場〜1957年），大洋松竹ロビンス（1953〜1954年）も本拠地球場とした[21]。その威容から「昭和の大阪城」とも呼ばれた大阪球場の建設計画が浮上したきっかけは，1948年のホークス優勝であった[22]。優勝決定後の11月15日，対ジャイアンツ最終戦が甲子園球場で行われた際，甲子園球場を訪れていた占領軍総司令部（GHQ）経済科学局長マーカット少将のところへ南海の松浦竹松球団代表が挨拶に赴いた。野球愛好者のマーカット[23]に「どこの都市を基盤とするチームか」「本拠地球場はどこか」と問われた松浦が，「大阪のチームだが本拠地球場がないので甲子園球場を使わせてもらっている」と答えると，その後占領軍幹部から「大阪に本拠地球場を作ってやってもいい」との連絡が入った。ただし「球場を作ってやる」とは，建設用地が確保できれば建設許可を与え，建設に必要な鉄鋼材やセメントなどの購入許可を出す，ということに過ぎなかったが，この話に松浦竹松はただちに反応し，電鉄本社を説得の上，球場建設予定地として候補に上ったのが大蔵省専売局の跡地であった。

---

19) 以下大阪球場の開場に関する記述は，注記なき限り『さらば！南海ホークス——激動の半世紀，浪花にロマンありがとう——』77頁，80–81頁による。
20) ただし建設当初両翼は84mであった。また着工は1950年1月，完成は同年9月12日と限られた工期で開場に至った（『追憶のロスト・ボールパーク 失われた球場物語』ベースボール・マガジン社，2013年，30頁）
21) 『追憶のロスト・ボールパーク 失われた球場物語』27頁。
22) この年南海は投手陣，野手陣とも戦力が充実しており，87勝49敗四分け，勝率・6割4分0厘，2位のジャイアンツに5ゲーム差，3位のタイガースには17ゲーム差，最下位のドラゴンズには34.5ゲームもの大差と圧倒的な戦績で優勝した。
23) マーカットは大の野球好きで「戦後の荒廃した日本人の心をなごませ，激励するには野球振興が一番だ」と常日頃から言っていたという。

　またGHQとの交渉には，監督である鶴岡一人もこれにあたった。鶴岡はマーカットに「球場をつくるのはよいことだ，球場の周辺には不良児がおらん，国民のためになることだ，力を貸そうといわれた」と後に回想しているが，この時鶴岡が出会ったのがマーカットの副官をつとめていた“キャピー”こと原田恒男中尉であった。原田は米国サクラメント在住の少年時代，広島商業学校が中等学校選抜野球大会優勝の“ご褒美”として渡米した際，同校野球部員の鶴岡一人と野球で対戦していた。この奇縁により，「球場ができたのはキャピーのおかげ」と鶴岡が語るほど，原田は球場建設のために奔走，努力を惜しまなかった[24]。

　かくして南海電鉄は，大阪球場建設に向けて着々と準備を進めたが，同じ頃ロビンスのオーナーであった田村駒治郎もまた，大阪・北区の玉江橋付近に球場を建設する構想を明らかにしていた。そこで1949年，日本野球連盟の関係者は南海と田村の球場建設予定地を視察，これに各球団の幹部も同行した。これについて後年松浦は，「北区の方に球場ができると甲子園，西宮両球場の入りが悪くなるということを阪神も阪急も計算していたし，田村のところは用地が狭すぎた。ウチの方に決まるものと私は確信していたよ」と回想しているが，事実阪神と阪急は松浦の予想通り田村の計画に反対し，他球団も田村の方は敷地が狭すぎると不満をもらしたため，南海の計画は田村のロビンスを除く全球団から承認を得た。その後日本野球連盟で開催された代表者会議では，議長となった連盟会長の鈴木龍二が「いっぺんに大阪に2球場を建設することは不可能であり，GHQも認めないでしょう。そこでいずれかに絞りたい」と説明の上採決した結果，ここでもロビンスを除く全球団が，「球場予定地の隣は南海電車の難波駅。場所も文句なし」と南海の計画を支持した。

　副収入を得るため観客席下に多数のテナントを入居させるスペースを確保し，また中心市街地ゆえ限られた敷地に極力多くの客席を設ける，という2つの目的によってスタンドを急傾斜に設計したため「すり鉢球場」とも呼ばれた大阪球場は，1951年関西地区の球場としては初めて夜間照明設備を設置し，

24)『追憶のロスト・ボールパーク　失われた球場物語』29-30頁。

ナイトゲームを実施した[25]。

　大阪球場の開設がホークスファンにとっていかに画期的な出来事であったかを，塩崎俊一は以下のように回想している[26]。「とにかくスマートで立派な球場が出来た，まるで昭和の大阪城だと皆が胸をはっていた・・・。」「急傾斜のスタンド，回転式の入口と案内ガール，フィールドとスタンドの近さが見やすく・・・，ヤジもよく聞こえた。試合開始と終了のファンファーレの音・・・。すべてがモダンで格好よかった・・・。」

　大阪球場におけるプロ野球の初試合は 1950 年 9 月 17 日の阪急対近鉄，南海対東急のダブルヘッダー，さらに翌 18 日も西鉄対東急，南海対大映のダブルヘッダーで試合が開催された。パ・リーグ各球団がこぞって新球場の門出に花を添えたのである。しかし 18 日の第 2 試合となった南海対大映戦は午後 4 時の試合開始となったため，1 対 1 で迎えた 7 回，夕暮れとなり審判団は「引き分け」を宣告した。これに激昂したファンが外野席からグラウンドになだれこんで抗議したため，球場側は警官隊を導入した。以後大阪球場は "騒動の球場" と化した。セ・リーグの試合であった 1953 年 7 月 23 日の阪神対讀賣戦では，判定を巡って外野席のファンが次々にグラウンドになだれこんで暴れ，1 時間にわたり混乱が続いた[27]。また 1954 年 7 月 25 日の阪神対中日戦でも，藤村富美男への審判の退場宣告を巡って紛糾，大群衆がグラウンドを占領して収拾がつかなくなり，鈴木龍二セ・リーグ会長が午後 11 時，「阪神の放棄試合」を宣告した[28]。

---

25) 南海の大阪球場に続いて阪急も，1952 年西宮球場に夜間照明設備を完成させた。さらにこれらに遅れて 1956 年，タイガースの本拠地・甲子園球場にも夜間照明設備が完成した。

26) 塩崎俊一「グッドバイ南海　サヨナラ大阪球─不死鳥ホークスは必ず蘇生する─」(『さらば！南海ホークス──激動の半世紀，浪花にロマンありがとう──』56 頁。

27) 讀賣が 5 対 2 とリードした 9 回裏阪神の攻撃で一死二塁から金田正泰が右中間へ放った飛球を右翼線審は巨人の中堅手・与那嶺要が捕球したと判定，与那嶺が二塁に返球してゲームセットとなった。だが阪神は，与那嶺が塀に当って跳ね返ったところを捕ったと主張，これが騒動の火種となった(『追憶のロスト・ボールパーク　失われた球場物語』30–31 頁)。

28) 七月二三日から始まったこのカードは前日まで阪神が連勝していたため大阪球場は超満員であった。延長 10 回裏，連続試合出場を続けていた藤村富美男への審判が退場を宣告，それを阻止しようとした松木謙治郎監督が主審を投げ飛ばしたことが，騒動のきっかけとなった『追憶のロスト・ボールパーク　失われた球場物語』30–31 頁。

　このように大阪球場は，南海難波駅前の，大阪ミナミの一等地という観客動員には絶好の場所に立地していたが，それによって日常生活において不平不満を抱え込んだ観客を多数引き寄せ，暴動が多発するというリスクも抱えることになったのである[29]。また在阪の他球場に先駆けてナイトゲームのため照明設備を整えたことも，先に述べた試合の途中打ち切りにより生じた混乱の再発防止が一つの目的だったのではなかろうか。

　以上のような面もあったが，在阪私鉄企業としては最古参ながら，プロ野球への参入に関しては逆に阪神・阪急の後塵を拝し，また戦前期には本格的な本拠地球場を有するに至らなかった南海は，1940 年代末〜 50 年代初頭，一転して鶴岡監督による積極的なチーム強化と，大都市の都心部における画期的な新球場の建設[30]により，球界における阪神・阪急との地位を逆転させ，1951 年よりリーグ 3 連覇を達成，また 1959 年には日本シリーズを初制覇して"涙の御堂筋パレード"を行うなど，日本シリーズ三連覇（1956 〜 58 年）の西鉄ライオンズを最大のライバルとして黄金時代を迎えた。

　また後述するように，戦後，在阪私鉄として最後発の球団を発足させた近鉄の場合，大阪球場が完成するまで南海球団が甲子園球場や西宮球場を借用していたのと同様，地の利に恵まれ，ナイター設備を有する大阪球場を借用することで，発足直後の苦しい時期を乗り切ることができた。

　このように南海電鉄による大阪球場の開設は，ホークス躍進の基盤となったのみならず，発足間もない近鉄球団を後押しし，さらに甲子園に夜間照明設備が完成するまでの阪神タイガースもナイトゲームには大阪球場を使用す

---

29) 都心部ゆえ狭小な敷地への建設を余儀なくされた大阪球場は，先に述べたように急傾斜したスタンド（観客席）を持つ「すり鉢型球場」であった。こうしたスタジアムの形状もまた，観客の興奮を高め，暴動が多発する要因となったのではないだろうか。

30) 大阪球場開場から 7 年後の 1957 年 10 月，創業 70 周年記念事業の一環として難波駅南側の社有地に南海会館（地上 8 階，地下 2 階，延面積 3 万 8,328㎡）が完成した。同会館には西日本独占の洋画ロードショー劇場であるなんば大劇場を含む 3 つの映画劇場が設けられた（青木栄一「南海電気鉄道のあゆみ（戦後編）―路線網の整備と地域開発―」『鉄道ピクトリアル』No.615〈特集〉南海電気鉄道　1995 年 12 月,109 頁）。1950 年代の南海電鉄は，難波ターミナルの周辺において，戦前期の代表的娯楽であったプロ野球と映画の「殿堂」を整備したのである。

る[31)]といった具合に，在阪私鉄系球団全体の発展にも大きく貢献するものであった。

6.　近鉄の球界参入[32)]

　戦時中関西急行鉄道と南海鉄道の統合によって発足した近鉄（近畿日本鉄道）は，南海鉄道が設立・運営していたプロ野球チーム・南海軍を継承した[33)]が，戦後旧南海鉄道が分離したことで，近鉄はプロ野球チームを失った。しかしその後，日本野球連盟のコミッショナーに就任した正力松太郎が1リーグ制8球団から10球団への拡張，さらには2リーグ制12球団の構想を発表したことから，近鉄はプロ野球へ再び参入することを決断した。

　1949年9月6日の役員会では，近鉄がプロ野球の球団経営に再び進出する理由として「我国屈指の球場たる藤井寺を擁する当社は，その高度の活用を図り，会社の宣伝，運輸収入の増加，延いては日本職業野球の健全な発展に寄与するため，この際職業野球チームを組織し，日本野球連盟への参加を図りたい」と，戦前から保有する藤井寺球場の活用が理由の一つとしてあげられている。

　かくして1949年9月14日，近鉄は日本野球連盟への加盟を申請した。しかしこの際，近鉄以外にも西日本鉄道，毎日新聞社，大洋漁業，広島野球倶楽部などが相次いでプロ野球への参加を表明し，これら新球団の日本野球連盟への加盟の可否は，1949年9月末のオーナー会議での検討に委ねられた。その結果は，大阪タイガース，阪急ブレーブス，南海ホークス，東急フライヤーズ，大映スターズの5球団が賛成，讀賣ジャイアンツ，中日ドラゴンズ，太陽ロ

---

31)「大阪地方も阪神，南海，阪急，近鉄と残りチーム・・・が集まつているが，それぞれグラウンドを持つており，難波，西宮にはナイター設備もあり・・・。たゞセ・リーグ関係にナイター球場がないからパ・リーグが意地悪すれば，大阪ではセのナイターは見られない懸念がある。・・・。」「球場難に割り込み（木曜放談　プロ野球）」『東京新聞』昭和30年1月13日）

32) 以下近鉄球団の設立に関する記述は『近畿日本鉄道　100年のあゆみ』近畿日本鉄道株式会社，2010年，2-6頁による。

33) 1944年，南海軍は戦時統制によるオーナー企業の合併（南海鉄道と関西急行鉄道の合併により近畿日本鉄道が発足）にともない，球団名を近畿日本に改称した。

ビンスの3球団は反対であった。承認には全会一致が必要であったため，新球団の加盟案は否決された。

　その後10月26日，大阪タイガースが賛成から反対に転じ，賛否が4対4の同数になったことから，事態は2リーグ分裂に向けて進展し，11月26日の代表者会議で2リーグ制への移行が決定した。かくしてパ・リーグに加盟することとなった近鉄は，12月1日に近鉄野球株式会社（資本金1,000万円）を設立，ニックネームは一般から公募し，多数の応募の中からパールスに決定した。

7.　近鉄球団と球場問題

　1949年12月15日，新球団・近鉄パールスは第一次の陣容を発表，またこの際専用球場は藤井寺球場とすることも発表された。しかしこの時点で藤井寺球場は建設からすでに20年を経ていたため，大改装を実施し，内野席2万2,000人，外野席1万人，計3万2,000人収容の「プロの使用に耐えられる球場」とした。翌1950年3月12日には藤井寺球場でプロ野球の初試合が開催された。

　しかし1951年大阪球場にナイター設備が完成すると，近鉄球団は大阪球場を使用することが多くなり，ナイター設備を欠く藤井寺球場での試合開催回数は減少した。1956年には近鉄対南海戦22試合中20試合が大阪球場で開催されたのに対し，藤井寺球場ではわずか一試合が行われたのみで，藤井寺球場は実質的に二軍の専用球場となった。一方近鉄は，1958年5月から，国鉄大阪環状線森ノ宮駅近くと交通の便に恵まれた日生球場（日本生命球場）に自らナイター設備を整備し，ナイトゲーム開催時の準本拠地として使用を開始した[34]。日生球場は1950年日本生命が従業員の福利厚生のため建設した球場で，両翼90.4メートル，中堅116メートル，交通の利便性が高く，またスタンドとグラウンドの距離が他の球場に比べ近かったため観客には好評であったが，ビジターチーム

---

34)　1958年，近鉄は日生球場のナイター設備を整備した。さらに1962年5月，近鉄は収容人員を増加させるため日生球場の改修工事を実施した（『近畿日本鉄道　100年のあゆみ』319頁，82頁）。

の選手が通路での着替えを強いられるなど，施設面での不備からプロ選手の評価は高くなかったという[35]。また球場の周辺が官庁街であったため，用地の確保には制限があった。その結果グラウンドの左中間，右中間は膨らみが乏しく"ホームランの出やすい球場"と言われ，またネット裏や内野の観客席も狭かった。収容人員も2万500人とプロ野球の試合を日常的に行う球場としてはいささか控え目なものであったが，これはそもそも同球場が社会人チーム日本生命のために作られた球場で，もっぱら社会人野球，そして時には関西六大学野球や高校野球の大阪府大会と，アマチュア野球の使用を想定していたためであった[36]。

　日生球場で初めてのプロ野球の試合は，球場完成の翌日にあたる1950年7月1日の南海対毎日戦で，のちに日生球場を日常的に使用することとなった近鉄球団の第1戦は翌1950年7月2日の対南海戦であった。だがその後近鉄球団は，1951年ナイター設備を完成させた大阪球場で試合を行うことが多くなり，日生球場では1950年5試合，1954年2試合と，8年間でわずか7試合に使用したのみであった。その日生球場が近鉄の"第2本拠地球場"化したのは，1958年5月19日，同球場にナイター設備が完成して以降のことであった。この「日生大改修」は，照明塔，両翼の飛球防止ネットなどの費用1億2000万円を近鉄側が全額負担した[37]。

　近鉄バファローズの存在がプロ野球ファンに初めて強く印象付けられたの

35）『ベースボール・マガジン』第41巻第11号（ベースボール・マガジン社，2017年）。この日生球場について，1970年代後半から80年代の近鉄バファローズで"いてまえ打線"の中核として度々の優勝にも貢献した栗橋茂は，日生球場の印象を以下のように回想している。栗橋が1974年バファローズ入団に際し契約を行った際に初めて見た日生球場の第一印象は「グラウンドが狭い」ことで，彼が駒澤大学野球部の選手としてプレーした明治神宮球場と比べても「狭い」との印象を受けたという。入団後は本来の本拠地である藤井寺球場の照明設備が完成するまでは日生球場で試合をすることが多かったが，日生球場は右中間，左中間の膨らみがなく，また照明も暗くしばしばコウモリが飛んでいるのを目にしたという。さらに栗橋が日生球場について不可解に感じたのは，ビジター用のロッカーやシャワールームが設けられておらず，そのため冷房設備のないところに長イスを並べて着替えなければならないことで，「とくにビジターチームにとっては厳しい球場だったのではないか」と栗橋は述べている（『追憶のロスト・ボールパーク　失われた球場物語』35頁）。
36）『追憶のロスト・ボールパーク　失われた球場物語』46頁。
37）『追憶のロスト・ボールパーク　失われた球場物語』47頁。

は 1969 年，三原脩が監督に就任して 2 年目のこの年，阪急ブレーブスとパ・リーグの覇権を巡り「死闘」を繰り広げた「藤井寺決戦」からのことと言われる [38]。それとともに観客が急増したため，近鉄球団は，地の利に恵まれ，またナイトゲームのための照明施設が整えられた日生球場での試合開催を増やした [39]。しかしこれはルール違反として，オーナー会議で厳しく追及された [40]。かくして藤井寺球場を本拠地として活用せざるを得ない状況に追い込まれた近鉄球団は，1972 年藤井寺球場の内外野席改築増設と夜間照明機器の新設工事を行った。しかし藤井寺球場の周辺は「住宅専用区域指定」の地域であったため，周辺住民は「ナイター施設反対」で同工事を提訴した。

　以来 1973 〜 83 年，ナイター設備の稼働を目指し関係者は努力を重ねた。外野には試合開始と同時に外壁がセリ上がる昇降式防音壁を設置し，また外野後方にある公団住宅の窓には防音サッシをとりつけ，さらに球場周辺の環境整備の一環として藤井寺駅の改良まで行った。併行して住民の了解を得る努力も重ね，ナイター訴訟問題で球団の勝訴となったのは 1983 年 9 月 26 日，ナイター設備の工事再開が同年 11 月 21 日であった，1984 年 4 月 6 日，1984 年度の藤井寺球場開幕戦となった対西武戦が藤井寺球場初のナイター（ナイトゲーム）となった [41]。同年 7 月には藤井寺球場で初となるオールスターゲームが開催された。さらに 1985 年には，人工芝の敷設と内野スタンドの拡張工事などを実施した [42]。

---

38)『追憶のロスト・ボールパーク　失われた球場物語』34 頁，36 頁。

39) 1966 年–96 年の日本プロ野球の年間試合数は各チーム 130 試合で，うち半分にあたる 65 試合が本拠地球場で開催される主催試合であったが，藤井寺球場におけるバファローズの本拠地試合開催数は 1972 年まで 10 試合未満にとどまり，また以後 1982 年までにおいても 20 試合を超えることはなかった。つまり 1970 年代までのバファローズは，主催試合の 3 分の 2 以上を日生球場などで開催していたのである（「藤井寺球場　追憶のスタジアム」『ベースボール・マガジン』第 41 巻第 11 号，70 頁）

40) この際球団代表が，近鉄沿線の名古屋や四日市の近辺でも試合の出来る場所を探している，と弁明したところ，名古屋（中京地区）を本拠地とする中日ドラゴンズの関係者が反発し，試合を開催する場合は 10 億円を支払うよう要求する事態に発展した。（「藤井寺球場　追憶のスタジアム」70 頁）

41) 以上戦後の藤井寺球場に関する記述は，『追憶のロスト・ボールパーク　失われた球場物語』34–36 頁による。

42)『近畿日本鉄道　100 年のあゆみ』409 頁。

これらの投資が実り、すでに 1979 年初のリーグ優勝を果たしていた近鉄球団は、1980 年と 1989 年の二度リーグで優勝した[43]。また 1980 年代前半までおおむね 1 万人に満たなかった藤井寺球場の一試合当たり入場者数も、80 年代後半以降大阪ドームへ本拠地が移転する 1996 年まで 1 万 5 千人前後で推移した[44]。しかし在阪私鉄の運営する球団としては唯一、長きにわたり本拠地を巡る混乱が絶えなかったことは、ファンと球団の良好な関係を築く上で不利に作用したものと思われる[45]。

8. パ・リーグの危機で厳しさを増した南海・近鉄両球団の経営環境

1950 年代の終わりから、プロ野球界の流れは、在阪私鉄系球団の多くが属するパ・リーグにとっては厳しい方向へと進んだ。1959 年 6 月 25 日、プロ野球初の天覧試合となった讀賣－阪神戦が後楽園球場で開催された。前年東京六大学野球のスーパースターとして立教大学より入団した長嶋茂雄は、この試合でタイガースのエース・村山実から劇的なサヨナラ本塁打を放った。これにより長嶋の人気は不動のものとなり、王貞治との ON 砲によりジャイアンツの 9 年連続日本一（V9）に貢献し、プロ野球人気の牽引車となった[46]。これにより次第にセ・リーグとパ・リーグの人気（観客動員）は差が開いていった。

またパ・リーグが苦境に陥った理由としては、マスメディアとの関係も重要である。セ・リーグの中心をなすジャイアンツを讀賣新聞、報知新聞、日本テレビ放送網と全国に影響力を及ぼすメディア企業がバックアップしていたのに対し、パ・リーグの場合、オリオンズのオーナー企業となった毎日新聞に、セ・

43）『近畿日本鉄道　100 年のあゆみ』500 頁。

44）『ベースボール・マガジン』第 41 巻第 11 号，73 頁のグラフ「1 試合平均入場者数」による。

45）藤井寺球場を建設した大阪鉄道は，大阪電気軌道を中核として発展してきた近鉄の歴史の中では傍系の企業で，このことも同球場が他の在阪私鉄によって建設・運営された球場に比べ，長らく不安定な扱いを受けて来たことの一因かと推察される。

46）戦前に強引ともいえる方法で次々に有力選手を獲得した南海は，この長嶋にも熱心に働きかけ，入団寸前にまでこぎつけたが，結局長嶋が入団したのはジャイアンツであった。

リーグの讀賣新聞と同様の働きが期待されていた。しかしチーム発足当初における タイガースからの強引な選手引き抜きが災いして，オリオンズの人気は低迷した。そのため毎日新聞は次第にプロ野球に対する意欲を低下させ，ついには大映と合併して大毎オリオンズとなり，経営の主導権は次第に大映社長の永田雅一に移って行った。

　1965 年，第 1 回のドラフト会議が開催された。くじ引きで選手との入団交渉権を球団に与えることにより，契約金の高騰を防ぎ，また各球団の勢力を均衡化するのがその目的であった。その背景には，人気と財力にものを言わせて有力アマチュア選手を独占する一部球団の独走を抑えたいというパ・リーグ側の思惑があった（ドラフトの導入を提起したのも西鉄球団社長の西亦次郎であった）。

　しかし 1969 年の「黒い霧事件」では，野球賭博への関与が疑われた選手が多数処分を受け，中には球界を永久追放になった者もあったが，特にパ・リーグで関与したとみられるものが多かったことで，さらにパ・リーグは大きなダメージを受け，観客動員も大幅に落ち込み，"V9" の黄金時代を謳歌するジャイアンツを中心とするセ・リーグに大きく差をつけられた。このようにパ・リーグの人気低迷によって，これに属する南海ホークスと近鉄バファローズは厳しい経営環境のもとでの運営を余儀なくされることとなった。

9.　南海と近鉄のプロ野球からの撤退

　1970 年代後半から 80 年代のプロ野球は，ドラフト制度導入の効果が表れ，優勝チームが多様化した。パ・リーグでは 70 年代に入って常勝チームとなった阪急ブレーブスが 1975 年初の日本一に輝き，以後日本シリーズ三連覇の快挙を達成した。南海ホークスが南海として最後の優勝を遂げたのは 1973 年のことであった。74 年にはロッテオリオンズが日本シリーズを制し，また近鉄バファローズも 75 年後期のみながら初の優勝に輝き，さらに 79 年には阪急とのプレーオフを制して初のリーグ優勝を遂げた。80 年代に入ると日本ハムが 1981 年リーグ初優勝，続いて西武が 82 年から日本シリーズを連覇，黄金

時代の幕開けとなった。

　しかし1980年代の末，プロ野球界には大きな変動が生じた。1989年，ダイエーが南海電鉄よりホークスを買収し，チーム名を福岡ダイエーホークスと改めた上，本拠地を大阪府から福岡県に移転した。これにより南海電鉄はプロ野球から撤退することとなった[47]。

　塩崎俊一は南海電鉄のプロ野球からの撤退に際してものした一文[48]において，ホークスの観客動員と大阪球場の経営に関し，以下のように述べている。大阪球場は南海ホークスが常に優勝を争っていた時代においても，また恵まれた立地条件にありながら，観客動員の芳しくない球場であった。むしろ南海ホークスの最終年となった1988年に90万人と入場者数の「新記録」が達成されたように，成績低迷が続いた時代の方が観客動員数そのものは多かった。それでも球団がもたらす赤字が年間10億円に達したことが，球団の経営権を譲渡せざるを得なくなった原因で，入場料収入で球団を採算のとれるものとするためには，1980年代末においては入場者数を「新記録」の2倍以上にあたる年間200万人に増やすことが必要であった。

　さらに塩崎は，「黄金時代」と「低迷期」の相違は，むしろ観客動員よりもテレビ放映の回数によくあらわれていると，表6-1および表6-2の示すところに拠りながら以下のように述べる。1963年と南海最後の年となった1988年のホークスとライオンズとの大阪球場における対戦についてみると（63年は西鉄として最後の優勝となった年，88年は西武の黄金期で，いずれの年もライオンズ戦はパ・リーグを代表する人気カード），1963年には入場者数の判明する13試合中入場者数が2万人を超えた試合が最終2戦のみであったのに対し，88年は11試合中観客数が2万人以下にとどまったのは最終平日でデーゲームの1試合のみであった。しかし1963年当時は，大阪地区において同カードのテレビ

47) なおこの年，オリックス（オリエント・リース改め）が阪急電鉄よりブレーブスを買収し，チーム名をオリックス・ブレーブスとした。これにより阪急電鉄もプロ野球からひとまず撤退することとなった。

48) 塩崎俊一「グッドバイ南海　サヨナラ大阪球—不死鳥ホークスは必らず蘇生する—」（『さらば！南海ホークス——激動の半世紀，浪花にロマンありがとう——』57頁。

中継が 4 つの放送局によって年間 10 回行われていたのに対し，88 年は 4 局で 4 回と半分以下に減少していた[49]。このように，南海ホークスの「人気凋落」は，観客動員よりもテレビ放映により明確にあらわれていた。

表 6-1　1963 年　南海―西鉄（大阪球場）

月	日	入場者数	ＴＶ放映
5	7	7,222	MBS（毎日放送）
	23	6,590	KTV（関西テレビ）
6	15	12,677	
7	16	―	YTV
			（よみうりテレビ）
	16	13,650	
8	3	11,531	YTV
	4	―	NHK　YTV
	4	16,710	YTV
	5	9,068	
9	24	―	
	24	15,428	KTV
	26	10,421	NHK
	27	10,229	
10	15	27,343	YTV
	16	31,404	

表 6-2　1988 年　南海―西武（大阪球場）

月	日	入場者数	ＴＶ放映
4	30	20,000	MBS
5	1	32,000	NHK
	31	20,000	テレビ大阪
6	1	20,000	
8	9	28,000	
	11	28,000	
9	23	30,000	
	25	25,000	ABC（朝日放送）
	26	20,000	
10	11	22,000	
	12	10,000	

　以上塩崎の述べるところによれば，黄金時代における南海ホークスの観客動員は，独立採算を可能にする水準にはほど遠いものであった。にもかかわらずホークスが強豪チームとして華々しい成績を残せたのは，オーナー企業である南海電鉄が利用者へのサービスとして採算度外視で支えていたからではないか。しかしその後，在阪私鉄各社の経営環境が厳しさを増す中，そのような支援は困難となり，1980 年代末（昭和の終わり）に球団経営からの撤退を余儀な

---

49) これらにはプロ野球の人気がもっぱらセ・リーグ（関西地区においては阪神タイガース）へと集中したことも影響していたものと考えられる。1963 年に 9 回あった実況放送で過半数の 5 回を担当していた YTV（よみうりテレビ）が，1988 年には全く南海―西武戦の実況放送を行っていないのは，讀賣ジャイアンツと深い関係を持つ同局がセ・リーグの試合を中心に放送する方針を明確化したことを示すものと考えられる。

くされたものと思われる。

　さらに21世紀初頭には，在阪私鉄の運営する球団として唯一パ・リーグに残ったバファローズが深刻な状況に直面した。しかもそれは，かつて在阪私鉄各社の主導で発足したパ・リーグの存亡にもかかわるものであった。バファローズは1997年本拠地を大阪ドームへ移し，また1999年には，地元企業との提携ならびに地域密着を目指してチーム名を大阪近鉄バファローズに改めた。こうした努力が実を結びパ・リーグ優勝を達成したバファローズではあったが，球団経営は好転せず，命名権譲渡によって苦境を切り抜けようとしたもののそれもかなわず，その結果2004年，大阪近鉄バファローズはオリックス・ブルーウェイブと合併し，近鉄は球団経営より退くこととなった。企業経営のグローバル化が進展する中，多額の赤字を生ずる球団を抱え続けることは株主や鉄道利用者への説明責任を果たせないとして苦渋の決断であった。

　近鉄の撤退はパ・リーグの消滅＝1リーグ制移行という球界再編問題に発展したが，結局楽天の参入で新球団東北楽天ゴールデンイーグルス（楽天イーグルス）が結成され，パ・リーグは消滅の危機から脱した。

おわりに

　周知のごとく南海は，在阪私鉄でもっとも長い歴史を誇る名門企業であるが，プロ野球への参入に関しては，阪神や阪急といった企業に後れをとり，また他のチームが一通り出揃った後の参入であったため，貧弱な陣容でリーグ戦に臨まなければならなかった。また先行する阪神や阪急とは異なり，戦前期には本格的な本拠地球場を保有していなかった。しかし南海は，このような逆境を覆すべく，積極的なチーム補強に邁進した。そうした努力は第二次世界大戦後に実り，南海ホークスは戦後初のリーグ戦で「球界の盟主」讀賣ジャイアンツを制して優勝，一躍強豪チームに躍進した。さらにこのような好戦績に後押しされ，難波ターミナルの隣という抜群の好立地に本格的本拠地となる大阪球場を建設，さらに関西初の夜間照明施設を整備してナイトゲームの開催を可能とし，

阪神や阪急に対する遅れを見事に挽回するに至ったのである。

　一方近鉄の場合，日本のプロ野球が発足する前から前身企業のひとつである大阪鉄道が藤井寺球場という本格的球場を保有し，この点では阪急や南海に先行していたが，プロ野球との関係は戦時中における南海との合併によって初めて生じたもので，戦前段階では主体的なプロ野球との関わりを持たなかった。戦後になり，2 リーグ分裂を期に，藤井寺球場の有効活用を一つの目的として，初めて主体的にプロ野球に参入したが，結果的に藤井寺球場は有効に活用されず，発足当初は南海の大阪球場に，またその後は沿線外の森ノ宮に立地する日生球場に依存する形で球団を運営するという，本末顛倒の展開を示した。

　このように南海と近鉄には，共にプロ野球の運営に関わった在阪私鉄企業であり，また阪神・阪急に比べ球界参入に遅れたという共通点がある一方で，戦後 1950 年代までの歩みにおいては対象的で，それは躍進著しい南海に対し暗中模索の近鉄，と要約できよう。しかしながら両社（両チーム）の，1960 年代以降における歩みは，おおむね同一の方向を辿った。1950 年代の末から次第に明確となったパ・リーグの観客動員力における劣位（その主たる原因はマスメディアとの結びつきの弱さにあった）に規定され，両球団は厳しい市場環境に追い込まれていく。さらに交通市場全体における鉄道の地位低下，関西経済の長期的・相対的地位低下，1987 年の国鉄民営化前後から顕著となった国鉄・JR 西日本の攻勢，企業経営のグローバル化，といった経営環境の変化にも影響を受け，在阪大手私鉄各社による球団の維持は困難になった。その結果，まず 1980 年代末に南海が球団経営から撤退し，さらに 21 世紀初頭の 2004 年，近鉄もまた球団経営から撤退した。その結果在阪私鉄が運営するプロ野球チームは阪神タイガースのみとなったのである。

（コラム6）阪神と西武の「奇しき因縁」

廣田 誠

　かつて日本のプロ野球では，本文でとり上げた南海や近鉄のように鉄道会社の経営する球団が多数を占めていたが，今日それは阪神タイガースと埼玉西武ライオンズのみとなり，12球団中わずか2球団にすぎない。このように今となっては貴重な存在の両球団であるが，ライオンズが西武鉄道によって経営されることとなった当時，この両球団の間にはさまざまな因縁が生じていた。

　昭和40年代以降戦績不振が続き，観客動員が低迷していたライオンズのイメージは，西武が経営権を獲得した1978年当時はなはだしく低下していた。それゆえ西武にとって，ライオンズのイメージ回復は，新球団の経営を軌道に乗せ，また本業との相乗効果を高めるため避けては通れぬ課題であった。そこで西武は，阪神の看板選手として抜群の知名度を誇りながら，掛布雅之の台頭で"ミスター・タイガース"の座を脅かされていた田淵幸一の獲得を画策した。1975年のシーズンオフに田淵と並ぶ看板選手の江夏豊を南海ホークスに放出，かわって獲得した江本孟紀が主力投手として活躍したものの，この年球団史上初の最下位に沈んでいたタイガースにとっても，チームの立て直しは喫緊の課題であった。かくして両者の思惑は一致し，田淵プラス古沢憲司対真弓明信・竹之内雅史・若菜嘉晴・竹田和史のトレードが成立した。

　この交換を推し進めたのは球団史上初めて阪神電鉄の本社重役から球団社長に就任した小津正次郎であった。「江川問題」（西武ライオンズの前身・クラウンライターライオンズのドラフト指名を拒否した江川卓が，次年度ドラフト会議前日の「空白の一日」に讀賣ジャイアンツと契約，球界を揺るがす大騒動へと発展した事件）への対応で見せた辣腕ぶり（ジャイアンツ欠席のドラフト会議で指名した江川を，入団後ただちにコミッショナー裁定でジャイアンツへ放出，かわりに人気と実力を兼ね備えた小林繁を獲得）で世間に強い印象を残した小津は，タイガースのチーム再建には攻・守・走三拍子揃った若手選手が必要と考えていた。内野手の真弓はこうした条件にまさに合致しており，また捕手・若菜の強肩も肩の衰えが目立っていた田淵と比較して大きな魅力で，タイガース入団後の両選手は期待通りの活躍を見せた。また交換選手のバランスをとるため追加されたベテランの竹之内も，特に打撃面で予想をはるかに上回る活躍を見せ，これらによってタイガースは4位ながら勝率5割を確保した。一方田淵の成績が期待を下回り，またチーム再建の柱として期待されていた真弓や若菜を失ったライオンズは，開幕から12連敗で発足初年は最下位に沈んだ。かくしてこのトレードは，阪神の圧勝と言える

結果に終わった。

　しかしその後，阪神がリーグ優勝を達成するには 1985 年まで待たねばならなかったのに対し，ライオンズははやくも 1982 年西武として初のリーグ制覇を遂げ，また日本シリーズも制し，翌年も連続日本一に輝き黄金時代の幕開けとなった。この時ライオンズの監督であった広岡達郎には，1978 年のシーズンオフに小津がタイガース監督就任を打診していた。しかし当時広岡が監督をつとめていたヤクルトスワローズが日本一の座に輝いたことで，広岡の阪神移籍は幻に代り，阪神はチームの改革を南海ホークスで野村克也監督の懐刀として "シンキング・ベースボール" を支えていたブレイザー（ドン・リー・ブラッシンゲーム）に委ねたのである。そしてこの広岡が監督在任最後のシーズンとなった 1985 年に日本シリーズでライオンズと対戦，見事日本一に輝いたのが，広岡が現役時代に遊撃手としてライバル関係にあった吉田義男率いる阪神タイガースであった。その後監督が森祇晶に交代したライオンズは，1986 〜 88 年と 90 〜 92 年にそれぞれ日本シリーズ 3 連覇を達成しており，黄金時代の西武ライオンズに日本シリーズで勝利を収めたのはタイガースのみであった。

　このように，今日私鉄企業が運営するただ二つの球団となった阪神と西武には，1970 年代末から 80 年代半ばにかけて，興味深い因縁が多々みられたのである。

【参考文献】

・『ペナントレースを沸かせた 100 人の群像　1978 年プロ野球物語』（別冊週刊ベースボール新春号）ベースボール・マガジン社，1979 年。
・『ペナントレースを沸かせた 100 人の群像　1979 年プロ野球物語』（別冊週刊ベースボール新春号）ベースボール・マガジン社，1980 年。

索　引

執筆者紹介

廣田 誠（ひろた　まこと）（第 6 章，コラム 6 執筆）
　大阪大学大学院経済学研究科　教授　博士（経済学）（大阪大学）
主要業績
（単著）
　『「わろてんか」を商いにした街大阪』（NHK 出版，2017 年）
　『日本の流通・サービス産業 - 歴史と現状』（大阪大学出版会，2013 年）
　『近代日本の日用品小売市場』（清文堂出版，2007 年）
（編著）
　『近代日本の交通と流通・市場（市場と流通の社会史 3）』（清文堂出版，2011 年）
（共著）
　『日本商業史 - 商業・流通の発展プロセスをとらえる』（有斐閣，2017 年）

山田 雄久（やまだ　たけひさ）（第 2 章，コラム 2 執筆）
　近畿大学経営学部　教授　修士（経済学）（大阪大学）
主要業績
（単著）
　『香蘭社 130 年史』（株式会社香蘭社，2008 年）
（共著）
　『戦後日本伝統産業地域の組織変革―有田焼産地における企業者活動の歴史分析―』
　　（近畿大学経営学部，2019 年）
　『日本商業史―商業・流通の発展プロセスをとらえる』（有斐閣，2017 年）
　『時代を超えた経営者たち』）（日本経済評論社，2017 年）
　『1 からの経営史』（碩学舎，2014 年）
　『講座・日本経営史 1　経営史・江戸の経験　1600 ～ 1882』（ミネルヴァ書房，2009 年）
　『産業化と商家経営―米穀肥料商廣海家の近世・近代』（名古屋大学出版会，2006 年）
　『日本経営史の基礎知識』（有斐閣，2004 年）

加藤　諭（かとう　さとし）（第 4 章執筆）

東北大学学術資源研究公開センター史料館　准教授　博士（文学）（東北大学）

主要業績

（単著）

『大学アーカイブズの成立と展開―公文書管理と国立大学』（吉川弘文館，2019 年）

『戦前期日本における百貨店』（清文堂，2019 年）

（共編著）

吉葉恭行・加藤諭・本村昌文（編）『帝国大学における研究者の知的基盤　東北帝国大学を中心として』（こぶし書房，2020 年）

本村昌文・加藤諭・近田真美子・日笠晴香・吉葉恭行（編）『老い　人文学・ケアの現場・老年学』（ポラーノ出版，2019 年）

（共著）

谷内正往・加藤諭『日本の百貨店史　地方，女子店員，高齢化』（日本経済評論社，2018 年）

など

嶋　理人（しま　りひと）（第 3 章，コラム 3 執筆）

熊本学園大学経済学部　専任講師　博士（文学）（東京大学）

主要業績

（単著）

『戦前期日本の民間社会資本事業―電鉄事業者の兼営電気供給業に着目して』（東京大学人文社会系研究科博士論文，2016 年）

「1931 年改正電気事業法体制の特徴と変質―京成電気軌道の東京電灯千葉区域譲受問題をめぐって」『歴史と経済』第 55 巻第 1 号（2012 年），第 5 回鉄道史学会住田奨励賞受賞（学術論文の部）

（共著）

鉄道史学会編『鉄道史人物事典』（日本経済評論社，2013 年）

谷内 正往（たにうち　まさゆき）（第 1，5 章，コラム 1,4,5 執筆）
大阪商業大学総合経営学部　准教授　博士（商学）（近畿大学）

主要業績

（単著）

「戦前百貨店の万引き」『消費経済研究』第 9 号（2020 年 7 月）

「復興期の大阪梅田周辺－阪急のアミューズメント・センター構想－」『大阪商業大学
アミューズメント産業研究所紀要』第 23 号（2020 年 7 月）

『戦後大阪の鉄道とターミナル小売事業』（五絃舎，2020 年）

『戦前大阪の鉄道駅小売事業』（五絃舎，2017 年）

『戦前大阪の鉄道とデパート－都市交通による沿線培養の研究－』（東方出版，2014
年），第 6 回鉄道史学会住田奨励賞受賞（単行本の部）

（共著）

谷内正往・加藤諭『日本の百貨店史　地方，女子店員，高齢化』（日本経済評論社，
2018 年）

近鉄・南海の経営史研究
——兼業をめぐって——

2021 年 2 月 25 日　第 1 版第 1 刷発行

著　者：廣田 誠・山田 雄久・加藤 諭・嶋 理人・谷内 正往
発行者：長谷 雅春
発行所：株式会社五絃舎
　　　　〒173-0025　東京都板橋区熊野町 46-7-402
　　　　Tel & Fax：03-3957-5587
　　　　e-mail：gogensya@db3.so-net.ne.jp
組　版：Office Five Strings
印　刷：モリモト印刷
ISBN978-4-86434-123-3
Printed in Japan © 検印省略 2021